Landschaftsverband Rheinland/
Landschaftsverband Westfalen-Lippe

Jakobswege

Wege der Jakobspilger in Rheinland und Westfalen

in 7 Etappen
zu Fuß und per Rad
von Marburg über Siegen
nach Köln

Band 5

Pilgerweg

Elisabethpfad

nette Heusch-Altenstein
Christoph Kühn

Sparkassen Kulturstiftung Rheinland

J.P. Bachem Verlag

Einbandabbildungen (Fotos: A. Heusch-Altenstein)
Titelseite:
Oben: Jakobusstatue Elisabethkirche Marburg
Unten: Höhenweg bei Erdingen

Kartengrundlage: Topografische Karte 1:25.000 (TK25) mit Genehmigung des Hessischen Landesamtes für Bodenmanagement und Geoinformation und des Landesvermessungsamtes NRW, Bonn (Genehmigungsnummer: 1026/2007) vervielfältigt.

Stadtpläne S. 27, 107, 212: Isotype.com, Köln

Übersichtskarte Umschlagklappe vorne: Barbara Köhler, Quadrath-Ichendorf

Bibliografische Information der Deutschen Bibliothek
Die Deutsche Bibliothek verzeichnet diese Publikation in der Deutschen Nationalbiografie; detaillierte bibliografische Daten sind im Internet über **http://dnb.ddb.de** abrufbar.

1. Auflage 2007

Lektorat : Katharina Tilemann, Köln
Textbearbeitung: Christiane Wirtz, Bonn
Umschlaggestaltung und Innenlayout: Barbara Meisner, Düsseldorf
Reproduktionen: Reprowerkstatt Wargalla, Köln
Druck: Grafisches Centrum Cuno, Calbe
Printed in Germany
ISBN: 978-3-7616-2065-6

www.bachem.de

Inhalt

Holzschnitt von Jochem Pechau *(geb. Marburg 1929 – gest. Köln 1989)*
für die Kölner Künstlerin und Jakobspilgerin Hildegard Domizlaff

Vorwort

2003 wurde der „Ökumenische Pilgerweg" im Verlauf der einstigen „Via Regia" von Görlitz nach Eisenach eingeweiht. Dabei erhob sich die Frage, wie sich dieses Projekt mit den „Wegen der Jakobspilger im Rheinland" verbinden ließe. Als Ergebnis entstand eine historisch als Pilgerroute belegte Streckenführung, die zwischen Eisenach und Marburg der Fernstraße „Durch die langen Hessen" und zwischen Marburg und Köln der Altstraße über Siegen folgt.

Während „Die langen Hessen" von Angehörigen des Elisabethpfad e. V. und der Deutschen St. Jakobus-Gesellschaft e.V. erarbeitet wurden, entstand der Pilgerweg von Marburg nach Köln innerhalb eines Projektvorhabens der Landschaftsverbände Rheinland und Westfalen-Lippe sowie der Deutschen St. Jakobus-Gesellschaft und dem Elisabethpfad e. V.

Ausgangs- und Endpunkt der Strecke sind bedeutsame Pilgerstätten. Daher ist der Weg in beiden Richtungen begehbar: Von Marburg führt er zum rheinischen Pilgerziel Köln. In umgekehrter Richtung nimmt er sich die Elisabethkirche in Marburg zum Ziel.

Dieser Weg trägt zu einer Routenführung bei, die auf einer Länge von 850 km zwischen Görlitz und Aachen europäische Staaten und Völker miteinander verbindet. Im weiteren Verlauf ist der Weg durch Belgien, Frankreich und Nordspanien bis Santiago de Compostela ausgewiesen, während in Polen Anschlusswege aus Posen und Krakau bestehen. Im Gesamtnetz europäischer Wege der Jakobspilger stellt dieser Abschnitt daher ein wichtiges Bindeglied dar.

Eine Besonderheit ist der ökumenische Charakter des Weges. Die Strecke berührt konfessionell unterschiedliche Räume und macht deren Prägung durch die einzelnen Glaubensausrichtungen, die sich seit der Reformation ausgebildet haben, konkret erlebbar.

Die Unterzeichnenden danken allen Personen und Institutionen, Kreisen, Städten und Gemeinden, die geholfen haben, den Wegen der Jakobspilger diesen so wichtigen Abschnitt hinzuzufügen.

Dr. Jürgen Wilhelm
Vorsitzender der Landschaftsversammlung Rheinland

Udo Molsberger
Direktor des Landschaftsverbandes Rheinland

Dr. Robert Plötz
Präsident der Deutschen St. Jakobus-Gesellschaft e. V.

Maria Seifert
Vorsitzende der Landschaftsversammlung Westfalen-Lippe

Dr. Wolfgang Kirsch
Direktor des Landschaftsverbandes Westfalen-Lippe

Pfr. Bernhard Dietrich
Vorsitzender des Vereins Elisabethpfad e. V.

Die Fernstraße Marburg – Siegen – Köln

Grenzen des Bergischen Amtes Windeck und der Herrschaft Homburg (1575) von A. Mercator (Ausschnitt)

Die Fernstraße von Marburg über Siegen nach Köln ist in zwei Straßenabschnitte gegliedert, die zu unterschiedlichen Zeiten entstanden sind.

Die Brüderstraße, der ältere der beiden Abschnitte, stellt einen klassischen hochmittelalterlichen Höhenweg dar, der in nahezu geradlinigem Verlauf bei nur wenigen Talquerungen Köln und Siegen miteinander verbindet. Die frühesten Hinweise auf Beziehungen zwischen Köln und dem Siegerland stammen aus der zweiten Hälfte

Bauern des 16. Jh. auf dem Weg zum Marburger Markt, kolorierter Holzschnitt, um 1880

des 11. Jahrhunderts: 1067 stattete Erzbischof Anno das von ihm gegründete Kölner Stift St. Georg mit Ländereien in Ferndorf bei Siegen aus. Und um das Jahr 1089 wurden der Benediktinerabtei Deutz, die am End- bzw. Ausgangspunkt der Brüderstraße am Rheinufer liegt, in sieben Orten des Siegerlandes Grundstücke übereignet. In jener Zeit nimmt der Verkehr zwischen dem Rhein und dem Siegerland stark zu. Das Erzstift Köln machte seinen Einfluss vor allem über Grundstückserwerbungen geltend, und 1224 war der Kölner Erzbischof bezeichnenderweise an der Stadterweiterung von Siegen beteiligt.

Zwei frühmittelalterliche Befestigungsanlagen, die sich einst über dem Asbachtal bei Denklingen und dem Aggertal bei Overath erhoben, lassen indes vermuten, dass die Straße bereits vor der Jahrtausendwende bestand. Denn die Ringwälle befanden sich in ähnlichen topographischen Situationen über den beiden größten Geländeeinschnitten im Straßenverlauf und dürften dort Schutzfunktionen für den Weg ausgeübt haben. Für die verbreitete These, die Brüderstraße habe als Naturweg bereits in der jüngeren Eisenzeit (La-Tène-Zeit) um 500 v. Chr. bestanden, um das im Siegerland verhüttete Eisenerz an den Rhein zu bringen, finden sich hingegen keine Belege.

Die Herkunft des Namens Brüderstraße konnte bislang nicht geklärt werden. Als „alde broeder straisse" taucht der Weg erstmals 1464 in einer Grenzbeschreibung der Grafschaft Sayn und des Herzogtums Berg zwischen Erdingen und Denklingen auf. Ein Erklärungsversuch besagt, es habe sich um eine Verballhornung des Wortes „Brücker Straße" nach dem heutigen Kölner Stadtteil Brück gehandelt. Als solche wird der Weg 1386 in Aufzeichnungen der Abtei Deutz bezeichnet. Einer zweiten Deutung zufolge wäre die Straße nach Ordensbrüdern der Abtei Deutz und der Kölner Stifte St. Georg und St. Severin benannt, die entlang der Strecke Besitzungen hatten und für den Aufbau von kirchlichen Strukturen zuständig waren. Und drittens wird der Name auf Pilgerbrüder zurückgeführt, die nach Köln und Aachen unterwegs waren.

Chorturm-
kirche
Dilschhausen

Der östliche Abschnitt dieses Pilgerweges wird in den Urkunden des 16. Jahrhunderts nach seinen Zielorten Marburg oder Siegen benannt. So heißt er 1557 nördlich von Holzhausen „Straße nach Marburg" und 1592 am Stackelberg „Siegener Straße". Ebenfalls 1592 wird er bei Herzhausen erstmals als Landstraße bezeichnet, eine Benennung, die während des 17. und 18. Jahrhunderts, häufig in Verbindung mit den Ausgangs- und Zielorten, die gängige bleiben sollte. Der Begriff „Landstraße" umreißt ihre Stellung als eine Amtsverbindung, die rechtlich dem jeweiligen Landesherren zugeordnet war: Zwischen Marburg und dem Staffelböll dem Landgrafen von Hessen, zwischen dem Staffelböll und dem Hainich dem Grafen von Nassau-Dillenburg, zwischen dem Hainich und Siegen ebenfalls dem Dillenburger Grafen oder in bestimmten Zeiträumen dem Grafen von Nassau-Siegen.

Wie die Brüderstraße verläuft dieser Streckenabschnitt verhältnismäßig geradlinig. Doch es handelt sich um keinen Höhenweg mehr, sondern um eine Berg- und Talstraße, die zwischen Marburg und Siegen nicht weniger als zwölf Höhenzüge zu überwinden hat. Dabei steigt die Straße am Staffelböll von ca. 200 auf 500 Höhenmeter, am Hainich, wo sie ihren höchsten Punkt erreicht, gar auf 550 Meter an. Dies setzte für den damaligen Fuhrverkehr ein großes Maß an Organisation voraus: Die Anstiege waren nur mit einem ausgefeilten System von Vorspanndiensten zu bewältigen. Der Verkehrsweg löste

ältere Verbindungsstraßen ab. Der Wandel im hessischen Wegesystem war so allgemein und durchgreifend, dass nur stärkere Einflussfaktoren dafür verantwortlich gewesen sein können, nämlich „die äußerst unruhigen und verworrenen Zeitläufte“ (Görich) seit der Mitte des 13. Jahrhunderts. Während der langen Dernbacher Fehde entstanden im Grenzgebiet zwischen Hessen und Nassau Festungsbauten, die den neuen Straßenverlauf beeinflussten. Ein signifikantes Beispiel ist die um 1325 errichtete Sperrfestung Hessenwalt auf dem Heiligen Berg nördlich des Staffelbölls (Etappe 2). Östlich der Burg dürfte sich die Wegeführung schon etwas früher herausgebildet haben. Hier sind die wehrhaften Chorturmkirchen des 13. Jahrhunderts, die uns in Dilschhausen, Obereisenhausen und Oberhörlen begegnen und eine Folgeerscheinung des Verkehrs darstellen, ein Hinweis zur Datierung.
Auffällig ist im Unterschied zu den nördlichen und südlichen Parallelverbindungen über Herborn, Dillenburg und Haiger sowie über Biedenkopf, Laasphe und Erntebrück das Fehlen von Städten entlang der Straße. Dies hat allgemein zu der Auffassung geführt, dass die Verbindung über Ewersbach keine Bedeutung besessen habe. Eine häufig nachgedruckte, erstmals in den 1950er Jahren vom Landeshistoriker Karl Demandt publizierte Karte historischer Verkehrswege in Hessen unterschlägt die Route daher. 1963 konnte der Altstraßenforscher Herbert Krüger das Gegenteil belegen: Für den von ihm untersuchten Zeitraum zwischen 1500 und 1650 wies er sieben überregionale Belege für die Straße über Ewersbach nach, mehr als für jede andere Route zwischen Marburg und Köln. Die frühesten Verkehrskarten Deutschlands, die jüngere der beiden Etzlaubkarten von 1501 sowie die 1511 erstmals gedruckte Karte von Martin Waldseemüller, zeigen den direkten Streckenverlauf von Marburg über Siegen nach Köln sogar als einzige Verbindung zwischen Oberhessen und dem Rhein (Abb. S. 14).
Die Verbreitung des Kölner Pfennigs zeigt, dass der Kölner Wirtschaftsraum seit dem 12. Jahrhundert ganz Oberhessen erfasst hatte. Der beschriebenen Straße kam in diesem Zusammenhang eine wirtschaftliche Bedeutung zu. Die Stadt Alsfeld handelte im 15. Jahrhundert mit Wolle in Köln. Auch Wollweber aus den Niederlanden, sogenannte Flämlinge, die in Fritzlar und Melsungen sesshaft geworden waren, nutzten diese Verkehrswege nach Köln für Handelsbeziehungen mit ihrer Heimat.

Pilger zwischen Marburg und Köln

Marburg, Gemälde des Universitätsmuseums Marburg, Lorenzo Quaglio, 1866

Ausgangs- und Endpunkt der Strecke sind zwei bedeutsame Pilgerstätten: Marburg mit dem Grab der heiligen Elisabeth und Köln mit den Gebeinen der Heiligen Drei Könige. In der weiteren Linienführung liegt in östlicher Richtung Erfurt, ein Zentrum der Bonifatiusverehrung, in westlicher Richtung Aachen mit seiner seit 1349 im siebenjährigen Turnus stattfindenden Heiligtumsfahrt. Sowohl in Erfurt wie in Marburg lassen sich für das 15. und frühe 16. Jahrhundert zahlreiche Pilger nachweisen, die gen Westen unterwegs waren. Schätzungsweise 60 Prozent der Pilger, die auf der Ost-West-Achse belegt sind, zogen nach Aachen, und Gerichtsbehörden entsandten gerne Totschläger zur Sühneleistung dorthin.

Ungarische Aachenfahrer haben schon 1221 auf ihrer Rückreise der Tochter ihres Königs, Elisabeth von Thüringen, auf der Wartburg einen Besuch abgestattet. Später suchten Ungarn, die zwischen 1349 und 1776 an der Heiligtumsfahrt teilnahmen, das Grab Elisabeths auf; eine ihrer Rückreiserouten führte über Marburg. Zwischen 1231 und 1235, den Anfangsjahren der Marburger Pilgerfahrt, sind aus dem Einzugsbereich der Fernstraße Marburg-Siegen-Köln jeweils ein Pilger aus Köln, Morsbach und Elmshausen am Grab der hl. Elisabeth nachgewiesen.

Bereits für das Frühjahr 1184 sind Pilger aus Siegen am Grab des hl. Anno in Siegburg bezeugt. Aber auch nach Köln, Neuss, Maastricht und Saint-Josse-sur-Mer in westlicher, Erfurt, Elend und Wilsnack in östlicher Richtung sind Pilger auf der Straße unterwegs gewesen. Auf dem Weg nach Santiago de Compostela war die Strecke

Kapellenruine des Elisabethhospitals

über Köln von Marburg aus betrachtet zwar nicht die Hauptroute, doch die uns bekannten Jakobspilger aus Siegen und Friesenhagen werden die Brüderstraße auf ihrer Reise nach Spanien benutzt haben. Unter der Vielzahl von Nachrichten über Fernpilgerfahrten, die uns aus Oberhessen, Marburg und Siegen erreichen, befinden sich allerdings nur wenige, die eine genaue Streckenbeschreibung enthalten. Die Pilgerfahrt des Grafen Philipp d. Ä. von Katzenelnbogen führte im Jahr 1434 von Wilsnack über Erfurt, Marburg und Köln nach Aachen. Zwischen Marburg und Köln nahm er gleichwohl nicht die hier vorgestellte Route, sondern die Hohe Straße über Hachenburg im nördlichen Westerwald.

Der im vorliegenden Führer beschriebene Weg ist in einem Dokument von 1489, in welchem der Hildesheimer Henni Brandis eine Pilgerreise zu Pferde nach Aachen schildert, nachgewiesen. Fünf Tage, nachdem sie am Festtag des hl. Ulrich (4. Juli) in Hildesheim aufgebrochen war, gelangte die siebenköpfige Reitergruppe an einem Mittwoch nach Marburg. Am Donnerstag kam sie mittags nach Ewersbach und abends nach Siegen. Am Freitag rasteten die Reiter in Denklingen zu Mittag und erreichten am Abend Overath. Samstags zur Mittagszeit gelangten sie nach Köln, von wo sie in einem Wagen nach Aachen fuhren. Dort nahmen sie am Festtag der hl. Margareta (13. Juli) an der Heiltumsweisung teil. Für die Rückreise benutzten sie dieselbe Strecke wie für den Hinweg. Am Fest der hl. Maria Magdalena (22. Juli) trafen die Pilger wieder in Hildesheim ein.

Die Hildesheimer Pilger benötigten von Marburg nach Köln zweieinhalb Tage, was keineswegs schnell war: Graf Philipp war auf der längeren Route durch den Westerwald einen halben Tag weniger unterwegs.

Fußpilger brauchten naturgemäß mehr Zeit. Für sie boten sich neben Siegen und Overath auch Ewersbach und Denklingen als Übernachtungsorte an. Bei einer Tagesleistung von durchschnittlich 33

Aachenfahrten im Mittelalter, Zeichnung von Johann Grüger 1958 (Ausschnitt)

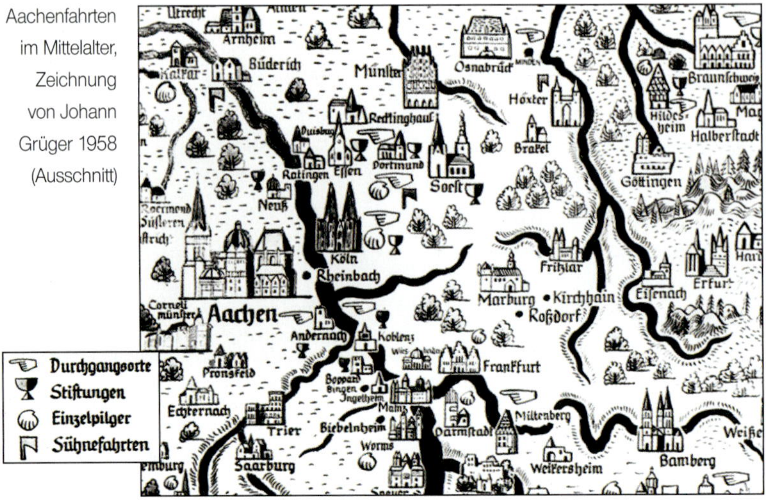

Kilometern benötigten sie fünf Tage für den Weg, dies allerdings ohne Gepäck und ohne Besichtigungen. In Marburg, Siegen, St. Cyriakus bei Overath, Brück, Deutz und Köln standen ihnen Pilgerunterkünfte zur Verfügung. Ewersbach, Denklingen und Overath haben Gasthöfe besessen, jedoch sind dort keine Hospitäler bekannt. Es ist allerdings nicht notwendig, Herbergen dort anzunehmen, wenn man sich vor Augen hält, dass die Mehrheit der Pilger zwischen Marburg und Köln in den Monaten Juni, Juli und August unterwegs war. Wichtige Termine, die wahrgenommen sein wollten, waren in den Aachenjahren die Reliquienweisung in Köln an Peter und Paul (29. Juni), die Heiltumsweisungen in Aachen, Kornelimünster und Maastricht zwischen dem 9. und dem 25. Juli sowie die Zeigung des Annenhauptes in Düren am Fest der hl. Anna (26. Juli). Pilger, die aus Sachsen und Thüringen herkamen, hatten zuvor schon die Weisung der Magdeburger Mauritiusreliquien am Sonntag nach Fronleichnam und des Bonifatiusreliquiars in Erfurt am 5. Juni miterleben können. Wel-

Straßenkarte von Erhard Etzlaub (gesüdet), Nürnberg 1512 (Ausschnitt)

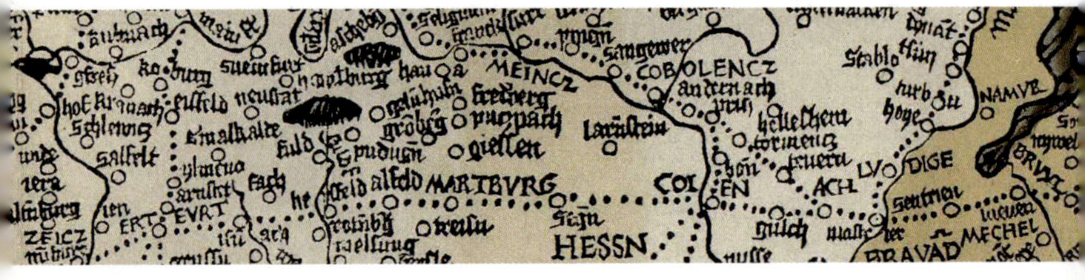

cher Betrieb dann auf den Straßen geherrscht haben muss, zeigt die Nachricht von 1496, dass in jenem Jahr 142000 Pilger in Aachen zusammengeströmt waren. Philipp de Vigneulles, ein Bürger aus Metz, der im Jahre 1510 an der Aachener Heiligtumsfahrt teilgenommen hatte, berichtet von 18000–20000 Frauen und Männern, die auf den Getreidefeldern um Düren kampierten. Daneben haben sich Privatquartiere auftun lassen – auch davon erzählt Philipp de Vigneulles.

Pilger vor dem Dreikönigenmausoleum im Kölner Dom, Stich um 1840

Heute erhält der Pilgerweg von Marburg nach Köln seine Bedeutung durch die Einbindung in eine Ost-West-Verbindung, die im Netz europäischer Pilgerrouten quer durch Deutschland von Görlitz bis Aachen führt. Bereits 2001 ist innerhalb des Vorhabens „Wege der Jakobspilger" im Rheinland der Weg von Köln nach Aachen durch den Landschaftsverband Rheinland eröffnet worden. 2003 folgte die Eröffnung des Ökumenischen Pilgerweges zwischen Görlitz und Eisenach aufgrund eines Projekts, das am Jugendpfarramt der Evangelischen Landeskirche Sachsen angesiedelt war. Seit 2004 arbeitet eine Projektgruppe mit Mitgliedern des Vereins Elisabethpfad und der Deutschen St. Jakobus-Gesellschaft an der Zwischenverbindung von Eisenach nach Marburg entlang der Altstraße „Durch die langen Hessen". In Polen ist der Pilgerweg inzwischen bis Jakobskirch bei Glogau verlängert worden, und von Aachen führt ein durchgängiges Leitsystem durch Belgien und Frankreich nach Santiago de Compostela.

Gesamtverlauf des Pilgerweges Görlitz – Aachen/Trier

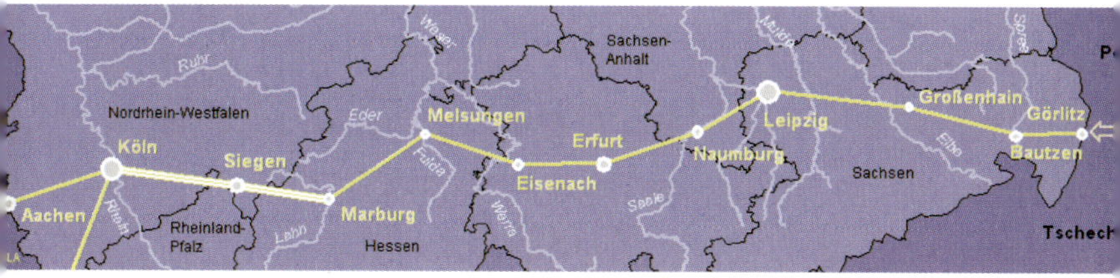

Der Ort der Heiligen – Zur Theologie der mittelalterlichen Reliquienschreine

Heribertschrein, Neu St. Heribert, Köln-Deutz

Der Pilgerweg führt zu drei der kostbarsten Reliquienschreine des 12. und 13. Jahrhunderts: dem Elisabethschrein in Marburg, dem Heribertschrein in Deutz und dem Dreikönigenschrein im Kölner Dom.

Der Heribertschrein wurde nach der überlieferten Erhebung der Gebeine im Jahre 1147 in Auftrag gegeben und nach einer um 1160 erfolgten Planänderung gegen 1170 vollendet. Seinem ikonographischen Programm liegen zwei Lebensbeschreibungen zugrunde, die der Mönch Lantbert um 1050 und Abt Rupertus von Deutz um 1110/20 verfasst hatten. Die Theologie Ruperts war von einer christozentrischen Sichtweise geprägt, die er auch auf das Leben Heriberts übertrug, indem er den Heiligen als „instrumentum Christi" vorstellte. Der Schrein greift diese Sichtweise auf. Er bezieht das Leben Heriberts, das in zehn Emailmedaillons auf der Dachseite dargestellt ist, auf Christus, der an der Frontseite auf dem Schoß seiner Mutter thront. An entsprechender Stelle ist auf der gegenüber liegenden Stirnseite Heribert in seiner Eigenschaft als Nachfolger Christi zu sehen. Auf den Längsseiten wechseln Propheten, die aus Gold getrieben sind, und Apostel, die in Email gefertigt wurden, einander ab. Auch sie verweisen mit den Sätzen aus dem apostolischen Glaubensbekenntnis und Zitaten aus den prophetischen Schriften des Alten Testaments auf Christus. Im Gesamtprogramm kommt die Theologie Ruperts zum Ausdruck, die aus zwei seiner Werke, seinem Kommentar des Hoheliedes und dem Buch über das Wirken des Heiligen Geistes entnommen ist: Bereits im Alten Bund sei, so Rupert, Christus immer wieder geboren worden, sobald der Logos an einen der Propheten erging. Daher bestehe kein Unterschied zwischen der prophetischen und der apostolischen Verkündigung. Maria stehe somit als Gebärerin des Logos in der Reihe der Propheten des Alten Testaments.

Der Dreikönigenschrein (Abb. S. 212) wurde um 1181 von Nikolaus von Verdun begonnen und rund 50 Jahre später, um 1230, vollendet. Indem er aus drei übereinander gestellten Schreinen besteht, besitzt er die Form einer Basilika und verkörpert somit ein Gotteshaus. Das theologische Konzept des Heribertschreins erfährt eine Weiterentwicklung, indem das in den Propheten und Aposteln verkündete Wirken Christi mit dem Leitgedanken der Epiphanie (Erscheinung des Herrn) verbunden wird. Auf der Frontseite sind daher die Anbetung des neugeborenen Heilands durch die Weisen aus dem Morgenland, die Taufe und die Wiederkehr Christi am Ende der Zeit dargestellt. Wenn die Trapezplatte der Stirnseite abgenommen wird, so wie es an den Festtagen der Heiligen Drei Könige geschieht, dann werden dahinter die Diademe der Herrscher aus dem Morgenland sichtbar. Sie lassen sich mit Hilfe der neutestamentlichen Textstelle Apokalypse 19,12 auf die Herrschermacht des endzeitlichen Christus beziehen. Die Felder der verlorenen oberen Dachflächen unterstützten diese Aussagen mit Szenen der Apokalypse: den Posaune blasenden Engeln und den Schalen des Zornes, der Tötung der beiden Zeugen, den 2000 Toten des Erd-

Schrein der Hl. Drei Könige, Kölner Dom

bebens und dem Untergang Babylons. Die christozentrische Sichtweise des Heribertschreines zeigt sich erweitert: „Die Reliquien der Hl. Drei Könige", so der Kunsthistoriker Werner Telesko, „sind nicht nur Ausgangspunkt, sondern auch ikonographisches Leitmotiv für den umfassenden Anspruch Christi in seinen Prädikaten Königtum, Leiden und Parusie" (Wiederkehr am Weltenende). Unterstrichen wird der messianische Anspruch durch die Gestalt des Propheten Jeremias auf einer der Längsseiten, dessen Spruchband mit der Textstelle Jeremias 23, 5 die Königsherrschaft Christi ankündigt.

Auch der zwischen 1235 und 1249 angefertigte Elisabethschrein in Marburg steht in diesem christologischen Kontext. Seine Dachflächen zeigen das karitative Wirken der Heiligen, unter anderem die Speisung eines Pilgers. Darauf bezogen sind drei Christusdarstellungen, zwei Medaillons mit Geburt und Auferstehung sowie eine große Kreuzigungsszene. Die Darstellung mündet in der Abbildung der vier Paradiesflüsse am Zentralknauf. Das Leben der Heiligen wird als Christusnachfolge, die letztlich zum Paradies führt, gedeutet.

Zwei Frömmigkeitskonzepte kommen hier zum tragen: Zum einen die Vorstellung einer „Christoformitas" des Heiligen, die von Rupert von Deutz entwickelt und über dessen Vita des hl. Heribert in die Kunst der mittelalterlichen Reliquienschreine eingeflossen ist. Und zum anderen das durch die franziskanische Spiritualität angeregte Ideal einer unbedingten Christusnachfolge, die sich in der tätigen Fürsorge für die Armen und Ausgestoßenen äußert.

Elisabethschrein, Elisabethkirche Marburg

Ein konfessioneller Flickenteppich – Glaube und Macht

Der Pilger, der am Ende des 15. Jahrhunderts von Marburg auf der Fernstraße über Siegen nach Köln unterwegs war, hatte zahlreiche Landesgrenzen zu überqueren. Von der Landgrafschaft Hessen gelangte er in die Grafschaft Nassau-Dillenburg, sodann in die Herrschaft Wildenburg, in das Herzogtum Jülich-Berg, in das Homburger Territorium der Grafschaft Sayn-Wittgenstein, wiederum nach Jülich-Berg, in das Kurfürstentum Köln und schließlich in die Freie Reichsstadt Köln. Fast die gesamte Strecke, die er zurücklegte, gehörte zu Territorien, die im Laufe des 16. und des 17. Jahrhunderts mehrfachen Konfessionswechseln unterworfen waren.

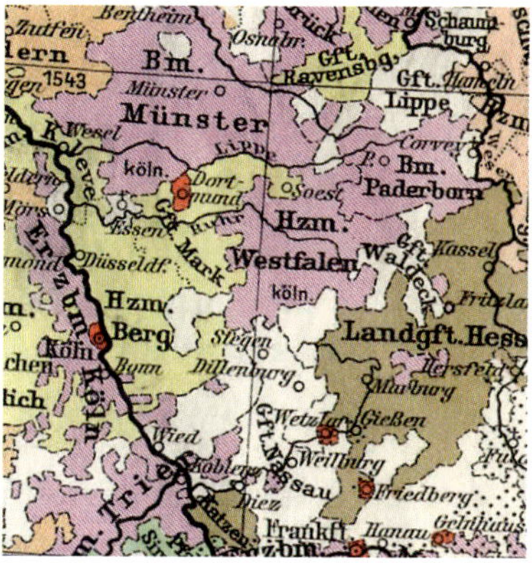

Konfessionsverteilung im 16. Jh.: violett: katholisch, braun: lutherisch, gelb/weiß: reformiert

Der Landgrafschaft Hessen kam unter Philipp dem Großmütigen, der neben dem Kurfürsten von Sachsen das politische Haupt der im Schmalkaldischen Bund zusammengeschlossenen Staaten lutherischen Bekenntnisses war, eine religionspolitische Vorreiterrolle zu. Ein Wechsel zum Calvinismus, der 1605 unter Landgraf Moritz von Hessen-Kassel vollzogen wurde, erwies sich als katastrophal für das geistige und gesellschaftliche Leben. Professoren der Marburger Universität zogen nach Gießen, und das kirchliche Leben erlahmte. Zwar konnte durch Ludwig V. von Hessen-Darmstadt einiges rückgängig gemacht werden. Doch die tragende Position im Luthertum war abgegeben; ein Bruderzwist zwischen Hessen-Kassel und Hessen-Darmstadt prägte das gesamte 17. Jahrhundert.

Die Grafschaft Nassau-Dillenburg besaß in den konfessionellen Auseinandersetzungen eine ähnlich tragende Rolle wie Hessen. Graf Wilhelm der Reiche hatte sich nach dem Augsburger Reichstag 1530 zur Reformation bekannt. Sein Sohn Johann VI. gründete in Herborn die „Hohe Schule" zur Ausbildung eines im reformatorischen Bekenntnis geschulten Pfarrer- und Beamtenstandes, erließ Ordnungen für das Bergbau- und Hüttenwesen, schloss Boden-

Abendmahlsfeier in Hessen, Gemälde Universitätsmuseum Marburg, Bantzer, 1892

tauschverträge zur Arrondierung der Landesherrschaft und förderte das Handwerk durch den Erlass von Zunftordnungen. Diese Wirtschaftsmaßnahmen erwiesen sich als notwendig, da Johann durch die Unterstützung seines Bruders Wilhelm von Oranien erhebliche Belastungen erwuchsen. Wilhelm, den der spanische König Philipp II. 1559 als Statthalter der Provinzen Holland, Seeland und Utrecht eingesetzt hatte, war in den Folgejahren in einen Widerspruch zur unnachgiebigen Kirchenpolitik Spaniens gegenüber den Protestanten geraten. Ausgetragen wurde der Konflikt in den nördlichen Niederlanden, wo sich Wilhelm an die Spitze der Freiheitsbewegung gegen Spanien stellte. Mehrere Truppenverbände, die Johann seinem Bruder zur Hilfe schickte, wurden in der Gegend von Siegen aufgestellt und über die Brüderstraße in die Niederlande entsandt. Als Folge dieses Bündnisses wechselte Nassau-Dillenburg im Jahre 1580 zum Calvinismus.

Die Grafschaft Nassau-Siegen, die 1607 von Dillenburg abgetrennt wurde, teilte sich 1623 in zwei Linien, von denen die ältere wieder katholisch wurde. Sie holte Jesuiten, um den alten Glauben zu erneuern. Katholische und evangelische Dörfer bestanden nun auf engstem Raum nebeneinander, und Siegen, wo beide Linien residierten, wurde zu einer konfessionell durchmischten Stadt. Im frühen 18. Jahrhundert, als sich beide Linien wieder vereinigten, waren die konfessionellen Spannungen zwar überwunden. Doch der ständige Wechsel hatte zu religiöser Verunsicherung geführt. Seit dem späten 18. Jahrhundert konnte eine von Nordamerika übernommene Erweckungsbewegung im Siegerland Fuß fassen (s. S. 130).

Die Herrschaft Wildenburg war nach der Mitte des 16. Jh. reformiert worden, doch ist eine der drei regierenden Linien katholisch geblieben. Sie betrieb eine Rekatholisierung, die 1640 erfolgreich abgeschlossen werden konnte. Die nach Friesenhagen entsandten Franzsikaner schufen eine von katholischer Volksreligiosität geprägte Landschaft, die fast unverändert erhalten blieb (s. S. 140f).

Im Homburger Ländchen verzögerten die saynschen Grafen Sebastian und Ludwig d. Ä. wohl aus Rücksicht auf ihren mitregierenden Onkel, Graf Johann, die Reformation. Erst 1563, nach Johanns Tod, erließen sie eine lutherische Kirchenordnung. Nach 1568 unterstützte Graf Ludwig den Freiheitskampf seines Freundes Wilhelm von Oranien. Schloss Homburg diente mehrmals als Quartier für die Offiziere der durchziehenden Truppen (s. S. 160).

Einen Mittelweg beschritt das Herzogtum Jülich-Berg. Herzog Johann III. erließ 1532/33 eine jülich-bergische Kirchenordnung, die unter bewusster Vermeidung konfessioneller Polemik reformatorische Forderungen aufnahm. Sein auch von den Nachfolgern geteiltes Konzept beinhaltete eine Reform der Kirche unter Wahrung der konfessionellen Einheit. Die tolerante Haltung Jülich-Bergs lässt sich gut an einem Bildstock von 1726 erkennen, der im Kölner Stadtteil Merheim einige hundert Meter nördlich der Brüderstraße aufgestellt ist: Hier knien ein katholischer und ein reformierter Pfarrer einträchtig vor einem Kelch unter der Darstellung des Gekreuzigten.

In Kurköln bemühten sich die Erzbischöfe Hermann von Wied 1542 und Gebhard Truchsess von Waldburg 1577 um einen Konfessionswechsel, der jeweils vereitelt wurde. Der Säkularisierungsversuch des Erzstifts durch Gebhard führte jedoch zu einem sechsjährigen, mit äußerster Härte geführten Krieg, der weite Teile des Rheinlands verwüstete.

Die Stadt Köln war die einzige Reichsstadt, die stets katholisch geblieben ist – ein merkwürdiger Sonderfall, der sich wohl nur durch stadtkölnische Mentalitäten erklären lässt.

Auf dem Weg von Marburg nach Köln lässt sich erfahren, wie zerrissen Deutschland nach der Reformation gewesen ist. Im Dreißigjährigen Krieg, von dem Hessen und Nassau, aber auch Kurköln heimgesucht wurden, lebten die Widersacher oftmals dicht nebeneinander: Von Schloss Crottorf stammte ein kaiserlicher Feldmarschall, zwanzig Kilometer weiter residierte auf Schloss Homburg ein schwedischer Oberst, und nochmals fünfzig Kilometer entfernt zog ein Reitergeneral von Köln aus für Kurbayern in den Krieg.

Bildstock von 1726 mit evangelischem und katholischem Pastor in Köln-Merheim

ETAPPE 1

Marburg – Niedereisenhausen

29 km

Von der Elisabethkirche führt der Weg durch die Marburger Altstadt durch das Kalbtor, das einzige erhaltene Tor der Stadtmauer, auf die westliche Lahnhöhe zum Gasthof Sellhof. Der nun folgende Wegeverlauf führt im Wechsel durch Muldentäler, in denen hübsche Fachwerkdörfer liegen, und über Höhenrücken in das Tal zwischen Herzhausen und Holzhausen. Die Route verläuft zwischen den beiden Orten hindurch und führt die Quellmulde des Bolzebaches hinauf. Oberhalb von Obereisenhausen beginnt der Abstieg in den Breidenbacher Grund, dessen Talsohle in Niedereisenhausen erreicht ist.
Die Etappe ist unterteilt in zwei Teilstrecken: 1 A von Marburg nach Diedenshausen und 1 B von Diedenshausen nach Niedereisenhausen.

Pilgerspuren ...

Pilgerweg

Elisabethpfad

Der Andrang der Pilger zum Grab der hl. Elisabeth von Thüringen in Marburg war nach ihrem Tod 1231 eine nahtlose Fortsetzung des Zustroms von Bedürftigen, die zu Lebzeiten der Heiligen das Franziskushospital aufgesucht hatten. Am Reliquienschrein und im Elisabethfenster zeigen zwei Darstellungen aus dem 13. Jh., wie Pilger aufgenommen und von der Landgrafenwitwe gespeist werden. Nach 1231 kamen Kranke und Krüppel, weil sie auf ein Wunder am Grab hofften, so wie es das Sockelrelief am Elisabethmausoleum (um 1280) zeigt. Die Herkunft derjenigen, die durch bezeugte Wunder geheilt wurden, konzentriert sich auf den oberhessischen Raum. Schon wenige Monate nach dem Tod Elisabeths hatte ihr Beichtvater Konrad von Marburg mit der Errichtung einer ersten Wallfahrtskirche begonnen. Das Einzugsgebiet der Wallfahrt reichte in jenen frühen Jahren im Norden bis zur Weser, im Süden bis zum Neckar, im Westen bis zum Rhein und im Osten bis zur Werra. Zur Erhebung der Gebeine am 1. Mai 1236 anlässlich eines Besuchs von Kaiser Friedrich II. waren zahlreiche Pilger nach Marburg gekommen. 1357 besuchte Karl IV. das Grab Elisabeths.

Links: Jakobus der Ältere, Glasfenster im Ostchor der Elisabethkirche Marburg, 13. Jh.

In der Folgezeit verlor Marburg als Pilgerziel jedoch an Bedeutung. Der Pilgerbericht des Grafen Philipp von Katzenelnbogen, der Marburg 1434 auf seinem Weg nach Köln besuchte, erwähnt das Elisabethgrab mit keinem Wort. 1539 ließ Landgraf Philipp der Groß-

Tumbarelief am Elisabethgrab (um 1350)

mütige die Reliquien auf das Landgrafenschloss holen. Zehn Jahre später wurde nur ein Teil wieder zurückgebracht. Wesentliche Teile der Reliquien gelangten 1588 nach Wien, wo sie heute im Kloster der Elisabethinnen aufbewahrt werden.

Marburg war nicht nur Ziel, sondern auch Ausgangs- und Durchgangsort für Fernpilger: Ludwig I., 1131-1140 Landgraf von Thüringen, durch dessen Heirat Thüringen und Hessen verbunden wurden, besuchte 1431 Aachen und Saint-Josse-sur-Mer, wo er aus dem Kelch des hl. Jodokus trank. Einer seiner Nachfolger, Wilhelm d. J., pilgerte 1496 ebenfalls nach Aachen. 1434 besuchte Graf Philipp von Katzenelnbogen Marburg auf seiner Pilgerfahrt nach Köln und Aachen. Eine Gruppe Hildesheimer Aachenpilger übernachtete 1489 in der Stadt. Erhart Etzlaub ließ im Jahre 1501 einen der sechs Pilgerwege seiner Romwegkarte in Marburg beginnen (Abb. S.14). Die Marburgerin Katharina von Orth begab sich 1525 zu den Heiligen Drei Königen nach Köln. Von Pilgerfahrten zum hl. Quirinus nach Neuss berichtet der hessische Chronist Trygophorus. Durch Marburg kamen auch Pilger, die 1477 aus Fritzlar, 1513 aus Hofgeismar, 1519 aus Grebenstein und wohl 1527 aus Schwarzenborn nach Santiago de Compostela zogen.

Jakobusstatue am Hospital St. Jakob in der Marburger Vorstadt Weidenhausen

Das Hospital St. Jakob in der Vorstadt Weidenhausen entstand im 14. Jh. unter anderem zur Versorgung von Pilgern. Es wurde von einer Jakobsbruderschaft betrieben, die an der Stadtpfarrkirche ansässig war. Der Neubau aus dem Jahre 1570, der heute ein Alten- und Pflegeheim beherbergt, ist ein stattliches Fachwerkgebäude auf einem steinernen Untergeschoss. Die offene Erdgeschosslaube enthält die Standbilder

der beiden Hospitalpatrone Jakobus d. Ä. und Elisabeth. Nicht weit entfernt steht die Siechenhauskapelle St. Jost zu Ehren des bretonischen Pilgerpatrons Jodokus. Ihr Chor datiert aus der Zeit um 1335, als die Einrichtung für leprakranke Frauen entstand.

Am 31. August 2002 gründeten evangelische und katholische Christen den Verein Elisabethpfad, der das Ziel hat, „die christliche Tradition zu beleben, auf ökumenischen Pilgerwegen hin zur Grabeskirche der hl. Elisabeth nach Marburg zu gehen". Zu diesem Zweck sollen Fußwege neu eingerichtet und spirituell ausgestaltet werden. 2003 eröffnete der Verein seinen ersten „Elisabethpfad" von Frankfurt über das Kloster Altenberg nach Marburg. Als zweiter Weg wurde 2004 in Zusammenarbeit mit der Deutschen St. Jakobus-Gesellschaft e.V. die Erarbeitung eines Pilgerweges von der Wartburg nach Marburg in Angriff genommen, um auf historischer Grundlage – der Fernstraße „Durch die langen Hessen" – die beiden wichtigsten Wirkungsstätten der hl. Elisabeth miteinander zu verbinden.

Im September 2006 eröffnete der Verein einen innerstädtischen Pilgerweg, der wichtige Erinnerungsstätten an Elisabeth und das Marburger Pilgerwesen einbezieht. Der Weg hat seinen Ausgangs- und Endpunkt an der Elisabethkirche. Er führt ins Universitätsviertel zur katholischen Pfarrkirche St. Peter und Paul, die 1957-59 nach Plänen der Architekten Erwin Lenz und Otto Linder mit einer eindrucksvollen Lichtführung gebaut wurde. Die Krypta mit Reliquien der hl. Elisabeth lädt zur Besinnung ein. Weitere Stationen sind das Hospital St. Jakob, die Siechenhauskapelle St. Jost, die Dominikanerkirche, an der eine weitere Jakobusbruderschaft beheimatet war, die Stadtpfarrkirche, die Kugelkirche und das Landgrafenschloss. Das im Schloss ansässige Universitätsmuseum für Kulturgeschichte zeigt in der Abteilung kirchliche Kunst seiner ständigen Sammlung neben dem Schutzkasten für den Elisabethschrein und den Steinfiguren vom Lettner „Christus und Apostel" mehrere spätmittelalterliche Jakobusfiguren.

Altar mit Elisabethreliquie, Krypta St. Peter und Paul Marburg

Auf dem weiteren Wegabschnitt dieser Etappe liegen zwei spätmittelalterliche Wallfahrtsorte: Wehrshausen, dessen Marienwallfahrt 1475 durch landesherrliches Engagement begründet wurde, und Dilschhausen, wo offenbar das Zisterzienserinnenkloster Caldern eine Wallfahrt zum hl. Antonius dem Einsiedler ins Leben gerufen hat.

Teilstrecke

1A MARBURG – DIEDENSHAUSEN

Wegbeschreibung und Hinweise

15 km

Schwierigkeitsgrad zu Fuß und per Rad: mittel, unbefestigte, z. T. auch asphaltierte Wege, ab Ockershausen ein starker Anstieg aus dem Lahntal, ein weiterer starker Aufstieg für die Wanderer von Elnhausen zum Stackelberg

Ausgangspunkt Elisabethkirche (2): Vom Pilgrimstein **(3, 4)** über Steinweg, Neustadt und Wettergasse rechts zum Markt, über Nikolaigasse, Schneidersberg und Lutherkirchhof nach St. Marien **(5),** durch die Kugelgasse zur Kugelkirche **(6)**, nach der Kirche links in die Ritterstraße, rechts Lutherstraße, auf der Höhe links in den Sandweg einbiegen, die Straße Rotenberg überqueren und links den Markierungen **L** (Lahnhöhenweg) und **P** (Landgraf-Philipp-Weg) nach in die Straße zum Friedhof; am Ende des Friedhofs rechts den Markierungen **L** und **P** bergauf Richtung Sellhof folgen. Bei Erreichen der K 72 links den Markierungen **L** und **P** bis zur Kreuzung „Weinstraße" **(7)** nach, dort rechts bis Ortsmitte Wehrshausen **(8)**. Von der Kirche Wehrshausen links über Fohlengarten und Am Strauch, rechts zur Dammühlenstraße und gleich rechts über den Wanderweg Weinpfad (Markierung ▬) über Dammmühle **(9)** und entlang Peterswald nach Elnhausen **(10)**. Ab der Kirche Elnhausen zunächst bergan über Stöckelsbergweg (Markierung ▬), beim Erreichen des Bergsattels **(11)** hinter dem Stackelberg links abbiegen nach Dilschhausen **(12, 13)**. Ab der Kirche Dilschhausen zunächst nördlich, dann südlich des Wächterbaches über den Höhensattel zwischen Alter Kirch und Bernhardt **(14)**. An der ersten Kreuzung hinter Querung des Waldstücks führt die Route halblinks hinab nach Diedenshausen **(15)**.

Marburger Kalbstor von 1234

Für Fahrräder: Fahrrad- und Fußweg sind bis Wilhelmsplatz identisch. Die Fahrradstrecke folgt von dort bis kurz vor Dilschhausen der K 72.

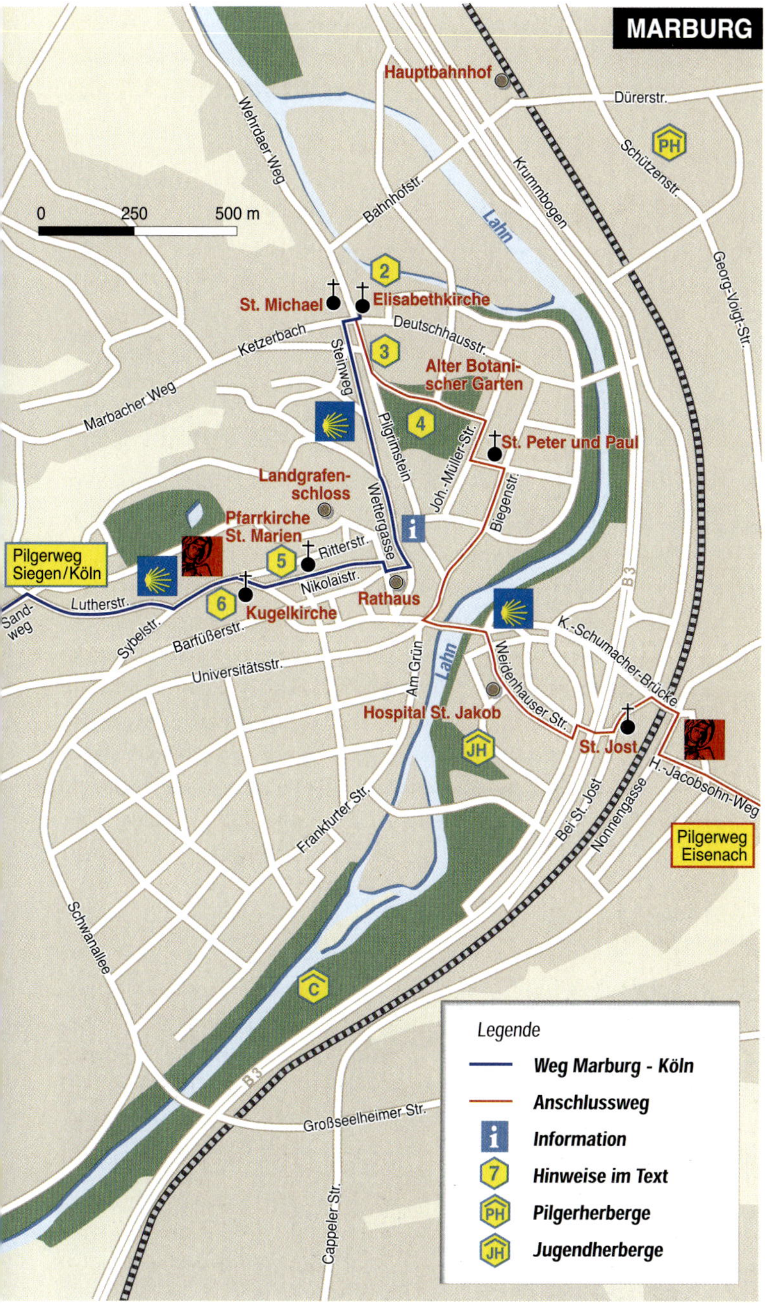
MARBURG
Hauptbahnhof
Dürerstr.
PH
Schützenstr.
Wehrdaer Weg
Krummbogen
Bahnhofstr.
Lahn
Georg-Voigt-Str.
0
250
500 m
2
St. Michael
Elisabethkirche
Deutschhausstr.
Ketzerbach
Steinweg
3
Alter Botanischer Garten
Marbacher Weg
4
Pilgrimstein
Joh.-Müller-Str.
St. Peter und Paul
Landgrafenschloss
Wettergasse
Biegenstr.
Pfarrkirche St. Marien
Pilgerweg Siegen/Köln
5
Ritterstr.
Nikolaistr.
Rathaus
Lutherstr.
6
Kugelkirche
Sandweg
Sybelstr.
Barfüßerstr.
B3
K.-Schumacher-Brücke
Weidenhauser Str.
Universitätsstr.
Am Grün
Lahn
Hospital St. Jakob
JH
St. Jost
H.-Jacobsohn-Weg
Frankfurter Str.
Bei St. Jost
Nonnengasse
Pilgerweg Eisenach
Schwanallee
C
B3
Großseelheimer Str.
Cappeler Str.
Legende
Weg Marburg - Köln
Anschlussweg
Information
Hinweise im Text
Pilgerherberge
Jugendherberge

Sehenswürdigkeiten entlang der Strecke

1 Marburg

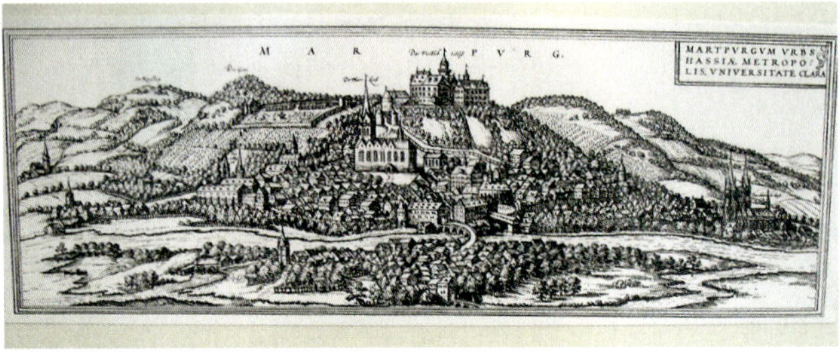

Marburg, Ansicht von Wilhelm Dilsch 1591

Im 11. Jh. entstand über dem Tal der Lahn, 70 km nördlich von Frankfurt, eine Burg zur Sicherung der grundherrschaftlichen Rechte der Landgrafen von Thüringen. 1122 gelangte das Umland in den Besitz der Landgrafschaft Thüringen. Die Burg wurde auf den heutigen Schlossberg verlegt und zum Stützpunkt einer gegen den Erzbischof von Mainz gerichteten Territorialpolitik ausgebaut. Am südlichen Hang des Schlossberges wuchs im Bereich Mainzer Gasse, Markt und Hirschberg eine Siedlung, die als Gotteshaus am Schuhmarkt eine Kilianskapelle besaß, die heute noch in Teilen erhalten ist. Um 1200 begann die planmäßige Erweiterung zu einer um den Schlossberg angelegten Stadt. 1228 gründete Landgräfin Elisabeth von Thü-

Altstadt mit St. Marien und Schloss

ringen das Franziskushospital, in dem sie 1231 auch starb. Bereits vier Jahre später erfolgte ihre Heiligsprechung. Das Franziskushospital war ein Jahr zuvor durch Papst Gregor IX. dem Deutschen Orden übertragen worden.

Herzogin Sophie von Brabant, eine Tochter Elisabeths von Thüringen, ließ die Burg ab 1260 zum Schloss ausbauen. Dieses avancierte zur landgräflichen Residenz und zum Verwaltungsmittelpunkt für das hessische Oberfürstentum. Seit dem ausgehenden 13. Jh. ist ein Bürgermeister bezeugt. Die erste Stadtrechtsurkunde stammt aus dem Jahr 1311. An der Südseite des Marktplatzes wurde ein Rathaus errichtet, dessen heutiger Bau aus der Zeit von 1512-24 einen Vorgängerbau ersetzt. Seine Front schmückt ein Steinrelief der hl. Elisabeth mit dem Kirchenmodell in der Hand, das der Marburger Künstler Ludwig Juppe 1524 anfertigte.

Rathaus mit Darstellung der hl. Elisabeth von 1524

Der Marktbrunnen war im Mittelalter Gerichtsstätte. Stärkste Wirtschaftszweige der Stadt waren Wollweberei, Gerberei und Töpferei. Mehrere Orden ließen sich zwischen dem 13. und 15. Jh. in der Stadt nieder oder errichteten Wirtschaftshöfe und Unterkünfte für Bettelmönche, sogenannte Termineien. Die Franziskaner bezogen ein Kloster nahe dem westlichen Stadttor. 1291 kamen die Dominikaner, 1476 die Kugelherren (s. S. 39).

1526 wurden die Pfarreien durch den Luther-Schüler Adam Kraft reformiert, 1527 die Klöster aufgehoben. Im selben Jahr gründete Landgraf Philipp der Großmütige die Universität als erste evangelisch-lutherische Hochschule, die in die Gebäude der säkularisierten Klöster zog. Unter Ludwig IV. wurde das Schloss 1568 nach einer Erbeinigung Residenz der Landgrafschaft Hessen-Marburg. Mit dem Aussterben der Marburger Linie fiel das Oberfürstentum 1604 an Hessen-Kassel und büßte seine Residenzfunktion wieder ein. Landgraf Moritz führte nun im Oberfürstentum das reformatorische Bekenntnis ein. Auch die Universität wurde reformatorisch, woraufhin

Landgraf Ludwig von Hessen-Darmstadt als Reaktion im benachbarten Gießen eine Hochschule gründete, an die zahlreiche lutherische Professoren und Studenten wechselten. Im 19. Jh. entwickelte sich Marburg vollends zur Universitäts- und Studentenstadt, der Universitätsneubau auf dem Gelände des Dominikanerklosters wurde 1874-78 nach Plänen von Karl Schäfer errichtet.

2 *Elisabethkirche*

Elisabethkirche, Marburg

Nach ihrem Tod 1231 wurde Elisabeth von Thüringen im Zentrum der zu ihrem Hospital gehörigen Kirche St. Franziskus beigesetzt. Noch im Jahr ihrer Heiligsprechung erfolgte am 14. August 1235 die Grundsteinlegung der heutigen, der Gottesmutter geweihten Kirche. Bauherren waren der Deutsche Orden und das Landgrafenhaus. Zur Finanzierung trugen nicht unerheblich die Spenden der Pilger bei, die zum Grab der Heiligen kamen. Entsprechend zügig gestaltete sich der Bauablauf: 1249 waren der Hochchor und die beiden ersten Langhausjoche vollendet, 1257 erfolgte die Weihe der Südkonche, 1260 wurden die mittleren Langhausjoche fertiggestellt. Die Gesamtweihe fand zwar 1283 statt, doch die Vollendung der 80 m hohen Türme gelang erst in den ersten Jahrzehnten des 14. Jh. Es entstand eine dreischiffige Hallenkirche mit einer mächtigen Doppelturmfassade und einer Dreikonchenanlage als Ostabschluss. Diese Chorlösung kam der Aufgabenzuteilung für die Kirche sehr entgegen: Während die Ostkonche der Liturgie des Deutschen Ordens diente, wurde die Südkonche Grablege des Landgrafenhauses. Die Nordkonche wurde für das Grab der Heiligen ausgewählt. Auf diese Weise griff man dessen ursprüngliche Lage auf: Die neue Kirche überschneidet sich genau an der Grabstelle mit der alten Hospitalkirche.

Die Architektur orientiert sich an zwei vorausgehenden Bauten: der Kathedrale von Reims und der Liebfrauenkirche in Trier. Der Erzbischof von Trier hatte für die Liebfrauenkirche die Krönungskirche

Mittelschiff der Elisabethkirche, links Stahlstich um 1860

der Könige Frankreichs zum Vorbild genommen, um seinen Anspruch auf die Krönung des deutschen Königs zu bekunden. Ausmessungen, die an der Elisabethkirche das Grundmaß des Trierer Fußes feststellten, führten zu der These, dass in Marburg dieselben Bauleute am Werk waren, die zuvor die Liebfrauenkirche in Trier errichtet hatten. Damit gehört die Elisabethkirche zu den frühesten rein gotischen Kirchenbauten in Deutschland. Von den beiden Kirchen in Reims und Trier wurden die verhältnismäßig einfache Maßwerkfigur aus zwei Spitzbogenbahnen, die einen runden Kreis tragen, sowie die wuchtigen Rundpfeiler, die in den Hauptrichtungen von vier Diensten umstanden sind, übernommen. Im Gewölbe werden die Dienstvorlagen von fein profilierten Rippen fortgeführt. Ungewöhnlich für eine hochgotische Kirche ist die Anlage des Langhauses in Form einer Halle. Dahinter stand sicher die Überlegung, den Wandaufriss des Chores zur Vereinheitlichung der Gesamtanlage auf das Langhaus zu übertragen.

Die Ausstattung ist von seltener Vollständigkeit. Vieles bezieht sich auf die hl. Elisabeth. Bereits 1235 wurde ein kostbarer Reliquienschrein in Auftrag gegeben, der 1249 mit der Überführung der Gebeine in den neu geweihten Hochaltar fertig gewesen sein muss. Auf den Dachszenen des Schreins wird das Leben der Heiligen ebenso wie auf den Medaillonfenstern in der Ostkonche mit Christus in Verbindung gebracht. Ein Medaillon zeigt, wie Elisabeth zwei Obdachlose empfängt, von denen einer mit Mu-

Detail des Elisabethfensters (um 1250): Elisabeth nimmt Pilger auf.

scheln an seiner Tasche als Jakobspilger ausgewiesen ist (Abb. S. 31).

Im Hochchor erfuhr die Gottesmutter als Patronin der Kirche und des Deutschen Ordens eine stärkere Betonung. Die Reliquien hingegen wurden später aus der zentralen Blickachse entfernt: Die Elisabethverehrung wandelte sich vom offiziellen zum inoffiziellen Kult der Kirche. Zwar wurde noch Mitte des 14. Jh. ein Relief in die Vorderseite des Mausoleums eingefügt, das vor ihrem Hochgrab Pilger zeigt, die sich auf Krücken nähern und Heilung erflehen (Abb. S. 24), doch gleichzeitig brachte man Gitter an, die eine Berührung verhinderten. Später wurden die Reliquien noch stärker einer direkten Verehrung entzogen, indem man den Schrein in die Sakristei überführte.

Modell der Elisabethkirche und der Gebäude des Deutschen Ordens

Vor einigen Jahren hat die evangelische Kirchengemeinde, die eine Pfarrstelle zur Betreuung von Touristen und Pilgern unterhält, einen spirituell gestalteten Weg durch die Kirche entwickelt, für den Begleitblätter in der Nordkonche ausliegen. Von hier aus führt der Weg in die Sakristei mit dem Reliquienschrein und zu den Glasfenstern mit den Szenen aus dem Leben Elisabeths.
Der Kirchenraum enthält auch Darstellungen von Jakobus d. Ä. Links vom Südportal steht eine Kalksteinstatue, die einem Apostelzyklus

„Französische Elisabeth" (um 1470) und Jakobus (14. Jh.), Elisabethkirche

aus der Zeit um 1340 entstammt. Jakobus ist mit dem Schwert dargestellt, durch das er den Märtyrertod starb, und dadurch gekennzeichnet, dass er auf der Brust eine große Kammmuschel trägt. Eine zweite Darstellung des Apostels, umgeben von Pilgermuscheln, zeigt ein Fenster des Ostchors aus dem 14. Jh. (Abb. S. 22). Gleich zwei Porträts von Jakobus als Kind finden sich auf dem Sippenaltar von 1511: Die von Ludwig Juppe geschnitzte Figur zeigt ihn neben seiner Mutter Maria Salome mit dem jüngeren Johannes auf dem Schoß im Altarschrein, während auf dem Bild des Malers Johann von der Leyten auf der Außenseite des linken Flügels Maria Salome ihren beiden Kindern zwei kleine Geschenke überreicht – Jakobus erhält eine Muschel, Johannes ein Paar Kirschen.

Sippenaltar (1511) in der Elisabethkirche

3 Gebäude des Deutschen Ordens

Die Betreuung des Hospitals und des Elisabethgrabes lag seit 1234 in den Händen des Deutschen Ordens. Mit Einführung der Reformation wurde der Orden vertrieben, wobei Landgraf Philipp jedoch 1549 eine Rückerstattung der Ordensgüter zugestehen musste. Bis zu ihrer Auflösung im Jahre 1809 bildete die Deutschordenskommende eine katholische Enklave im protestantischen Hessen. Von dem Komplex, der einen geschlossenen Bezirk um die Elisabethkirche bildete, sind noch mehrere Gebäude vorhanden. An der Nordseite des Gotteshauses steht das Deutsche Haus, in dem sich heute das Geografische Institut der Universität befindet. Die Bausubstanz stammt aus dem 15. und 16. Jh. In seinem Ostflügel befand sich die Wohnung des Verwalters; ein vorkragender Chorerker gehörte zur Hauskapelle. Westlich schließt sich das Herrenhaus an, in dem die Ordensritter lebten. Sein Unterbau stammt noch aus dem 13. Jh. Die heute zugemauerten Arkaden gehören der Spätgotik, das Fachwerkobergeschoss dem 18. Jh. an. Von den ausgedehnten landwirtschaftlichen Funktionsbauten sind das 1515 errichtete Backhaus und der Kornspeicher erhalten, in dem sich heute das Museum des Instituts für Mineralogie befindet.

Elisabeth von Thüringen

Es gibt keine Person der Kirchengeschichte, die solch unterschiedliche Deutungen hervorgerufen hat wie Elisabeth von Thüringen – ihr Vorbild Franz von Assisi ausgenommen. Ist sie für heutige Menschen ein „moralisches Klischee", wie ihre Biografin Elisabeth Busse-Wilson meint, oder doch ein Vorbild im Glauben durch eine kompromisslose Bereitschaft zur Christusnachfolge? 1211 war die ungarische Königstochter im Alter von vier Jahren aufgrund eines politischen Heiratsvertrages auf die Wartburg, den Hof der Landgrafen von Thüringen, gekommen. Zehn Jahre später wurde sie mit dem jungen Landgrafen Ludwig IV. vermählt. Bereits als 14-Jährige fühlte sie sich zu einer Abkehr von den Inhalten des höfischen Lebens berufen, um ihr Leben an religiösen Zielen zu orientieren. 1224 lernte sie durch den Franziskanerbruder Rodeger das Armutsideal des hl. Franz von Assisi kennen. In einer immer strengeren Askese, die unter dem Einfluss ihres Beichtvaters, des päpstlichen Inquisitors Konrad von Marburg, ins Extreme gesteigert wurde, strebte sie eine Christusnachfolge in Armut, Selbsterniedrigung und demütiger Nächstenliebe an. Dicht unterhalb der Wartburg gründete sie ein Hospital, in dem sie Arme, Kranke und Aussätzige pflegte. Überdies bemühte sie sich, ihre Ideale auf das Leben am Landgrafenhof zu übertragen. Während ihr Gemahl Verständnis aufbrachte, reagierte die Hofgesellschaft mit Ablehnung. Als Ludwig IV. 1227 während des Kreuzzugs Kaiser Friedrichs II. einer Seuche erlag und sein Bruder Heinrich Raspe die Regentschaft übernahm, wurden Elisabeth die zustehenden Witwengüter verweigert. Sie verließ mit ihren Kindern die Wartburg und lebte in Eisenach in größter Armut, verachtet selbst von denen, die zuvor ihre Mildtätigkeit erfahren hatten. In diese Elendstage fiel ein zentrales Er-

eignis ihres Lebens: Sie hatte eine Christus-Vision, die ihre Handlungsmotivation bestätigte und rechtfertigte. Verwandte befreiten sie von ihrem Elend und holten sie an den Bischofshof ihres Onkels Ekbert in Bamberg.

Nach kurzem Aufenthalt kehrte Elisabeth nach Eisenach zurück, wo ihr Beichtvater Konrad eine Abfindung von 2.000 Mark sowie die lebenslängliche Nutznießung landgräflicher Ländereien bei Marburg für sie durchsetzen konnte. Mit dieser Summe errichtete und betrieb sie in Marburg ein Hospital, das sie dem hl. Franziskus weihte. Mit dem Dienst an den Armen und Kranken setzte sie das in Eisenach begonnene Wirken fort. Im Herbst 1228 empfing sie aus der Hand Konrads das graue Armutsgewand; als „soror in saeculo" – Schwester in der Welt – trat sie dem geistlichen Stand bei. Konrad entfernte aus ihrem Umkreis alle Vertrauten und sogar ihre Kinder. Das Hospital erhielt eine bruderschaftliche Organisationsform. Seine wirtschaftliche Grundlage beruhte neben Elisabeths Witwengeld auf den bescheidenen Einkünften der Marburger Ländereien sowie auf den Spendeneinnahmen einer Franziskuswallfahrt zur Hospitalkirche, für die Konrad von Papst Gregor IX. einen Ablass erwirken konnte. Zahlreiche Aufgaben erledigte Elisabeth persönlich: Sie sprach mit den Bedürftigen und badete sie, besorgte Hausarbeiten und spann die Wolle für die benötigten Kleidungsstücke und Decken. In der Nacht vom 16. zum 17. November 1231 starb sie im Alter von 24 Jahren, erschöpft von der aufzehrenden Arbeit und den erlittenen Entbehrungen.

Als zentrales Motiv ihres Handelns nennt der Kirchenhistoriker Friedhelm Jürgensmeier die „con-passio", ein Mit-Leiden „bis hin zum physischen Einsatz ihrer Person. Sie tat es in zum Teil befremdender, bestürzender Art. Elisabeth spiegelt deutlich das höchste religiöse Streben ihrer Zeit wider. Sie war eine Frau der eruptiven und bahnbrechenden Epoche der ersten Hälfte des 13. Jh., die eine konsequent und radikal christliche Antwort gab auf drängende Probleme und Fragen ihrer Zeit. Sie tat es auf ihre Weise und nach ihrem Verständnis."

Elisabethfenster (um 1250), Ostchor Elisabethkirche Marburg

Südlich der Kirche steht jenseits der Verkehrsstraße die Kapellenruine des Elisabethhospitals (Abb. S. 13). Sie gehörte zu einer karitativen Einrichtung, welche die Deutschherren 1235 in der Nachfolge des Franziskushospitals gegründet hatten. Der kleine, polygonal geschlossene Chor folgt in seiner Zweigeschossigkeit der Elisabethkirche.

Am Hang westlich der Kirche liegt der Begräbnisplatz des Hospitals. Hier wurden jene Pilger begraben, die sich krank auf den Weg zur Heiligen gemacht hatten und an ihrem Grab gestorben waren. Die 1270 geweihte Friedhofskapelle erhielt das Patrozinium des Erzengels und Seelenwägers Michael, dessen Schutz die Seelen der Verstorbenen anvertraut wurden. Im Maßwerk lässt sich wieder das Vorbild der Elisabethkirche erkennen. Ab 1530 war der Friedhof auch für bürgerliche Begräbnisse offen.

Deutsches Haus, Marburg

4 *Der Alte Botanische Garten*

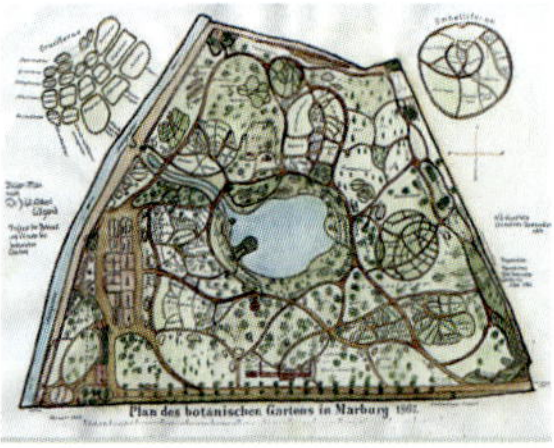

Oben: Plan von 1867
Unten: Blick über den Weiher auf die Elisabethkirche

Nach der Einziehung des Deutschordensgutes durch die Krondomäne zu Anfang des 19. Jh. übernahm die Universität auch den sogenannten deutschen Hausgarten zwischen Pilgrimstein und Biegenstraße. Sie nutzte das Areal zur Verlegung und Erweiterung ihres Botanischen Gartens vom westlich der Elisabethkirche gelegenen Weinberg ins Tal. Für die alte wie die neue Anlage war der Botaniker Conrad Moench (1744-1805) zuständig, an den noch heute der Gattungsname Moenchia für die

Hexenbesenbaum (Carpinus betulus mit Taphrina carpinii)

Weißmieren (Familie der Nelkengewächse) erinnert. Sein Werk setzte in der Realisierungsphase 1910-14 Georg Wilhelm Franz Wenderoth fort, der einen Garten im englischen Stil anlegte und dabei landschaftliche mit wissenschaftlichen Aspekten verband. 50 Jahre später fand unter Prof. Albert Wigand eine Umgestaltung im Sinne der lenné-meyerschen Schule statt, wobei insbesondere für Bäume geografische Areale angelegt wurden.

Mit dem Umzug der meisten naturwissenschaftlichen Einrichtungen auf die Lahnberge entstand dort 1977 der heutige Botanische Garten. Die alte Anlage nahe der Elisabethkirche wurde zur öffentlichen Grünanlage. Bemerkenswerte exotische Nadelbäume, aber auch Laubbäume aus allen Teilen der Welt, wie der Taschentuchbaum oder der Tulpenbaum, erinnern im Zentrum des Parks an das ehemalige Arboretum. Der Hexenbesenbaum, der mit dem schmarotzenden Hexenbesen infiziert wurde, zeugt von einem frühen Experiment der Marburger Botanik. Ein Heilpflanzen-Schaugarten der Pharmazeutischen Biologie, die in den ehemaligen Topfschuppen und das Gewächshaus der Gärtnerei einzog, hält den wissenschaftlichen Anspruch des Gartens auch heute noch aufrecht. Das Fachwerkhaus, das einst der Leiter des Botanischen Gartens bewohnte, dient heute als Gästehaus der Universität.

5 Pfarrkirche St. Marien

Der spätromanischen Marienkapelle in der Marktsiedlung unterhalb des Schlossberges wurden 1222 die Rechte einer Stadtpfarrkirche übertragen. 1297 weihten die Deutschherren einen neuen Chor, der in Details Parallelen zur Marburger Schlosskapelle zeigt. Im Verlauf des 14. Jh. wurde ein dreischiffiges Hallenlanghaus erbaut. Dies ist dem Vorbild der Elisabethkirche verpflichtet, zeigt aber breitere und niedrigere Proportionen sowie größere Pfeilerabstände. Statt einer „via sacra" entstand ein auf sich selbst konzentrierter Kirchenraum für die Stadtgemeinde. Der Bezug zur Elisabethkirche wird auch in einem Wandbild an der Südseite des Chores deutlich: 1447-73 kam der Westturm hinzu, während gleichzeitig die Seitenschiffe beiderseits des Turmes verlängert wurden.

Jacob und das Grimmsche Wörterbuch

„Da bin ich nun in Marburg und Gott sey Dank noch gesund. (...) Es gefällt mir sonst recht gut hier. Ich weisz nicht, ob Sie, mein Lieber, schon einmal hier waren, aber die Lage Marburgs und umliegende Gegend ist gewisz sehr schön. (...) Bisweilen gehe ich spazieren. Oh, eine prächtige Gegend. Mit jedem Schritt romantischer und schöner."

So schwärmte der 17-jährige, aus dem westfälischen Hanau stammende Jurastudent Jacob Grimm im Jahr 1802 in einem Brief an seinen Freund Paul Wigand.

Zusammen mit seinem ein Jahr jüngeren Bruder Wilhelm, der ebenso in Marburg Jura studierte, arbeitete er zwischen 1812 und 1815 an dem ersten Band der allseits beliebten und bekannten Kinder- und Hausmärchen. Mit ihrem literarischen Schaffen und ihrer Forschertätigkeit wollten die beiden in Zeiten der französischen Besatzung und der Kleinstaaterei zur deutschen Einheit und gemeinsamen Identifikation mit Deutschland beitragen. Dieses Anliegen verband sie auch mit anderen Vertretern der Romantik wie Achim von Arnim und Clemens von Brentano.

Die Universität Marburg verlieh ihnen 1819 bereits die Ehrendoktorwürde für ihre Verdienste im Bereich der sprachwissenschaftlichen Forschung und ihre Tätigkeit als Sammler. 1835 entwickelten sie den Plan für das „Deutsche Wörterbuch". Das Vorhaben war so umfangreich, dass 1854 der erste Band erschien, 1860 und 1862 die Bände 2 und 3, und das Projekt erst 1961 abgeschlossen werden konnte. Dieses Grimmsche Wörterbuch ist das umfangreichste Werk zur deutschen Sprache, das den Grundstein zu ihrer Vereinheitlichung legte. Es umfasst den hochdeutschen schriftsprachlichen Wortbestand in seiner Entwicklung und seinem Gebrauch von der Mitte des 15. Jahrhunderts bis zur Bearbeitungsgegenwart. Im Band 10 des Wörterbuchs zwischen Spalte 2202 und 2204 werden Begriffe rund um den Namen Jacob erläutert, angefangen mit:

JACOB, unter den trägern dieses eigennamens ist der heilige zu Compostella berühmt, zu dessen grabe man auch aus deutschen landen häufig wallfahrtet, bis zu JACOBSWIRT, m. wirt der die jacobsbrüder beherbergt; daher bettelwirt, wirt für arme leute
nebst Zitaten literarischer Quellen, wie folgendes von Hans Sachs:

der kuedieb spricht zum bettelwirdt:
du magst wol ein jacobswirt sein,
wer mag fressen dein pfinning würst,
dein sawr bier trinken wenn in dürst.

http://germazope.uni-trier.de/Projects/DWB

1590 löste das Gotteshaus die Elisabethkirche als Grablege der Landgrafen ab. Im Chor stehen nebeneinander zwei monumentale Wandgrabmale für die Landgrafen Ludwig IV. von Hessen-Marburg (gestorben 1604) und Ludwig V. von Hessen-Darmstadt (gestorben 1626). Zwischenzeitlich hatte das Oberfürstentum zu Hessen-Kassel gehört und war reformiert worden. Durch die Geste, dass er seine Grablege an jener von Ludwig IV. orientierte, bekundete Ludwig V. die Rechtmäßigkeit seiner Herrschaft und eine Rückkehr des Oberfürstentums zum lutherischen Bekenntnis. Sein Grabmal zeigt in bewusster Abgrenzung vom strengen Calvinismus einen üppigen Dekor und die Apostel in ihren überlieferten Darstellungsweisen als Heilige. Hoch am Giebel erscheint der hl. Jakobus in Pilgerkleidung.

Ein Bezug zum spätmittelalterlichen Pilgerwesen lässt sich an der Südwand in Höhe der Orgelempore entdecken: Ein Wandbild des späten 14. Jh. zeigt einen vornehmen Bürger, der vor dem Volto Santo von Lucca kniet. Zu jener Zeit gehörte das berühmteste Kreuzgnadenbild Italiens zu den führenden Pilgerzielen Europas. Offenbar war der Marburger Kaufmann in Lucca gewesen und hatte zur Erinnerung an die Pilgerfahrt das Wandbild gestiftet. Eine etwas frühere Darstellung des Volto Santo befindet sich in der Agneskapelle des Kölner Doms.

Grabmal (um 1630) mit Jakobusfigur, St. Marien Marburg

6 *Kugelkirche*

Vor dem Verlassen der Altstadt führt der Pilgerweg zur ehemaligen Klosterkirche der Brüder vom gemeinsamen Leben. Sie ist Johannes

Predella des Hochaltars in der Kugelkirche Marburg

dem Evangelisten als Haupt- und Jakobus d. Ä. als Nebenpatron geweiht. Der Baubeginn war 1476, als die Brüder in Marburg eine Niederlassung gründeten. Es handelte sich um eine Gemeinschaft, die unter dem Einfluss von Schriften Meister Eckharts und des Niederländers Jan von Ruysbroeks auf eine Lebensverwirklichung mystischer Erlebnisse bedacht war. Diese Lebensführung sollte den göttlichen Urgrund des Menschen freilegen, einerseits durch eine Ablegung des eigenen Willens, andererseits durch innere Gelassenheit. Die Brüder führten nach den Vorstellungen ihres Gründers, des Klerikers Geert Groote aus Utrecht, ein Gemeinschaftsleben ohne Klausur in Brüderhäusern. Ihnen lag daran, die Laien durch Bibelübersetzungen mit der Heiligen Schrift unmittelbar bekannt zu machen. Aufgrund der kugelförmigen Kapuzen ihres Habits nannte man sie auch Kugelherren. 1482 wurde der kleine Kirchenbau geweiht. Besonders reizvoll ist das reiche Netzgewölbe, dessen Rippen kunstvoll in die Wand verlaufen. Von der alten Ausstattung haben sich sechs kleine Statuetten weiblicher Heiliger in der Predella, also dem Unterbau des Altaraufsatzes, des neugotischen Hochaltars erhalten sowie das große Sakramentstabernakel mit seinem zierlich durchbrochenen Aufbau. Südlich der Kirche steht das Frater- oder Kugelhaus, ein schlichter Steinbau von 1491, der heute die völkerkundliche Sammlung der Universität beherbergt.

Kugelkirche St. Johannes Evangelist, Marburg

7 *Weinstraße*

Auf der Anhöhe zwischen Ockershausen und Wehrshausen, dem Kamm der westlichen Lahnberge, kreuzt die Fernstraße Marburg-Siegen die Weinstraße. Bei der Weinstraße handelte es sich um die wichtigste Nord-Süd-Verbindung in Hessen und um eine der bedeutendsten überhaupt im mitteldeutschen Raum. Dieser Höhenweg verband den norddeutschen Hanseraum mit dem Messeplatz Frankfurt, bis im 19. Jh. in den trockengelegten Talauen neue Straßen und Eisenbahnlinien gebaut wurden. Die Weinstraße verläuft auf der Landschaftsscheide zwischen dem westlich liegenden kuppenreichen Grundgebirge, dem Rheinischen Schiefergebirge, und den mächtigen Sandsteinschichten des östlichen Deckgebirges. Der Name Weinstraße stammt nicht von der Handelsware Wein, sondern von dem mitteldeutschen Ausdruck "Woin" für Wagen. Die Weinstraße war also eine ausdrücklich für Fahrzeuge vorgesehene Strecke. Die Marburg-Siegener Straße band die Stadt Marburg an diese wichtige Verkehrsverbindung an. In der Nähe steht die Gastwirtschaft Sellhof, die aus einer Ausspannstation an der alten Straßenkreuzung hervorgegangen ist.

Sellhof bei Marburg

8 Wehrshausen

Wehrshausen liegt von Marburg aus in der ersten Senke hinter dem Kamm der westlichen Lahnhöhen. In den letzten Jahrzehnten sind hier viele Neubauten in den Hanglagen mit weiter Aussicht auf das Schiefergebirge entstanden, sodass Wehrshausen sich inzwischen zum Wohnvorort von Marburg entwickelt hat.

Dorfkirche Wehrshausen

1338 war hier eine Kapelle zu Ehren der Gottesmutter gestiftet worden. Eine Neuerrichtung, die heutige Dorfkirche, geht auf Landgraf Heinrich III. von Hessen zurück. 1474 war Landgraf Heinrich seinem Bruder, dem Verweser des Kölner Erzstiftes, der als Verwalter auch Regierungskompetenzen besaß, im Neusser Krieg zu Hilfe gekommen. Während des Krieges hatte er eine sakramentale Bittprozession der Marburger Bürger zur Muttergottes nach Wehrshausen verfügt. In den Folgejahren ist die Prozession beibehalten worden, und so wird die Wallfahrt nach Wehrshausen auch im Testament Heinrichs III. von 1483 genannt. 1509 schenkte Landgräfin Anna der Kirche eine Kasel, ein ärmelloses liturgisches Ge-

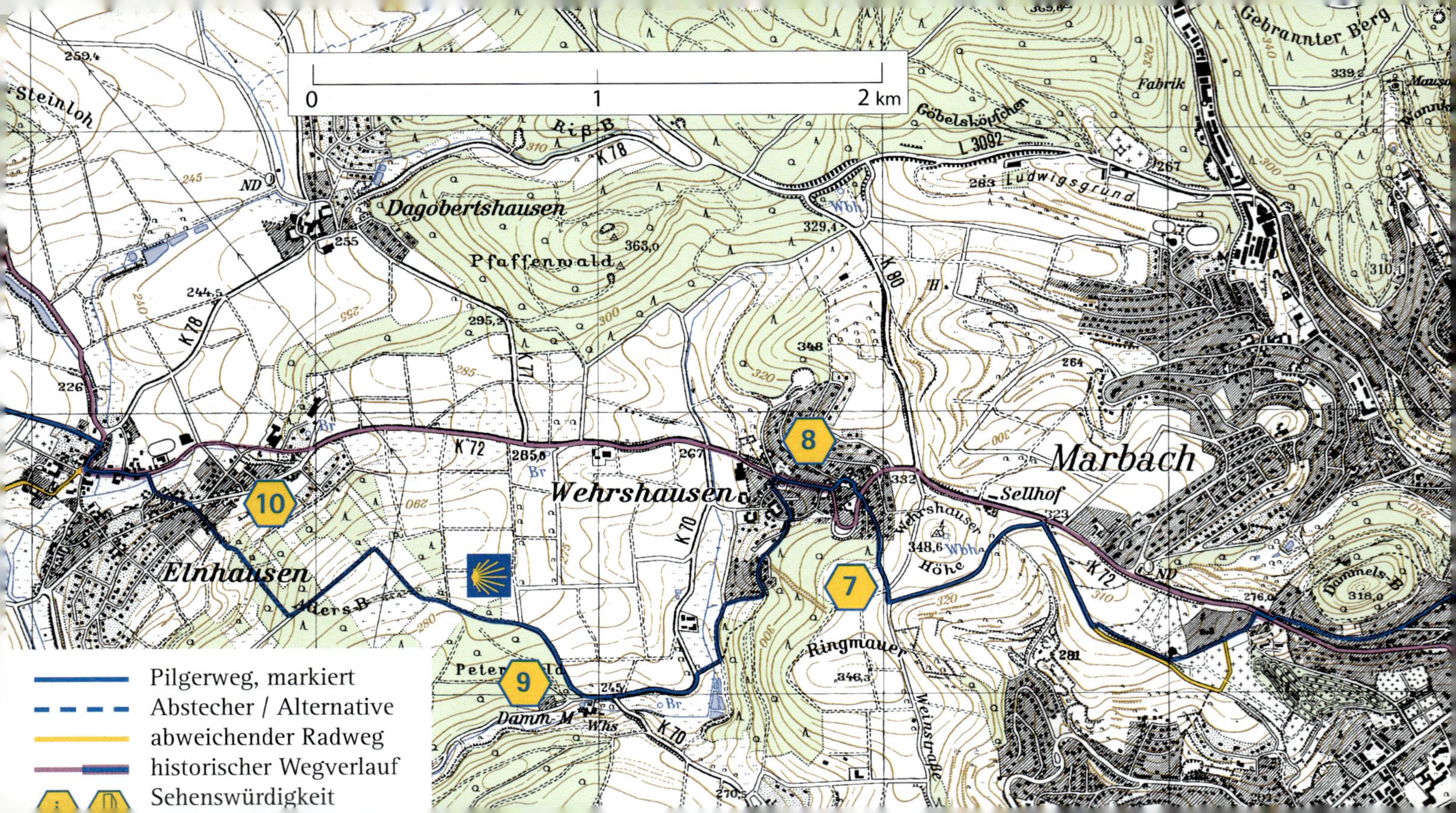
0
1
2 km
Marbach
Wehrshausen
Elnhausen
Dagobertshausen
Pfaffenwald
Sellhof
Ringmauer
Steinloh
Gebrannter Berg
Göbelsköpfchen
Ludwigsgrund
Fabrik
Pilgerweg, markiert
Abstecher / Alternative
abweichender Radweg
historischer Wegverlauf
Sehenswürdigkeit
7
8
9
10

wand, 1513 begab sie sich nach Wehrshausen, um drei Pfund Wachs zu opfern. In einem Bürgertestament von 1516/17 wird unter den gelobten Wallfahrten auch Wehrshausen aufgeführt.

Vor dem Hintergrund des Neusser Krieges dürfte Heinrich III. nicht nur die Wallfahrt initiiert, sondern auch den spätgotischen Kirchenbau gestiftet haben: Ein Schlussstein zeigt das hessische Wappen mit der Jahreszahl 1475. Die Kirche ist ein drei Joche langer Saalbau mit polygonalem Chor und schlankem Dachreiter. An der Nordseite schließt sich eine ebenfalls spätgotische, der hl. Anna geweihte Kapelle an. Die Malereien im Gewölbe sind 1953 nach Befund erneuert worden, d. h. es waren noch Reste des Originals erhalten, die als Anhaltspunkte dienen konnten. Zu der beachtlichen Ausstattung aus der Erbauungszeit gehört das steinerne Altarretabel mit gedrehten Säulen und eine große Sakramentnische mit Stabwerkumrahmung. Womöglich hat eine Madonna von 1523, die dem Bildschnitzer Ludwig Juppe zugeschrieben wird und sich heute im Universitätsmuseum Marburg befindet, ursprünglich im Hochaltar gestanden.

9 *Dammühle*

Der heutige Anblick der seit 1521 dokumentierten Dammühle lässt kaum vermuten, dass dieses einladende Gasthaus einst aus der Not geboren wurde. Das Volkslied „Es klappert die Mühle am rauschenden Bach" traf hier leider nicht zu: Wasserzufuhr und Gefälle des Bachs waren so gering, dass der Müller trotz eigener Landwirtschaft Anfang des 19. Jh. beschloss, seinen Lebensunterhalt mit einer Schankwirtschaft aufzubessern. Die Höhe der Hülfssteuer – der heutigen Getränkesteuer –, die für 1820 vorliegt, lässt darauf schließen, dass es sich nicht allein um den Branntweinverzehr der Einheimischen gehandelt haben kann. Im Laufe der Zeit entwickelte sich die Mühle zum viel besuchten Ausflugsziel der Marburger Einheimischen und Studenten. Bei Letzteren war die Gast-

Dammühle Wehrshausen

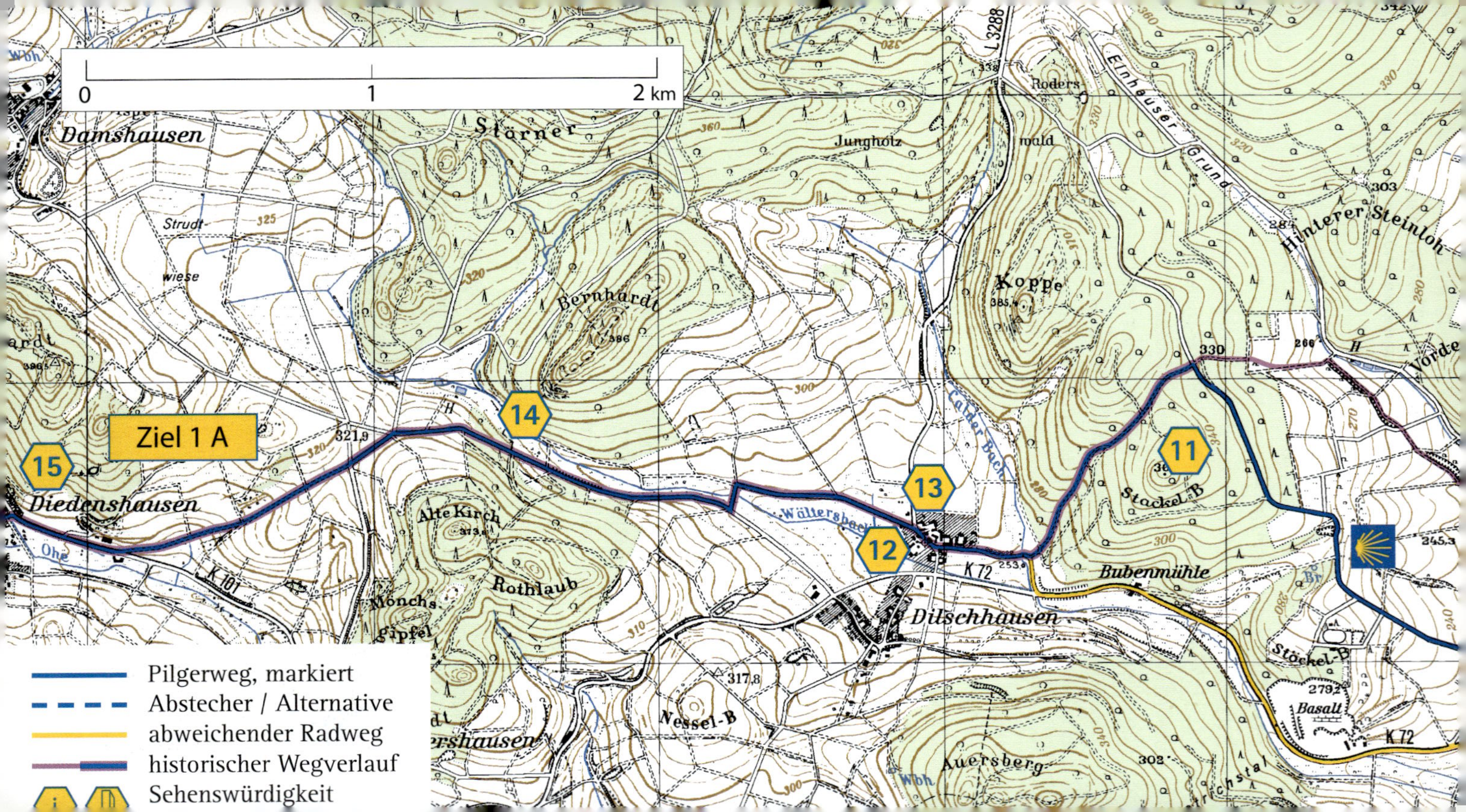
0
1
2 km
Ziel 1 A
15
14
13
12
11
Damshausen
Diedenshausen
Störner
Bernhardt
Alte Kirch
Rothlaub
Mönchs-
gipfel
Jungholz
Koppe
Stackel-B.
Bubenmühle
Dilschhausen
Nessel-B
Auersberg
Stöckel-B.
Basalt
Einhäuser Grund
Hinterer Steinloh
Wöltersbach
Calder Bach
K 72
K 101
L 3288
Pilgerweg, markiert
Abstecher / Alternative
abweichender Radweg
historischer Wegverlauf
Sehenswürdigkeit

wirtschaft wegen ihrer Abgeschiedenheit auch beliebt zur Austragung „scharfer Partien", sogenannter Mensuren, die von den 30er- bis in die 50er-Jahre des vorigen Jahrhunderts verboten waren. Die Mühle und die landwirtschaftlichen Gebäude wurden nach und nach zu Wirtsstuben und Gästezimmern umgebaut, sodass das Mühlrad sich schließlich gar nicht mehr für den Unterhalt drehen musste. 1997 wurde dennoch seine Sanierung in Angriff genommen, wenn nicht zum Mahlen des Getreides, so doch für die Vervollständigung des kulturhistorischen Ensembles.

10 *Elnhausen*

Elnhausen besitzt ein südlich des alten Dorfkerns liegendes Oberdorf mit Siedlungserweiterungen aus jüngerer Zeit und ein Unterdorf in der Aue des Elnhäuser Wassers, das von den stattlichen Wirtschaftsgebäuden eines Rittergutes und der Kirche geprägt ist. In den ehemals landgräflichen Dörfern des Lahn-Dill-Berglandes stellt eine dermaßen große Gutsanlage eine Seltenheit dar. Es handelt sich um das Rittergut der Familie von Vultée, die 1716/17 ein Schloss in den strengen Formen eines Barockklassizismus niederländischer Prägung errichtete. Das beherrschende Motiv der Schlossfassade ist ein wappengezierter Segmentgiebel, der zum Erdboden ergänzt die Form eines Kreises beschreiben würde. In einem wirkungsvollen Kontrast zu dieser Rundform steht die kubische Gesamterscheinung des Schlosses, die durch ein flach ansteigendes Walmdach betont wird. Für das strenge, aus geometrischen Strukturen entwickelte Äu-

Schloss Elnhausen

ßere finden sich im Marburger Land keine Parallelen. Die nächstgelegenen Beispiele für eine ähnliche Bauweise sind das Orangerieschloss in der Karlsaue und das Belvedere oberhalb der Fulda, die sich dem landgräflichen Hof in Kassel zuordnen lassen, mit dem die Familie von Vultée in Verbindung stand.

In Nachbarschaft zu den großen Fachwerkbauten des Gutes steht die Kirche von Elnhausen, ein schlichter Saalbau mit einem Haubendachreiter. Der für eine Dorfkirche verhältnismäßig große Bau entstand in den Jahren 1742-45.

11 *Stackelberg*

Alter Hohlweg (links) und heutige Wegführung am Stackelberg

Der Verlauf der Fernstraße von Marburg nach Siegen über den Stackelberg ist durch zwei Quellen aus den Jahren 1592 und 1613 gut belegt. Beim Abstieg in Richtung Dilschhausen fallen zwei parallele Strecken auf: Zum einen die ursprüngliche Wegeführung, ein breiter, durch Erosion ausgewaschener Hohlweg, zum anderen die heutige Trasse auf einem aufgeworfenen Damm, mit dem der Weg dauerhaft stabilisiert worden ist.

12 *Dilschhausen*

Dilschhausen ist mit 200 Einwohnern heute der kleinste Ortsteil der Stadt Marburg. Das Dorf mit seinen fränkischen Mehrseithöfen besteht aus zwei Teilen, was auf die mittelalterlichen Rechtsverhältnisse zurückgeht. Längs des Baches verlief die Grenze zwischen den Gerichten Cadern und Reizberg, zu denen Dilschhausen jeweils etwa zur Hälfte gehörte. Das sich südlich des Wächtersbaches den Hang hinaufziehende Oberdorf ist ein Straßendorf auf hakenförmigem Grundriss. Nördlich des Baches hat sich im Zuge der Marburg-Siegener Landstraße das kleinere Unterdorf entwickelt. Bis 1527 war Dilschhausen im Besitz der vier Kilometer nördlich gelegenen Zisterzienserinnenabtei „Zur Heiligen Maria und Nikolaus“ in Caldern. 1250 hatte Sophie von Brabant den Zisterzienserinnen eine Nikolauska-

Dorfkern Dilschhausen

pelle gestiftet, aus der die Abtei hervorgegangen ist. Mit Dilschhausen verfügte das Kloster über einen Stützpunkt an der Fernstraße Marburg-Siegen.

13 *Chorturmkirche in Dilschhausen*

Den Mittelpunkt des Unterdorfes bildet die spätromanische Chorturmkirche aus dem 13. Jh., ein Beispiel für das im Hochmittelalter verbreitete Bestreben, den Kirchenbauten einen wehrhaften Charakter zu verleihen. Gerade die Lage an einer Durchgangsstraße erforderte die Schaffung eines sicheren Zufluchtsortes. Herausragendes Merkmal der Kirche ist daher der ungegliederte, aus Bruchsteinen errichtete Turmkubus, der an seinem Fuß eine Mauerstärke von 1,25 m aufweist. In seiner Ostwand ist in einer Höhe von 5,50 m eine zugemauerte Pforte zu erkennen. Zu ihr führte ursprünglich eine hölzerne Treppe hinauf, die in Gefahrenzeiten abgebaut wurde. Deutlich unterproportioniert fügt sich nach Westen ein kurzes Langhaus an. Aus einer Erneuerungsphase um 1700 stammt der abgestufte Pyramidenhelm. Im Inneren ist die Kanzel aus dem 18. Jh. bemerkenswert. Neben seiner Schutzfunktion besitzt der Chorturm auch einen theologischen Gehalt, da er sich über dem Altar erhebt und somit den Ort der Eucharistie anzeigt. Wie bei jedem mittelalterlichen Sakralbau markiert auch der Kirchturm einer Dorfkirche in der Landschaft die Gegenwart Gottes im Altarsakrament und weist somit auf die Bedeutung des Kirchengebäudes als Sinnbild der Himmelsstadt

Innenraum der Chorturmkirche Dilschhausen

hin. Kernlandschaften der Chorturmkirche sind Franken, Hessen, Thüringen und Nordwestsachsen.

Die Chronik der nordöstlich gelegenen Pfarrei Michelbach berichtet von Wallfahrten nach Dilschhausen. Nach Einführung der Reformation hätten sich die Prozessionen zwar aufgelöst, aber noch im 18. Jh. habe man in Dilschhausen am Festtag des hl. Antonius des Einsiedlers (17. Januar) Gottesdienst gehalten. Offenbar war der hl. Antonius von der Landbevölkerung als Schutzpatron für das Vieh angerufen worden. Es ist denkbar, dass die Wallfahrt von der Abtei Caldern initiiert wurde.

14 Störnershöh

Historische Wegekreuzung Störnershöh

Die Führung der Fernstraße Marburg-Siegen über die Störnershöh, den Höhensattel zwischen Alter Kirch und Bernhardt, ist durch Quellen von 1602, 1648, 1704 und 1747 belegt. Die 347 m hohe Erhebung südlich der Strecke trägt die Bezeichnung Alte Kirch und weist auf ein frühes Gotteshaus in der Nähe der Straße hin, von dem heute nichts mehr zu sehen ist. Auf der Anhöhe findet sich eine typische Höhenwegkreuzung.

15 *Diedenshausen*

Grabstein in Diedenshausen

Das Fachwerkdorf Diedenshausen wurde schon 1197 erstmals erwähnt. Es liegt in einer Senke, in welche die Marburg-Siegener Landstraße steil hinunterführt, nachdem sie die Störnershöh überwunden hat. Diedenshausen besteht aus zwei Kernen, die für Oberhessen typische Siedlungsbilder repräsentieren: Das kleinere Oberdorf in einer leichten Hanglage weist einen haufendorfartigen Grundriss auf. Demgegenüber folgt das größere Straßendorf mit der Kirche und den stattlichen Dreiseithöfen mit Bausubstanz aus dem 17. bis 19. Jh. dem Talverlauf und damit auch dem Zug der Fernstraße. Die Pferdebauern des Ortes erwirtschafteten durch die Vorspanndienste, die sie für die Überquerung der Störnershöh und des Großen Waldes leisteten, einen guten Nebenverdienst. So brachten sie es zu einigem Wohlstand, der an der Größe ihrer Höfe noch heute ablesbar ist. Fünf Häuser zeigen in ihren Gefachen, in den verputzten Feldern zwischen den Balken, die für Oberhessen typischen Stipp- und Kratzputztechniken (Hauptstraße Nr. 3, 17, 37, 38, 40).

Das Gotteshaus in der exponierten Hanglage zählt mit seinem dreiseitig geschlossenen Chor, dessen schlanker Gesamteindruck durch einen Dachreiter gesteigert wird, zu den markantesten Fachwerkkirchen in Hessen. Der Chorsockel ist aus Bruchstein, das Erdgeschoss des Schiffes verputzt. Darüber folgt ein Obergeschoss in Fachwerk. Der Bau wird in das frühe 18. Jh. datiert, doch weisen Grabsteine des 16. Jh. auf einen Vorgängerbau hin.

Dorfkern Diedenshausen

Diedenshausen – Niedereisenhausen

Wegbeschreibung und Hinweise

14 km

Wegstrecken zu Fuß und per Rad sind identisch.

Schwierigkeitsgrad zu Fuß und per Rad: leicht bis mittel, breite, zum Teil asphaltierte Wege, ab Diedenshausen und im Bolzebachtal lange und allmähliche Anstiege

Ausgangspunkt Diedenshausen, Kirche (15): Dem Radweg entlang des Schönwassers über den Sattel des Großen Waldes **(16)** bis zum Sportplatz Herzhausen folgen. Am Sportplatz rechts und dann links zur Unterführung der B 453. Hinter der Unterführung links und bei der nächsten Gelegenheit rechts (geradeaus Variante über Holzhausen **(17)**). Nach Querung der K 74 geradeaus Anstieg Richtung Bolzeberg. Dem Wanderweg Strumpfweg (■) nach rechts folgen bis zum Bolzebach. Nach Bachüberquerung und Anstieg auf die Bachterrasse links in den Weg durch das Bolzebachtal bis Obereisenhausen. Vom Ortsplatz Obereisenhausen **(18)** führt der Weg nach rechts und oberhalb des Schulzentrums nach Niedereisenhausen **(19)**.

Weg zwischen Dilschhausen und Diedenshausen

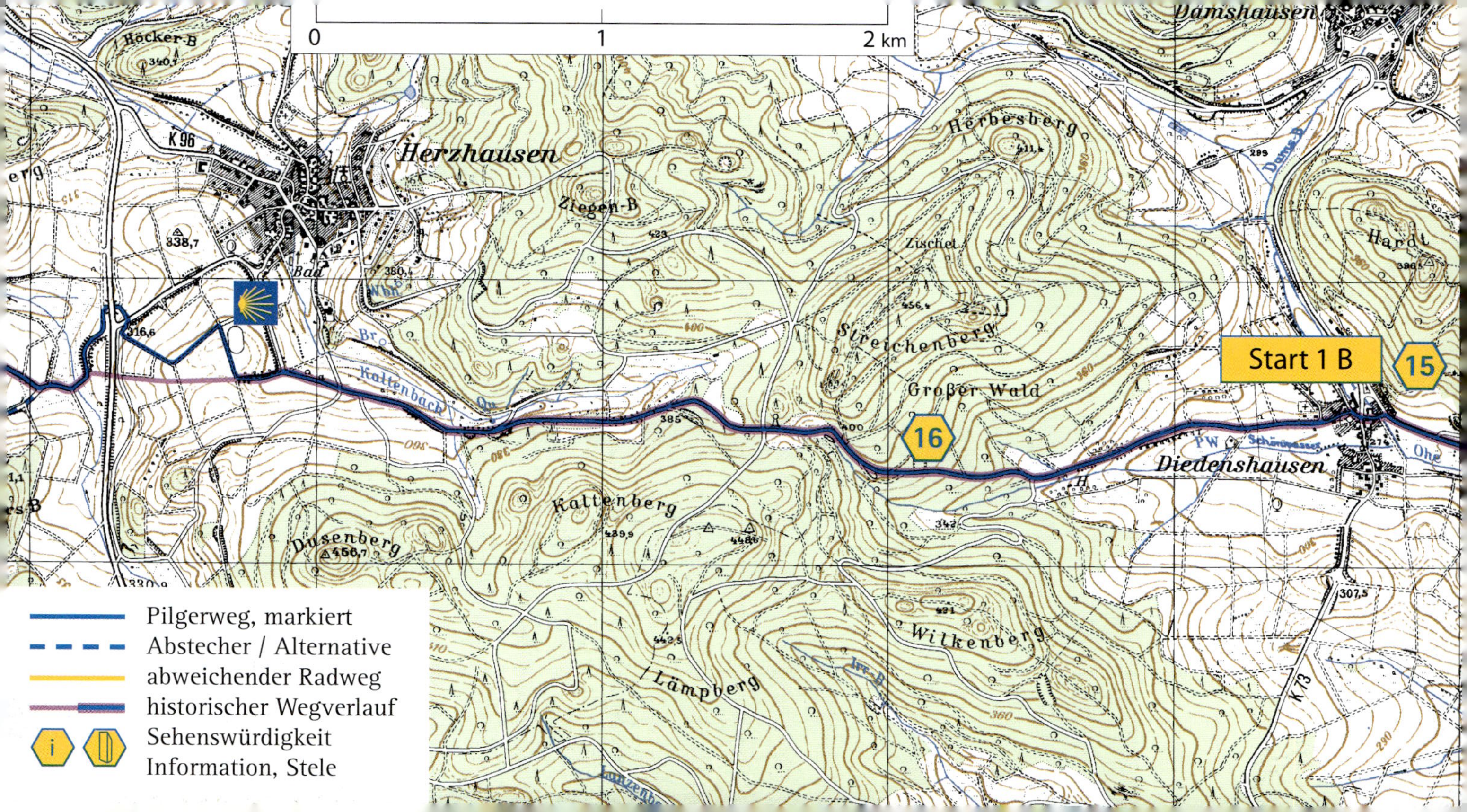
0
1
2 km
Damshausen
Höcker-B
Herzhausen
K 96
Ziegen-B
Herbesberg
Zischel
Hardt
Streichenberg
Großer Wald
Start 1 B
15
16
Kaltenbach
Diedenshausen
Kaltenberg
Dusenberg
Wilkenberg
Lämpberg
K 73
Pilgerweg, markiert
Abstecher / Alternative
abweichender Radweg
historischer Wegverlauf
Sehenswürdigkeit
Information, Stele

16 Großer Wald

„Großer Wald" zwischen Diedenshausen und Herzhausen

Die Routenführung der Fernstraße Marburg-Siegen durch den sogenannten Großen Wald über den Bergsattel zwischen dem Kaltenberg und dem Streichenberg ist durch zwei Nachrichten von 1703 und 1744 belegt. Unmittelbar vor der Höhe bemerkt man linker Hand einige Hohlwegbündel. Es handelt sich hierbei um die Relikte ehemaliger Wegeführungen, die parallel zur heutigen Strecke verliefen: Auf dem steilen Anstieg gruben sich die Fuhrwerke in den Boden ein. Durch Regenwasser erodierten die so entstandenen Vertiefungen im Laufe der Zeit, und der Weg wurde unpassierbar. Eine neue Trasse wurde angelegt, die mit der Zeit ebenfalls unbrauchbar wurde, sodass schließlich ganze Bündel von Hohlwegen entstanden.

Kurz hinter dem Sattel lag an einer Stelle, an der sich der Wald heute zu einer Lichtung öffnet, das Dorf Winkshausen. Seine windoffene Lage erforderte jedoch die Aufgabe des Siedlungsplatzes. Heute ist der Große Wald ein Jagdrevier und zwei Gedenksteine weisen auf Jagdpachtjubiläen hin.

17 Holzhausen am Hünstein

Der Pilgerweg führt nicht durch Holzhausen, sondern einige hundert Meter nördlich an dem Ort vorbei. Dennoch lohnt sich der Umweg wegen der vollständig erhaltenen Dorfstruktur und dem bedeutendsten Bestand an Kratzputzen bei Fachwerkhäusern in ganz Hessen und nicht zuletzt wegen der Pilgerherberge.

Das heute 2.150 Einwohner große Dorf wurde erstmals erwähnt, als Heinrich von Damshausen 1251 auf seine Güter zugunsten der Deutschordensballei Hessen verzichtete. 1640 wurde Holzhausen von kaiserlichen und schwedischen Truppen heimgesucht. Kirchliche Eigenständigkeit erlangte das ursprünglich zur Pfarre Dautphe gehörende Dorf im Jahre 1681, als hier eine für Holzhausen und Damshausen zuständige Pfarrei eingerichtet wurde. Zu Beginn des 19. Jh. erlangte der Bergbau größere Bedeutung. Über drei Jahrzehnte hinweg förderte die Grube Goldkaue täglich bis zu 1.700 Zentner Kupfererz.

Fachwerk mit Kratzputz in Holzhausen am Hünstein

Bei den zahlreichen Fachwerkhäusern lassen sich zwei Typen unterscheiden: der stattliche Vierseithof des Großbauern und das Einhaus mit Wohnräumen und Stall unter einem Dach für den Kleinbauern. Die Fachwerkbauten sind auf Grauwackesockeln in Rähmbauweise mit einer deutlichen Geschosseinteilung errichtet (s. Stichwort: Fachwerk im Siegerland, S. 126f.). Die zur Aussteifung gegen seitliches Verschieben der Fachwerkkonstruktion schräg eingesetzten Hölzer – Streben, Kopf- und Fußbänder genannt – bilden in Hessen oft die Sonderform des Wilden Mannes: Fußstreben („Beine"), Winkelholz („Kopf") und Riegel („Arme") erinnern an eine stilisierte menschliche Gestalt.

Die Gefache weisen besonders dekorative Kratzputze auf. Die Kratzputztechnik wurde um 1800 von Weißbindern entwickelt: Ein gesprenkelter Putz wird nach dem Trocknen mit einem glatten Feinputz überzogen. Dieser Untergrund wird mit Weißkalk, unter Zugabe von Magermilch, eingefärbt. Jener Arbeitsschritt, in dem der Kalkanstrich gebunden – und damit wischfest – wird, gab dem Handwerk der Weißbinder seinen Namen. Im nächsten Arbeitsgang wird die Kontur des Ornaments mit einem löffelartigen Modelliereisen in den frischen Kalkputz eingezeichnet, während für die Musterung der Ränder ein vorgefertigter Stempel oder ein Bündel von Holzstäbchen

Die Wurzeln der Nachhaltigkeit

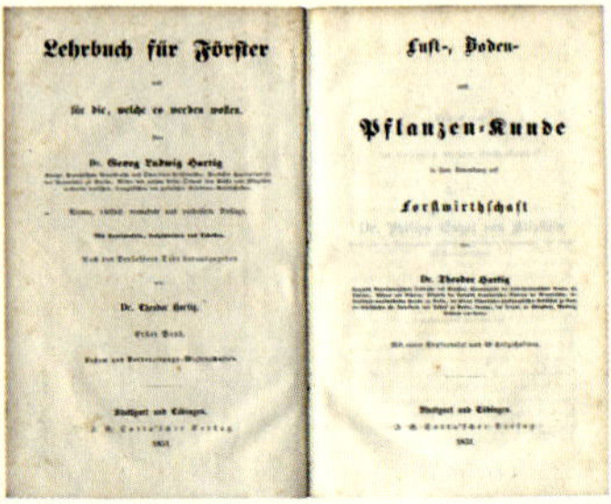
Lehrbuch für Förster

und

für die, welche es werden wollen.

Dr. Georg Ludwig Hartig

Dr. Theodor Hartig.

Stuttgart und Tübingen.

Luft-, Boden-

und

Pflanzen-Kunde

Forstwirthschaft

Dr. Theodor Hartig

Stuttgart und Tübingen.

Der Begriff der Nachhaltigkeit ist heute in aller Munde, und dennoch wissen nur wenige, dass das Wort aus dem forstwirtschaftlichen Sprachgebrauch stammt und von Georg Ludwig Hartig geprägt wurde. Dieser Nachfahre einer weit verzweigten Forstfamilie wurde am 2.9.1764 im nahen Gladenbach geboren und verstarb 1837 in Berlin. Dort war er seit 1811 Leiter der Preußischen Staatsforstverwaltung und gründete 1821 einen Lehrstuhl für Forstwirtschaft, aus dem wenige Jahre später die Forstliche Hochschule Eberswalde wurde. Der Holznot, zu der der Raubbau an den Wäldern durch Niederwaldwirtschaft und Beweidung geführt hatte, hoffte er dadurch entgegenzuwirken, dass er den Gedanken der Nachhaltigkeit zum tragenden Prinzip der Forstwirtschaft erhob. Ziel seiner Bemühungen war eine Waldnutzung, die auch nachkommenden Generationen den Nutzen des Waldes noch zugutekommen ließ.

Jede weise Forstdirection muss daher die Waldungen des Staates, ohne Zeitverlust, taxieren lassen, und sie zwar so hoch als möglich, doch so zu benutzen suchen, dass die Nachkommenschaft wenigstens ebensoviel Vortheil daraus ziehen kann, als sich die jetzt lebende Generation zueignet.

Anweisung zur Taxation und zur Beschreibung der Forste, Gießen 1819

Nicht zuletzt mit seinem 1808 erschienenen „Lehrbuch für Förster" gab er den Anstoß zur Behebung der durch Übernutzung entstandenen Waldschäden. Von nun an wurde in Hessen die Entnahme von Holz durch Aussaat und Nachpflanzung junger Bäume ausgeglichen. Dass der natürliche Buchenwald im gleichen Zuge vielfach durch Nadelwald ersetzt wurde, lag nicht nur an der Wirtschaftlichkeit der schnell wachsenden Nadelhölzer. Vielfach waren dem Boden auch so viele Nährstoffe entzogen, dass nur die anspruchslose Fichte auf ihm gedieh.

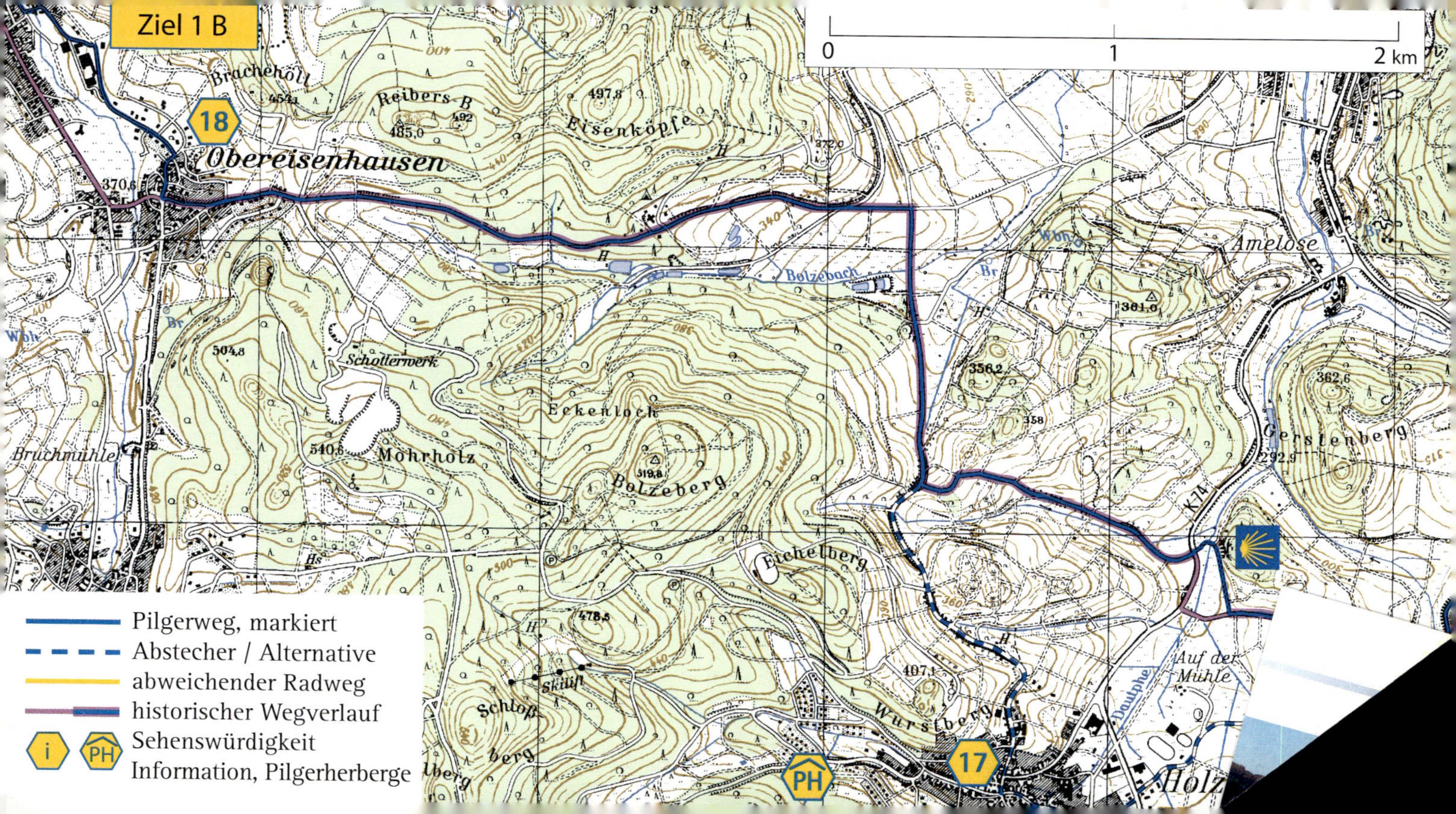
Ziel 1 B
0
1
2 km
18
Obereisenhausen
Brachenholl
Reibers-B
485,0
497,8
Eisenköpfe
Bolzebach
Amelose
Schotterwerk
Eckenloch
Mohrholz
Bolzeberg
519,8
540,6
504,8
Bruchmühle
356,2
358
381,0
362,6
Gerstenberg
292,9
K74
Eichelberg
478,5
Skilift
Schloßberg
Wurstberg
407,1
Auf der Mühle
Dautphe
Holz
17
PH
Pilgerweg, markiert
Abstecher / Alternative
abweichender Radweg
historischer Wegverlauf
Sehenswürdigkeit
Information, Pilgerherberge

Am Wegesrand

verwendet wird. Schließlich erhalten die Ornamente eine dunkle Einfärbung. Die Motive – Ranken, Blumen und Tiere – tragen oftmals die individuelle Handschrift des Handwerkers. Die Verleihung des Bundestitels im Wettbewerb „Unser Dorf soll schöner werden" an Holzhausen während des europäischen Denkmalschutzjahres 1975 gab den entscheidenden Anstoß zur Wiederbelebung dieser fast vergessenen Handwerkskunst. Seit den 1980er-Jahren werden gestaltete Putze in Hessen und Rheinland-Pfalz von den Landesdenkmalämtern systematisch erfasst.

18 Obereisenhausen

Bei Obereisenhausen führt die Landstraße aus dem Quellgebiet des Bolzebaches in den Breidenbacher Grund hinab. Am Fuß des Hanges liegt das Haufendorf mit einem reizvollen Marktplatz, den ein gusseiserner Brunnen und ein Backhaus des späten 18. Jh. akzentuieren. Jeden 1. Freitag des Monats werden hier von der Brauchtumsgruppe nach alter Art Brote gebacken. Auf einer Erhebung östlich des kleinen Platzes wurde die Pfarrkirche für die Dörfer des Perftals errich-

Dorfplatz Obereisenhausen

tet. In ihrer Nähe tagte alle sieben Jahre das herrschaftliche Eigengericht in Angelegenheiten der hessisch-landgräflichen Leibeigenen. Der spätromanische Chorturm des Gotteshauses zeigt dieselbe gedrungene, schmucklose Bauweise, die auch an der Kirche von Dilschhausen zu sehen war. Allerdings ist ihr Mauerwerk mächtiger: Die Stärke beträgt am Turmfuß 1,43 m. Der zweigeschossige Helm stammt aus dem Jahr 1805. Nachdem das Kirchenschiff wegen Baufälligkeit abgetragen werden musste, entstand 1955 ein neuer Kirchenraum, der in Bruchstein ausgeführt wurde und sich, ohne altertümlich zu wirken, dem Chorturm anpasst. An den Fachwerkhäusern fallen die schieferverkleideten Obergeschosse und Giebelseiten auf. Dabei wurde der Schiefer häufig in Mustern aufgenagelt.

Chorturmkirche Obereisenhausen

In der ehemaligen Schule hat die Dorfgemeinschaft von Obereisenhausen ein Museum eingerichtet, das in acht Räumen die Geschichte des Dorfes veranschaulicht.

19 *Niedereisenhausen*

Bei Niedereisenhausen handelt es sich um ein gestrecktes Straßendorf, das dem Verlauf der Perf folgt und sich mit Seitengassen zum Bach hin öffnet. Durch ein Neubaugebiet und ein gemeinsames Schulzentrum ist der Ort mit Obereisenhausen fast zusammengewachsen. Der Ortskern enthält mehrere Beispiele der für Nordhessen typischen Fachwerkhäuser, die giebelständig zur Straße hin ausgerichtet sind, eine ausgeprägte Geschossbildung durch Rähmbalken aufweisen und in Teilen verschiefert wurden. Der Rähm schließt das einzelne Geschoss ab, indem er auf die Zapfen der Ständer gesetzt wird (s. Stichwort: Fachwerk im Siegerland, S. 126f.).

Lohnenswert ist ein Abstecher über die Dorfstraße zum Backhaus an der Perf, einem gedrungenen Bruchsteinbau aus dem 18. Jh. mit einem markanten, dreifach abgestuften Dach. Neben dem Backhaus zeigt eine breite Giebelfront mit Aussteifungen des Mittelständers die Fachwerkfiguration des „Wilden Mannes".

Die heute ungenutzte Kirche liegt etwas versteckt in einem Hinterhof unweit der Perfbrücke. Eine steinerne Kapelle, wohl aus dem 16. Jh., wurde durch Fachwerk ergänzt und um einen dreiseitigen Chor erweitert. Der Eingang ist durch ein Rautenmuster hervorgehoben. Im Inneren haben sich spätgotische Emporen und eine mit gotischen Motiven dekorierte Kanzel erhalten. In der Kapelle wurde seit 1770 noch einmal im Jahr ein Gottesdienst gefeiert, und zwar am Jakobustag, dem 25. Juli. Diese Feier geht auf ein Gelübde zurück, das die Niedereisenhausener anlässlich eines Unwetters taten.

Niedereisenhausen

Fachwerkkirchen am Pilgerweg

Auf der ersten Etappe führt der Pilgerweg durch drei Ortschaften, deren Fachwerkkirchen repräsentativ das Schicksal dieser regionaltypischen Denkmäler widerspiegeln. Trotz ihres Zeugniswertes für die landschaftliche Kirchengeschichte wurden sie in der Vergangenheit aufgrund ihrer Schlichtheit oft übersehen oder waren sogar gefährdet. Als der Förderkreis Alte Kirchen (Marburg), der sich die Erhaltung und Neunutzung bedrohter und leerstehender Kirchen zur Aufgabe gemacht hat, sich dieser Fachwerkkirchen 1975 annahm, stellte er fest, dass bereits ein Drittel der 418 erfassten Bauten abgebrochen war.

Das Gotteshaus von Niederhörlen, ein Bau von 1626, gehörte dabei glücklicherweise noch zu den fünf Kirchen, die zwischen 1972 und 1980 in unterschiedliche Freilichtmuseen versetzt wurden (Abb. rechts oben). Diese kleine Kirche ist ein wahres Schmuckstück und war 1974 das erste Gebäude, das in den Hessenpark im Taunus transloziert wurde. Die Versetzung der Fachwerkkirche von Niedereisenhausen nach Michelnau/Nidda konnte der Förderkreis 1980 gerade noch verhindern. Sie gehörte zu den 37 Bauten, die bei der Bestandsaufnahme des Förderkreises ungenutzt waren, doch sie ist heute nicht mehr gefährdet, da sie Eingang in das Bewusstsein der Einheimischen gefunden hat. Die Kirche von Diedenshausen stellt ein Beispiel für die 280 hessischen Fachwerkkirchen dar, in denen nach wie vor auch Gottesdienste stattfinden.

Kirche aus Niederhörlen im Hessenpark

Hessen verfügt über eine außerordentliche Dichte an Fachwerkkirchen sowie eine lange Bautradition – auch im europäischen Vergleich. Die vom Förderkreis angefertigte Verteilungskarte der Fachwerkkirchen zeigt das Hinterland westlich von Marburg als Verdichtungsgebiet. Die frühesten unter ihnen stammen aus dem Spätmittelalter, wozu auch die von Diedenshausen gehört (Abb. S. 49). Hauptmerkmal dieses Gebäudetyps ist der Dachreiter. Bis 1600 wurden die schlichten Bauten mit Steinsockel auf einem rechteckigen Grundriss errichtet, später erhielten sie oft einen mehrseitigen Chor. Nach der Reformation machte die neue Gottesdienstform mit ihren langen Predigten ein Gestühl nötig, womit aber zugleich eine Trennung nach Altersgruppen, Geschlechtern und Ständen erforderlich war. Auf diesen veränderten Platzbedarf geht der Einbau der Emporen zurück, für die das Kirchenschiff oft erhöht werden musste.

Während in Hessen das Holzwerk im Raum meist unbehandelt blieb, wurden die Emporenbrüstungen sowie Kanzel, Orgelprospekt und Epitaph farbig gefasst. Die ursprüngliche Strohdeckung ist – ebenso wie bei den übrigen Fachwerkbauten im Land – mit der Zeit durch Schiefer ersetzt worden.

Innenraum der Kirche in Diedenshausen

ETAPPE 2

Niedereisenhausen – Irmgarteichen

25 km

Hinter Niedereisenhausen führt der Weg über einen kleinen Höhenzug in das Hörletal, ein Seitental des Breidenbacher Grundes. Er folgt dem Bachlauf der Hörle bis Oberhörlen, wo er zum Galgenberg bis auf eine Höhe von 490 m ansteigt. Nach einer weiteren Steigung wiederum auf 505 m am Staffelböll senkt sich der Weg in das dicht besiedelte Tal der Dietzhölze, dem bis Rittershausen zu folgen ist. Danach beginnt ein 4 km langer Anstieg auf die Haincher Höhe, wo mit 550 m der höchste Punkt des Pilgerweges und zudem die Landesgrenze zu Nordrhein-Westfalen erreicht wird. Kurz hinter der Höhe teilt sich der Weg in zwei Varianten: Entweder kann man auf dem Hang im Verlauf der Fernstraße Marburg-Siegen weiter nach Anzhausen gehen oder man steigt hinab in den Geiersgrund zu den Orten Hainchen und Irmgarteichen.

Die Etappe ist unterteilt in zwei Teilstrecken: 2 A von Niedereisenhausen bis Ewersbach und 2 B von Ewersbach bis Irmgarteichen.

Pilgerspuren ...

Die Emporenmalereien der Chorturmkirche in Oberhörlen zeigen in einem Feld den Apostel Jakobus in Pilgerkleidung.

Straßebersbach ist als Rastplatz der Hildesheimer Pilger im Jahre 1489 belegt (s. S. 13). Als wichtiger Etappenort zwischen Marburg und Köln wird das Straßendorf des Öfteren Pilger beherbergt haben. Wohlhabenden Pilgern standen im Ort Gasthöfe zur Verfügung.

1515 ist für Bergebersbach eine Jakobusbruderschaft erstmalig erwähnt, die eine allwöchentliche Messe für die Mitglieder stiftete. Gerichtsakten von 1520, die ein Gut in Rittershausen betreffen, erwähnen einen Jacob, der eine Pilgerfahrt nach Santiago de Compostela unternommen hat. Auf der Glocke der Dorfkirche von Rittershausen, die um 1500 gegossen wurde, findet sich als Abguss ein Pilgerzeichen vom Grab des hl. Quirinus in Neuss. In der Wasserburg Hainchen kam Johann Adam von Bicken zur Welt, jener Erzbischof, der zu Beginn des 17. Jh. das Wallfahrtswesen der Erzdiözese Mainz erneuerte.

Pilgerweg

Elisabethpfad

Links: Ortsrand Niederhörlen

Teilstrecke

2A Niedereisenhausen – Ewersbach

Wegbeschreibung und Hinweise

12,5 km

Schwierigkeitsgrad: mittel, größtenteils ausgebaute Wander- und Radwege, ein leichterer Anstieg am Galgenberg, ein stärkerer am Staffelböll

Ausgangspunkt Ortsmitte Niedereisenhausen: Im Ort der L3049 bis zur Perf folgen, dann geradeaus in das Wohngebiet. Dort zunächst links, dann rechts den Hang hinauf zum Radweg über Nieder- **(1)** nach Oberhörlen **(2)**. Von der K 63 hinter der Kirche von Oberhörlen rechts abbiegen in den Weg über den Hang des Galgenbergs zum Forsthaus Streitwasser. Von dort dem Wanderweg Philippspfad **P** bis zum Staffelböll folgen **(3, 4)**, dabei Querung der B 253 auf der Brücke der K 6. An der Stelle, wo der Philippspfad nach Norden abbiegt, weiter geradeaus und am zweiten Weg halbrechts. Über die Straßen Am Ziegenberg und Talstraße nach Steinbrücken **(7)**. Hinter der Brücke über die Dietzhölze geradeaus durch das Wohngebiet bergan bis zum Sportplatz, dort links in den Nord-West-Weg, dann rechts über die Gerberstraße nach Ewersbach **(8-10)**.

Für Fahrräder: Fahrrad- und Fußweg sind bis Oberhörlen und ab dem Forsthaus Streitwasser identisch. Dazwischen folgt die Fahrradroute der K 63.

Detail Antoniuskapelle Straßebersbach; Weg zwischen Oberhörlen und Steinbrücken

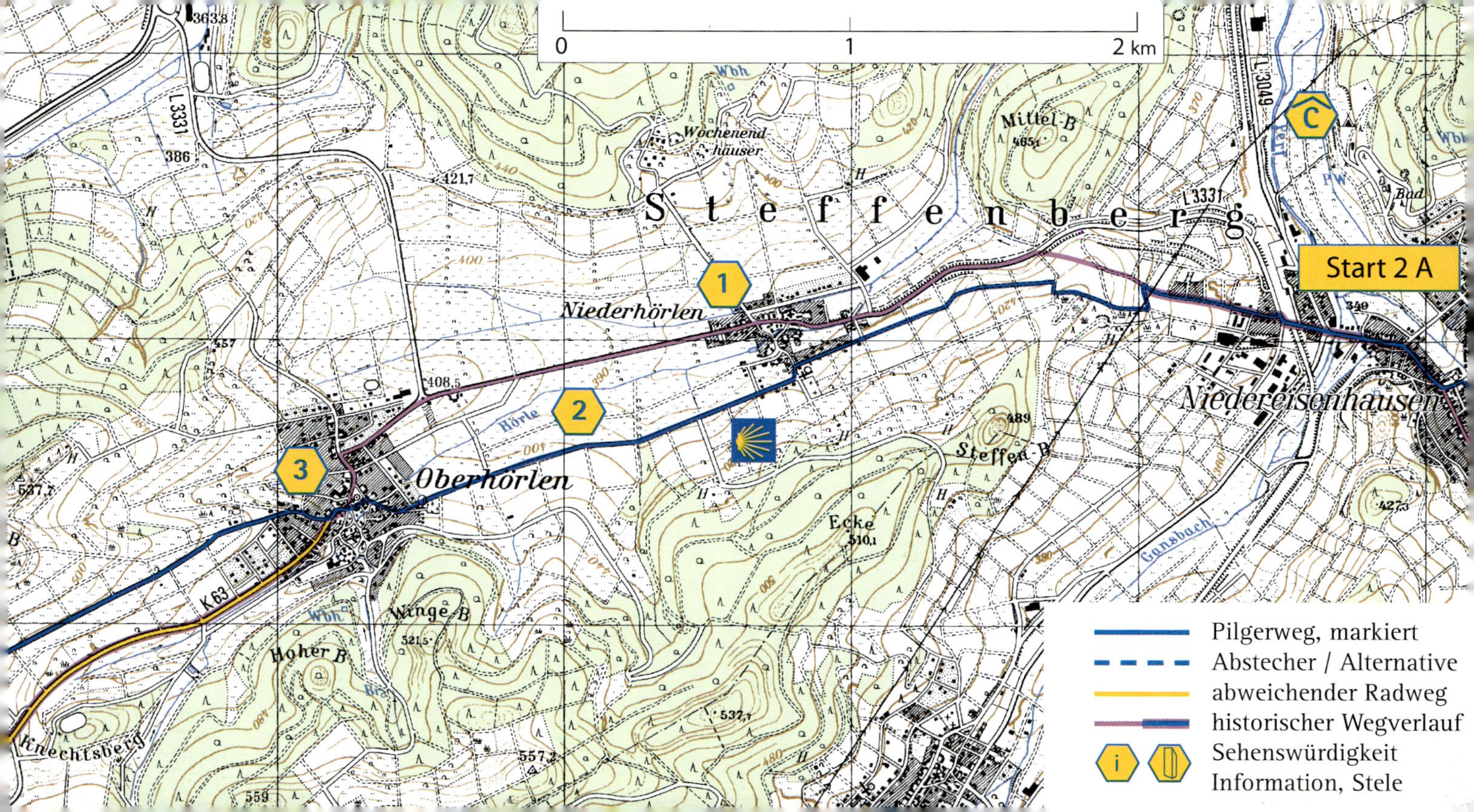
0
1
2 km
Start 2 A
Steffenberg
Niederhörlen
Oberhörlen
Niedereisenhausen
Wochenend-häuser
Mittel-B
Steffen-B
Ecke
Winge-B
Hoher B
Knechtsberg
Hörle
Gansbach
L 3331
L 3049
K 63
Pilgerweg, markiert
Abstecher / Alternative
abweichender Radweg
historischer Wegverlauf
Sehenswürdigkeit
Information, Stele

Sehenswürdigkeiten entlang der Strecke

1 *Niederhörlen*

Niederhörlen ist ein kleines Dorf, das von der Fernstraße Marburg-Siegen, die hier mit der Landstraße L 331 identisch ist, durchzogen wird. Der 1382 erstmals erwähnte Ort liegt im breiten Tal der Hörle, die parallel zur Straße durch das Dorf fließt. Von hier aus fuhren die Kaufleute auf dem Weg nach Siegen in Kolonnen, da es zu gefährlich war, alleine durch das von Burgen gesäumte Grenzgebiet zwischen Hessen und Nassau zu reisen. Weil die Kaufleute aufeinander warten mussten, besaß Niederhörlen frühzeitig eine Gastwirtschaft: 1490 wird ein „Thonges Wirt zu Niederhörlen" erwähnt.

Jakobus der Kirche aus Niederhörlen im Hessenpark

1419 muss Niederhörlen eine Kirche besessen haben, da in jenem Jahr ein Kirchhof bezeugt ist. Anstelle der alten Kapelle errichtete man 1657/58 eine Fachwerkkirche, die 1973 nach der Weihe eines größeren Gotteshauses aufgegeben und 1978 in das Freilichtmuseum Hessenpark in Neu-Anspach versetzt wurde.

2 *Das Tal der Hörle als Reich des Wiesenknopf-Ameisenbläulings*

Wer in den Monaten Juni und Juli zwischen Nieder- und Oberhörlen unterwegs ist, entdeckt vielleicht einen ganz besonderen Schmetterling aus der Familie der Bläulinge: den Wiesenknopf-Ameisenbläuling. Eigens für ihn wurde das Tal der Hörle unter Schutz gestellt. Zu erkennen sind die Männchen mit der graublauen und das Weibchen mit der dunkelbraunen Oberseite an den schwarzen „Augen" mit weißer Umrandung auf der zimtfarbenen Flügelunterseite. Der Beiname Wiesenknopf weist schon auf die enge Verbundenheit mit der gleichna-

Wiesenknopf-Ameisenbläuling auf der Blüte des Wiesenknopfs

migen, lateinisch „sanguisorba officinalis" genannten Pflanze hin. Auf ihr legen die Falter ihre Eier ab und wenn die Raupen geschlüpft sind, ernähren sie sich von den Blüten des Wiesenknopfs, bis sie drei Millimeter lang sind und dessen rote Farbe angenommen haben. Dann lassen sie sich zu Boden fallen und warten auf die rot-gelbe Knotenameise, welche die Raupen wegen der Ähnlichkeit in Gestalt und Geruch mit der eigenen Brut in ihr Nest verschleppt. Ist die Schmetterlingsraupe einmal „adoptiert", hat sie ausgesorgt: Bis zu 600 Ameisenlarven vertilgt sie während ihrer zehnmonatigen Überwinterung im warmen, sicheren Ameisenbau. Im Juni des Folgejahres verpuppt sich die Raupe, um nach 25 Tagen als Falter so schnell wie möglich ans Tageslicht zu gelangen.

Nur ganz bestimmte, heute rar gewordene Lebensräume garantieren das Überleben dieser Schmetterlingsart: wechselfeuchte Wiesen, auf denen der Große Wiesenknopf heimisch ist und die zugleich Kolonien der Wirtsameise beherbergen. Diese Orte sind selten geworden, weil der Wiesenknopf heute vielfach durch Überweidung, Verbuschung, Herbizideinsatz oder Überdüngung verdrängt wurde. Darüber hinaus kann auch der falsche Zeitpunkt der Mahd sämtliche auf den Blüten des Wiesenknopfs befindlichen Eier und Larven vernichten, sodass das Vorkommen des Falters auf einer Wiese mit einem Schlag ausgelöscht wird. Das Hörlebachtal bietet optimale Lebensbedingungen für die bedrohte Schmetterlingsart, solange die Wiesen auf schonende, traditionelle Weise genutzt werden. Aus diesem Grund wurde das Tal durch die Flora-Fauna-Habitat-Richtlinie nach europäischem Recht unter Schutz gestellt.

3 *Oberhörlen*

Auf einem kleinen Hügel inmitten des Haufendorfes steht die Kirche von Oberhörlen. Nach Dilschhausen und Obereisenhausen handelt es sich hier um die dritte spätromanische Chorturmkirche, die unmittelbar an der Landstraße steht. Sie ist eine der westlichst gelege-

nen ihrer Art, denn in Nassau war der Chorturm nicht verbreitet. Der Turm der hiesigen Kirche gehört demselben gedrungen-schmucklosen Typ an, der auch in den beiden anderen Orten zu sehen war. Die Mauerstärke beträgt am Turmfuß 1,15 m, was dem Maß von vier Fuß entspricht. Details im Mauerwerk, die schmalen Armbrustscharten und ein Riegelbalkenverschluss am Zugang des Turmobergeschosses weisen auf den wehrhaften Charakter des Bauwerks hin. Den Abschluss bildet ein dreifach abgestufter Haubenhelm aus dem späten 18. Jh. Das flach gedeckte Kirchenschiff entstammt noch der spätromanischen Zeit. Zur Ausstattung gehören eine spätgotische Sakramentsnische und die geschnitzte Kanzel von 1747. Bemerkenswert sind die Emporen aus dem 19. Jh., deren Malereien ein theologisches Programm in der Tradition lutherischer Ikonografie entwickeln. Man muss die Bildfelder von Osten nach Westen lesen. Dem menschlichen Sündenfall, dargestellt durch Adam und Eva unter dem Baum der Erkenntnis, wird in sechs Szenen die Heils- und Erlösungsgeschichte des Neuen Testamentes gegenübergestellt: Zu sehen sind Verkündigung, Geburt, Kreuzigung, Grablegung, Auferstehung und Himmelfahrt Christi. Weitere Felder zeigen das Fortwirken der Heilsgeschichte in der christlichen Kirche, die durch den wiederkehrenden Christus sowie die zwölf Apostel verkörpert wird. Auf dem Paneel gegenüber der Eingangspforte ist der hl. Jakobus dargestellt, der in Pilgerkleidung die Eintretenden begrüßt. Aufgrund der bewegten Gewandstrukturen sowie einer ausgeprägten Hell-Dunkel-

Stimmung, die der Malerei des 17. Jh. entlehnt ist, sind die Bilder sehr ausdrucksstark.

Südlich der Kirche steht der Hof Jödt, ein stattliches Fachwerkhaus des 18. Jh. Bemerkenswert sind die floralen und ornamentalen Stipp- und Kratzputzmuster, mit denen die beiden Geschosse dicht bedeckt sind.

4 Wacholderheide am Staffelböll

Schon am Fuße des Staffelbölls fällt die naturnahe Weidefläche am Bergrücken ins Auge. Als eine landwirtschaftliche Nutzung sich nicht mehr lohnte, drohten die Weiden in den letzten Jahrzehnten zu verbuschen. Oft kann man dort eine Schafherde erblicken, die den Bewuchs kurz hält; weiter oben ist das romantische Bild einer Heidelandschaft zu erkennen. Nach dem Aufstieg lädt ein Ruheplatz am Rande des Schutzgebietes zur Rast ein. Charakteristisch für das Landschaftsbild der Zwergstrauchheide, die den Bergsporn bedeckt, ist der Wacholder. Das anspruchslose Gewächs verbreitet sich vor allem dort, wo bislang ständige Beweidung mit Schafen pflanzliche Konkurrenz ausschaltete. Die langsam wachsenden Bäume, die ohne Weiteres ein Alter von 1.000 Jahren erreichen können, sind getrenntgeschlechtlich, sodass sich männliche und weibliche Blüten auf verschiedenen Pflanzen finden lassen. Nur auf den Bäumen mit weiblichen Blüten entwickeln sich nach der Bestäubung

Schafherde auf der Wacholderheide

Wacholderheide am Staffelböll und Wacholderdrossel

Beerenzapfen. Da sie bis zu ihrer Reife drei Jahre benötigen, trägt ein Gewächs oft drei Generationen von Zapfen. Umgangssprachlich werden die fleischigen graublauen Gebilde als Wacholderbeeren bezeichnet, biologisch handelt es sich jedoch um Zapfen, da der Wacholder ein Nadelgewächs ist. Mit ihrem Aroma bereichern sie Wild-, Fisch- und Sauerkrautgerichte und die aus ihnen gewonnenen Wacholderschnäpse sind in ganz Europa bekannt, ob als Steinhäger, Genever, Gin oder Borowitschka.

Während der Wacholderbaum aus forstlicher Sicht ohne Bedeutung ist, wird sein wenig schwindendes Holz von Drechslern und Schreinern zur Herstellung von Spazierstöcken, Pfeifenrohren, Rebstecken und im Kunstgewerbe geschätzt. Seine Zweige verwendet man gern zum Räuchern von Wurst und Schinken. Der Baum besitzt einen hohen ökologischen Wert als Lebensraum vieler Tiere. Die Wacholderdrossel, die wesentlich zu seiner Verbreitung beiträgt, ist nur eine der 40 Vogelarten, die seine Umgebung bevorzugen. Im Jahr 2002 wurde der Wacholder zum „Baum des Jahres" erklärt.

5 Philippsbuche

Beim weiteren Aufstieg zum Staffelböll, auf dem die Fernstraße Marburg-Siegen in einer Höhe von 505 m verläuft, erinnert rechter Hand die Philippsbuche an die Rückkehr Philipps des Großmütigen aus seiner Gefangenschaft in den Niederlanden (s. S. 70). Der Landgraf benutzte im August und September 1552 dieselbe Straße, welcher der Pilgerweg von Marburg nach Köln folgt. Seine Ankunft in Mar-

Erinnerungstafel bei der Philippsbuche

Das Naturdenkmal – eine hessische „Erfindung“

In vielen Kulturen symbolisieren Bäume Wachstum, Vergehen, Leben und Sterben. In Naturreligionen gelten sie als Wohnort von Göttern und Geistern. Mit dem Beginn der Christianisierung wurden diese Symbolträger heidnischer Kulte jedoch oft beseitigt. Das bekannteste Beispiel stand im hessischen Geismar bei Fritzlar: die Donar-Eiche, ein heiliger Baum der Germanen, der dem Gott Donar geweiht war. Bonifatius fällte sie auf seiner Missionsreise im Jahre 723, um mit ihr den heidnischen Ritus zu beseitigen und den religiösen Neubeginn einzuleiten. Doch mit der Zeit integrierte das Christentum Bäume als Symbolträger in seine Feste, sei es als Weihnachtsbaum, Richtfestbaum oder Kirmesbaum.

Das Großherzogtum Hessen schuf mit seinem Denkmalschutzgesetz von 1902 als erstes deutsches Land die Möglichkeit, Bäume als Naturdenkmäler juristisch zu schützen. Das Gesetz bezeichnet als Naturdenkmäler „natürliche Bildungen der Erdoberfläche, wie Wasserläufe, Felsen, Bäume und dergleichen, deren Erhaltung aus geschichtlichen oder naturgeschichtlichen Rücksichten oder aus Rücksichten auf landschaftliche Schönheit oder Eigenart im öffentlichen Interesse liegt“.

Bereits 1835 gab die Großherzoglich-Hessische Ober-Forst-Direktion einen Erlass heraus: „Betreffend die Merkwürdigkeiten in den Waldungen, insbesondere ausgezeichnete Waldbäume.“ Hierin wurden die „Forstinspectoren und Forstpolizeibeamten“ des Landes angewiesen, die botanisch oder kulturhistorisch bemerkenswerten Bäume zu verzeichnen und Maßnahmen zu deren Schutz zu ergreifen.

Inzwischen gibt es viele Naturdenkmäler, die – wie die Philippsbuche – Namensbäume sind. Als langlebige Individuen erhalten sie die Erinnerung an Personen und Ereignisse aufrecht.

Landgraf Philipp der Großmütige und die Reformation in Hessen

Die Einführung der Reformation in Hessen ist mit der Person des Landgrafen Philipp von Hessen (1504-67) verbunden. In jungen Jahren zum Herrscher geworden, hatte sich Philipp im Sommer 1524 den Lehren Martin Luthers zugewandt. Er gestattete die Ausbreitung der lutherischen Lehre, ohne zunächst einen Gewissenszwang daraus abzuleiten. Doch nach dem Reichstag von Speyer im August 1526, auf dem sich die Ausbildung des evangelischen Obrigkeitsstaates als unvermeidlich herausstellte, weil das landesherrliche Kirchenregiment so weit gefestigt war, dass Kaiser und Papst keinen Einfluss mehr nehmen konnten, wurde den Untertanen der Landgrafschaft die Annahme des evangelischen Bekenntnisses vorgeschrieben. Am 15. Oktober 1527 billigten die von Philipp einberufenen Landstände eine Aufhebung der Klöster, die Abfindung der Klosterinsassen und die Unterhaltung der neu gegründeten Marburger Universität aus klösterlichen Einkünften. Wenige Tage später, am 21. Oktober, ordnete der Landgraf in einem „Begehren" an die Geistlichen die Abschaffung der „Greuel und abgöttlichen Götzen" in den Kirchen des Landes an: In sämtlichen Pfarrkirchen, Kapellen, Feldkirchen und Klausen wurden die Heiligenbildnisse entfernt und die Wallfahrten mit einem Schlag abgeschafft, „damit die Nachwelt daran keinen Ärger nehme". Nach dem Reichstag von Speyer etablierte Philipp sich zunehmend als politischer und militärischer Führer des Protestantismus. Der kaiserlichen Diplomatie gelang es jedoch, ihn im Schmalkaldischen Krieg 1546/47 aufgrund einer mit der Todesstrafe bedrohten Bigamie-Affäre zu neutralisieren. Dennoch geriet Philipp nach der Kapitulation des Schmalkaldischen Bundes in kaiserliche Gefangenschaft. Die Voraussetzung für seine Freilassung waren zwei Vertragsabschlüsse in Oudenaarde 1549 und Frankfurt 1552, in denen er zu einem Ausgleich mit den wichtigsten katholischen Gewalten in Hessen – dem Deutschen Orden und dem Erzstift Mainz – gelangte. Nach seiner Rückkehr gelang ihm 1557 die Beilegung einer jahrzehntelangen Auseinandersetzung zwischen der Landgrafschaft Hessen und dem Fürstentum Nassau um die beiden Grafschaften Katzenelnbogen zu seinen Gunsten. Am 31. März 1567 starb er. In der Erbeinigung vom 28. Mai 1568 wurde sein Herrschaftsgebiet in vier Landgrafschaften ungleicher Größe aufgeteilt. Dabei erhielt Ludwig, der drittälteste Sohn, das Oberfürstentum mit Marburg.

Reformationsfenster der Stadtkirche Homberg (Nassau)

burg am 10. September 1552 nach über fünfjähriger Abwesenheit gestaltete sich zum triumphalen Empfang. Die Buche steht an einem Ort, an dem der Landgraf einer lokalen Überlieferung zufolge gerastet haben soll. 400 Jahre ist der ursprüngliche Baum alt geworden, war Wanderziel zahlloser Familien und Schulklassen und wurde schließlich zum Naturdenkmal erklärt. Doch Mitte des 20. Jh. brach die mächtige Buche trotz Ausfüllen des Stammes mit Zement und Abstützen der Äste zusammen. An ihrer Stelle pflanzte man einen jungen Baum, und die neu gestaltete Anlage wurde 1952 auf dem Staffelböll in Anwesenheit von 4.000 Gästen feierlich eingeweiht.

Karte der Grenzen zwischen Nassau-Dillenburg, Hessen und Wittgenstein, 1606 (Ausschnitt)

6 *Heiliger Berg mit Burgruine Hessenwalt*

Etwa 800 m nördlich der Altstraße über dem Staffelböll erhebt sich der sogenannte Heilige Berg mit den Resten der Burg Hessenwalt. Im Sommer lässt der Berg sich vom Staffelböll kaum wahrnehmen, aber im Frühjahr und im Herbst ist er vom Standpunkt der Philippsbuche aus gut zu erkennen. Die Burg Hessenwalt entstand um 1325/26, als die Landgrafen von Hessen während der langen Dernbacher Fehde ihre Nordwestgrenze gegen die Nassauer sicherten. Die Fernstraße Marburg-Siegen beherrschend, diente die Burg zur Rückendeckung des einheimischen, mit Hessen gegen Nassau verbündeten Adels sowie dem Schutz des Breidenbacher Grundes. Den überlieferten Baukosten zufolge muss es sich um einen stattlichen Bau gehandelt haben. 1327/28 wurde die Burg jedoch von nassauischen Truppen eingenommen und anschließend geschleift. Die Ruine verfiel im Laufe des 15. Jh., wird aber noch in Grenzbeschreibungen des 16. und 17. Jh. erwähnt. Ausgrabungen brachten wenige bauliche Überreste zutage: einen der Torpfeiler, eine Treppe, den Halsgraben und die Wasserstelle.

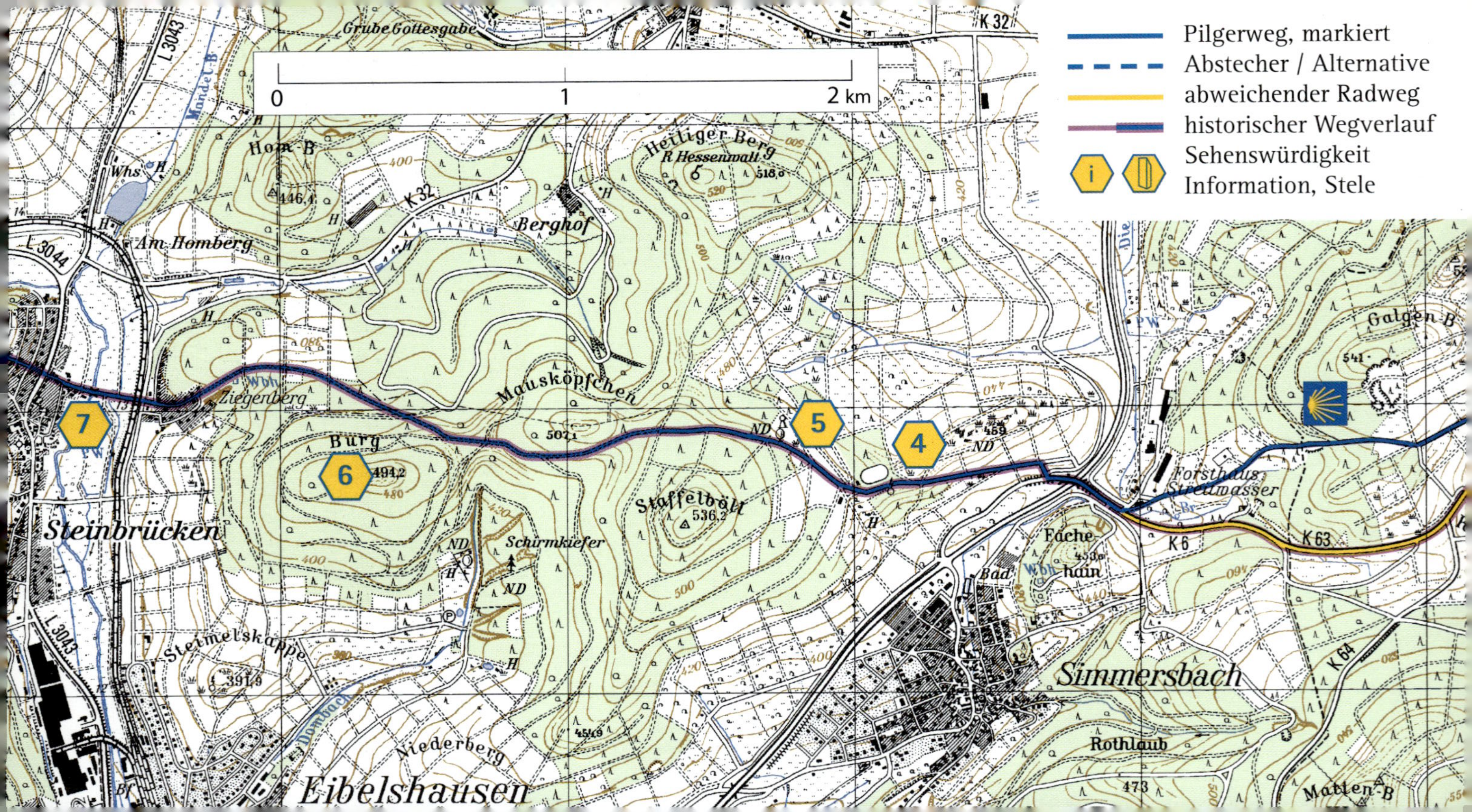

Pilgerweg, markiert
Abstecher / Alternative
abweichender Radweg
historischer Wegverlauf
Sehenswürdigkeit
Information, Stele
0
1
2 km
Steinbrücken
Eibelshausen
Simmersbach
Ziegenberg
Burg
Mausköpfchen
Staffelbölt
Heiliger Berg
Berghof
Am Homberg
Grube Gottesgabe
Schirmkiefer
Niederberg
Steimelskappe
Fache hain
Forsthaus Streitmasser
Rothlaub
Galgen-B
Matten-B
K 32
K 6
K 63
K 64
L 3043
L 3044
4
5
6
7

Knapp einen Kilometer weiter westlich schneidet die Altstraße einen Berg an, der die Bezeichnung Burg trägt. Der Name weist darauf hin, dass hier eine weitere Festung innerhalb der hessischen Burgenkette gegen Nassau gestanden hat. Gleich unterhalb dieser Burg bildete die 1553 und 1631 erwähnte Schmerbachsfurt den Grenzübergang zwischen Hessen und Nassau.

Margaretenkirche Bergebersbach

Eine Erklärung für die Bezeichnung Heiliger Berg liefert die Sage vom blinden Schimmel: *Einst hatten die Tiere eines Schweinehirten auf dem Berg eine Glocke aus dem Boden herausgewühlt. Nach ihrer Entdeckung zog ein blinder Schimmel die Glocke auf die Höhe jenseits des Dietzhölztals. Dort hielt das Zugtier und stampfte mit den Hufen auf. Das Verhalten des Tieres wurde als göttlicher Wink verstanden und an diesem Platz die Kirche von Bergebersbach errichtet.*

7 Steinbrücken

Steinbrücken war der erste Ort in Nassau, den man auf der Fernstraße Marburg-Siegen erreichte. Er erhielt seinen Namen von zwei steinernen Brücken, auf denen die Straße, die sich hier in zwei Züge teilt, im Norden und im Süden des Ortes die Dietzhölze überquerte. Unser über den Staffelböll führender Pilgerweg folgt dem nördlichen Strang. Von den historischen Steinbrücken sind keine Überreste mehr erhalten. An ihren ehemaligen Standorten befinden sich heute einfache Betonübergänge mit Eisengeländern.

Brücke über die Dietzhölze in Steinbrücken

Der Flurname Klausenkeppel verweist auf eine einstmals in der Nähe gelegene Klause, zu der eine Marienkapelle und ein kleiner Friedhof gehörten. Im Spätmittelalter war die Kapelle womöglich Wallfahrtsstätte. Darauf weisen

Eisenverarbeitung im Dietzhölztal

Eisengussplatte des 18. Jh. zu Bergbau und Eisenverhüttung, Siegerlandmuseum

Die Eisenerzlagerstätten Nassaus finden sich im Bereich des Siegerland-Wieder-Hauptsattels, der im Rothaargebirge beginnt, über Siegen, Wissen und Altenkirchen nach Süden verläuft. Geologisch handelt es sich um die bedeutendste Faltenstruktur eines von Südwesten nach Nordosten verlaufenden Gebirges, das sich im Devon aufgewölbt hat. In den Spalten und Seitenfalten bildeten sich Erzablagerungen, wovon sich Spateisenstein aufgrund seines Mangangehaltes zur Eisen- und Stahlerzeugung eignete. Die Eisengewinnung reicht bis in die frühe La-Tène-Zeit (um 500 v. Chr.) zurück. So deuten Eisenfunde in der prähistorischen Ausgrabungsstätte „Burg" oberhalb von Rittershausen auf einen intensivierten Abbau des Materials hin. Zunächst wurde der Eisenstein an der Erdoberfläche abgebaut, während der Urwald die Holzkohle für die Verhüttung lieferte. Noch heute sind die Abbaugruben (sogenannte Pingen) und die Schlackenhalden der ersten Eisengewinnungsstätten zu finden. Am Tal der Dietzhölze lässt sich die Entwicklung der Eisenverarbeitung vom Spätmittelalter bis in unsere Zeit nachvollziehen. Um 1416/18 gründete ein Bayer namens Jeckel in Steinbrücken eine Eisenhütte, an die ein Hammerwerk angeschlossen war. Das Eisenerz kam aus dem nahe gelegenen Schelderwald. Mit weiteren Hammerwerken in Ewersbach und Eibelshausen entwickelte sich der „Steinbrücker Bezirk" im 18. Jh. zu einem Zentrum der Eisenverarbeitung in Nassau-Dillenburg. Zwischen 1816 und 1876 gelang es der Familie Jung, die Hammerwerke in ihr Privateigentum zu überführen. Sie konnte erreichen, dass das Dietzhölztal an die 1863 eröffnete Bahnlinie Köln-Gießen angebunden wurde, wodurch sich neue Absatzgebiete erschlossen. Aus dem Familienunternehmen entstand 1883 die „Hessen-Nassauische Hüttenverein Aktiengesellschaft", die Anfang der 1930er-Jahre in der Buderus AG aufging. Noch heute finden sich zwischen Ewersbach und Rittershausen Industriebetriebe größeren Ausmaßes. Eine lang gezogene Front besitzt das Rittal-Werk. Die Firma Rittal wurde 1961 mit sieben Angestellten in einer alten Weberei gegründet. Heute arbeiten im Werk 1.050 Beschäftigte. Die Firma ist der weltgrößte Hersteller von Schaltschränken.

drei Jahrmärkte hin, die dort abgehalten wurden. 1553 wurde das Gotteshaus verkauft und verfiel im Laufe der Zeit, während die Jahrmärkte nach Ewersbach verlegt wurden. 1709 wurde eine neue Kapelle im Ort gebaut.

Die Lage am Bachlauf begünstigte die Entwicklung Steinbrückens zu einem Dorf der Hammerschmiede. Schon 1416/18 wurde an der Dietzhölze eine Eisenhütte gegründet, in der das Erz aus dem unweit gelegenen Schelderwald verarbeitet wurde. Heute erinnert der in eine Freizeitanlage integrierte Hammerweiher an die Eisenverarbeitung in Steinbrücken.

8 *Ewersbach*

Margaretenkirche in Bergebersbach

Ewersbach besteht aus drei Teilen: den alten Dörfern Bergebersbach und Straßebersbach sowie dem Gewerbestandort Neuhütte. Der Pilgerweg führt durch Straßebersbach, das seinen Namen von der Fernstraße Marburg-Siegen hat, die das im Tal der Dietzhölze angelegte Dorf der Länge nach durchzieht. Lange Zeit hat Bergebersbach nur aus einer Kirche sowie einem befestigten Hof im Besitz derer von Bicken bestanden, und auch im Bereich der um 1448 erbauten Neuhütte lebten nur zwei Waldschmiede mit ihren Familien. Den Mittelpunkt der Siedlung stellte Straßebersbach dar. 1302 als „Ebirspach" erstmals erwähnt, hat der Ort möglicherweise bereits im 10. Jh. als Königsgut bestanden. Die Herrschaftsverhältnisse in Ewersbach waren im 14. und 15. Jh. umstritten. Während der Wildbann zu Nassau gehörte, besaß die Familie von Bicken das Dorf und die hohe Gerichtsbarkeit als Lehen der Herren von Molsberg. In der Dernbacher Fehde von 1255 bis 1333 konnten die Grafen von Nassau die Lehnsherrlichkeit über das Gericht erringen. 1486 kam schließlich das gesamte Dorf in nassauischen Besitz.

9 *Straßebersbach*

Fachwerkhaus in Straßebersbach

Straßebersbach oder Ebersbach „An der Straße" war der wichtigste Etappenort an der historischen Fernstraße Marburg–Siegen. Reisende aus Siegen, die den Bergzug des Hainich überquert hatten und denen der kaum weniger anstrengende Staffelböll bevorstand, nahmen hier Quartier – ebenso auch diejenigen, die am Morgen in Marburg aufgebrochen waren. Als Landgraf Philipp 1552 auf seiner Rückreise aus der niederländischen Gefangenschaft in Straßebersbach Station machte, verhandelte er hier mit Graf Wilhelm von Nassau-Dillenburg über die Erbfolge in den beiden Grafschaften Katzenelnbogen. Das bekannteste Liebespaar, das den kleinen Ort für sich entdeckt hatte, waren Anna von Sachsen, Gemahlin des Prinzen Wilhelm von Oranien, und ihr Rechtsbeistand Jan Rubens, der Vater des Malers Peter Paul Rubens. Um ihre Liaison im Verborgenen zu halten, hatten sie im Jahr 1570 mehrfach den hiesigen Gasthof aufgesucht (s. S.112).

Das an der Fernstraße entlang gezogene Dorf gliedert sich in drei Abschnitte: das Unterdorf um die Johanneskapelle, das Mitteldorf um das Rathaus sowie Neuhütte, ein historischer Standort der Eisenverarbeitung, aus dem größere Gewerbebetriebe hervorgegangen sind.

Die alte Dorfstruktur zeigt noch einen Rest der Scheunengasse, die nördlich der Kirche die Hauptstraße begleitet. Nach zwei verheerenden Bränden 1880 und 1893 ist von der historischen Bausubs-

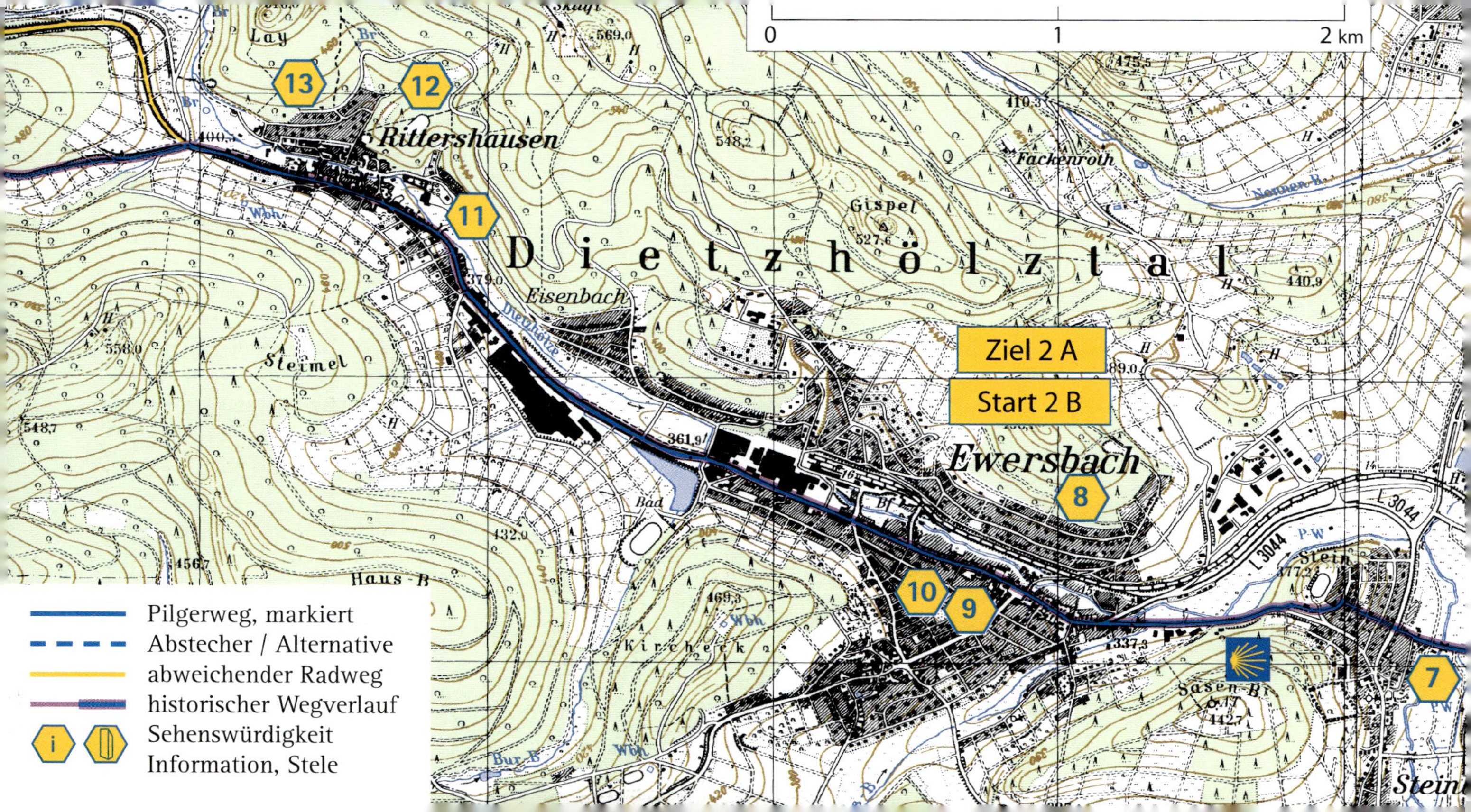
0
1
2 km
Dietzhölztal
Rittershausen
Ewersbach
Eisenbach
Fackenroth
Gispel
Steimel
Lay
Kircheck
Ziel 2 A
Start 2 B
13
12
11
10
9
8
7
L 3044
Pilgerweg, markiert
Abstecher / Alternative
abweichender Radweg
historischer Wegverlauf
Sehenswürdigkeit
Information, Stele

tanz kaum etwas übrig geblieben. Das ehemalige, 1788 errichtete Rathaus, ein zweigeschossiger Fachwerkbau, kann man heute im Freilichtmuseum Hessenpark in der Baugruppe Lahn-Dill-Ohm bewundern. Eines der wenigen noch vorhandenen Fachwerkhäuser, jedoch ein sehr schönes Exemplar, steht östlich der Kapelle (Hauptstraße 33). Es wurde laut Inschrift 1749 erbaut und zeigt an seinem Giebel dreimal übereinandergestellt den „Wilden Mann". Bemerkenswert sind die farbigen Eck- und Mittelständer mit Tulpendekor und Balustern. Die horizontalen Balken sind mit tauartig gedrehten Bändern und pflanzlichen Motiven beschnitzt. Eine Inschrift über dem Erdgeschoss weist auf den Bauherrn Johann Jost Nah hin und hält für die Pilger ein passendes Wort bereit: „Herr Wann du uns führst auß und Ein dann wird unser Thun gesegnet sein hier in der Zeit und hernach in Ewigkeit."

Johanneskapelle Straßebersbach

10 *Johanneskapelle, Straßebersbach*

Die Kirche von Straßebersbach, ein einschiffiger Bau mit gleichbreitem Chor, Satteldach und kleinem Dachreiter, stammt aus dem 13. Jh. Drei Armbrustscharten an der Nord- und der Westwand sowie der Riegelbalkenverschluss am Eingang zeugen noch von ihrem wehrhaften Charakter. Der 11 m hohe Westturm wurde 1827 niedergelegt, statt seiner erhielt die Kirche einen kleinen Dachreiter. Auch das Kreuzgewölbe im Kirchenschiff, in dem sich Risse gezeigt hatten, ist bei dieser Gelegenheit entfernt worden. Auf das Patrozinium Johannes des Täufers weist eine Glockenschrift von 1512 mit einer Textstelle aus dem Johannesevangelium (Joh. 1, 6) hin: „fuit homo missus a deo I cui nomen erat johannes I hic venit testimonium / Es war ein Mensch gesandt von Gott I dessen Name war

Johannes I der kam zum Zeugnis." Noch heute findet jährlich rund um den Festtag des Täufers am 24. Juni der Johannismarkt statt, auf dem die Händler ihre Kaufbuden eröffneten. Bei dem Gotteshaus handelte es sich allerdings nicht um die Pfarrkirche des Ortes, denn diese steht in Bergebersbach (Abb. S. 73, 75). Belegt ist vielmehr, dass der Pfarrer der dortigen Kirche St. Margareta vor der Reformation jeden Dienstag in Straßebersbach die heilige Messe feierte. Vielleicht gehörte die Kapelle zu einem Hospital. Ihr Patrozinium könnte darauf hinweisen: Als Mahner vor dem Weltgericht galt der Täufer Johannes auch als derjenige, der zusammen mit der Gottesmutter dem Richter am Tag des Weltgerichts am nächsten steht und besonderes Rederecht genießt. Die Gläubigen hofften, dass Johannes sich am ehesten für diejenigen einsetzen würde, die schon unter seinem Patronat gelebt, d. h. zu seiner „familia" (Angehörige) gehört und sich bei ihm auf ihren Tod vorbereitet hatten: die Kranken und Alten in den Hospitälern. Als Vorbild für die Wahl des Patroziniums kann der in der zweiten Hälfte des 11. Jh. in Jerusalem gegründete Hospitalorden der Johanniter gelten.

Dienstagstreff in der Johanneskapelle Straßebersbach

Lange Zeit ungenutzt, wurde die Johanneskapelle schließlich im Jahr 2000 von der Kirchengemeinde an die politische Gemeinde übertragen, um sie mit neuem Leben zu erfüllen. Dieser Wunsch ist mit der aufwendigen Renovierung im Rahmen der Dorferneuerung und Wiedereröffnung der Kapelle im Jahre 2006 schließlich in Erfüllung gegangen. So haben die Ewersbacher nun eine denkmalgeschützte „gute Stube", die mit ihren freigelegten Malereien und dem alten Steckkieselboden im Chor einen besonderen Rahmen für standesamtliche Trauungen, Ehrungen und Ausstellungen, aber auch für ein wöchentliches Treffen der Einheimischen bietet.

2B Ewersbach – Irmgarteichen

Wegbeschreibung und Hinweise

12,5 km **Fuß- und Radstrecke sind weitgehend identisch.**

Schwierigkeitsgrad zu Fuß und per Rad: mittel bis schwer, lang andauernder Anstieg zur Haincher Höhe, bis Rittershausen straßenbegleitender Fußweg, dann breite Waldwege, in den Ortsbereichen von Hainchen und Irmgarteichen Bürgersteige

Ausgangspunkt Johanniskirche in Straßebersbach: Der Hauptstraße (später Siegener Straße/L 1517) nach Rittershausen **(11-13)** folgen, an der Straßenkurve hinter dem Ortsausgang verlässt der Weg die Landesstraße auf der linken Seite und führt geradeaus durch die „Pracht" hinauf zur Haincher Höhe **(14)**. Auf der Höhe zunächst dem Rothaarsteig R zur Dillquelle folgen. Hinter der Quelle den Rothaarsteig über einen seiner Zubringerwege R nach rechts verlassen zur Wasserburg Hainchen **(16)** (Alternative: ab Haincher Höhe dem Wanderweg **A 7** im Verlauf der Altstraße weiter folgen **(15)**). Von der Ortsmitte Hainchen auf dem Bürgersteig entlang der Straße nach Irmgarteichen **(17)**.

Für Fahrräder: Fahrrad- und Fußroute sind bis Rittershausen sowie zwischen Hainchen und Irmgarteichen identisch. Ab Rittershausen folgt die Fahrradroute der L 1511 bis Hainchen.

Aufstieg durch die „Pracht" zur Haincher Höhe

Arbeitsgänge der Haubergbewirtschaftung, Heimatstube Rinsdorf

11 *Hauberg bei Rittershausen*

Hinter dem Rittal-Werk lässt sich an einem teilbewaldeten Berghang ein traditioneller Wirtschaftszweig Nassaus erkennen: die Haubergbewirtschaftung. Die sogenannten Hauberge gehen auf das landesherrliche Allmenderegal des Spätmittelalters zurück. Die Landesfürsten verliehen ihre Waldgebiete als Erblehen an Einzelpersonen. Infolge des Bevölkerungszuwachses im 15. und 16. Jh. bildeten sich Erbengemeinschaften. Durch Heirat vermischten sich die Anteile, sodass schließlich eine Neuorganisation auf genossenschaftlicher Grundlage notwendig wurde. In Rittershausen wurden 1654 sämtliche Hauberge der Gemeinde zusammengefasst und nach Jahreszyklen verteilt.

Ein Hauberg bestand in der Regel aus 18 Abschnitten, da zur Ausbildung eines Niederwaldes festgelegt wurde, dass die Bäume alle 18 Jahre mit dem Beil zu fällen seien. Die Arbeitsfolge der einzelnen Abschnitte im Jahreszyklus zeigt die vielfältigen Nutzungsmöglichkeiten des bewirtschafteten Niederwaldes. Im Februar erfolgte die Haubergeinteilung durch die Genossenschaft. Der März diente dem Aushauen und Räumen des Unterholzes. Im April wurde das Weichholz zu den Kohlenmeilern gefahren. Die stehengelassenen Eichenstämme schälte man im Mai, um die Rinde zum Weiterverkauf an die Gerbereien zu trocknen. Im Juni begann eine landwirtschaftliche Zwischennutzung. Dazu mussten die frei geschälten Eichen- und Birkenstämme geschlagen und sämtliche Vegetation durch Hacken und Ausbrennen entfernt werden, um zunächst Buchweizen zu sähen. Nach der Ernte im September erfolgte die Aussaat von Roggen, der im August/September des Folgejahres eingefahren werden konnte. Nun begann das Nachpflanzen durch die Aussaat von Eicheln und Getreide. Nach einer Schonzeit wurde das Vieh eingetrieben, Schweine und Schafe nach vier, Rinder nach sieben Jahren. Mit der Einführung von leistungsfähigem Milchvieh im 20. Jh. konnte die wenig intensive Weidenutzung nicht aufrechterhalten werden, sodass die meisten Hauberge in Weideflächen verwandelt wurden.

12 *Rittershausen*

Rittershausen ist ein Gassendorf, das nördlich der Fernstraße Marburg-Siegen beidseitig der Dietzhölze liegt, sich aber zur Altstraße ausrichtet. Der Ort wurde 1344 im Mann- und Zinsbuch der Herren von Bicken, die den größten Grundbesitzer stellten, erstmals erwähnt. Aufgrund des Ortsnamens, der Siedlungsform und einiger Funde kann davon ausgegangen werden, dass er älter ist. Der Ortsname dürfte von dem Personennamen Ruthard abzuleiten sein, die ursprüngliche Bezeichnung könnte Ruthardeshausen gelautet haben.

Eine Kapelle in Rittershausen, die unmittelbar an der Fernstraße Marburg-Siegen gestanden hat, war dem hl. Nikolaus, einem wichtigen Patron der Reisenden, geweiht. Es handelte sich offenbar um eine Wegekapelle für Kaufleute und Pilger. Auf ihrer Glocke aus der Zeit um 1500, die in die heutige Kirche übernommen wurde, befindet sich denn auch als Abguss ein Pilgerzeichen von St. Quirinus in Neuss. Nach ihrem Abbruch entstand 1768-69 mit finanzieller Unterstützung des Landesfürsten unterhalb der Straße an der Dietzhölze eine neue Kirche. Der kleine Saalbau besitzt ein Krüppelwalmdach und einen Haubendachreiter, die Innenausstattung stammt einheitlich aus der Erbauungszeit. 1775 erhielt die Kirche eine Ausmalung, die allerdings nach einem Protest des Kirchenältesten der reformierten Gemeinde kurz darauf überstrichen werden musste. Seit 1974 sind die barocken Malereien wieder zu sehen.

Siegerländer Eindachhaus Rittershausen

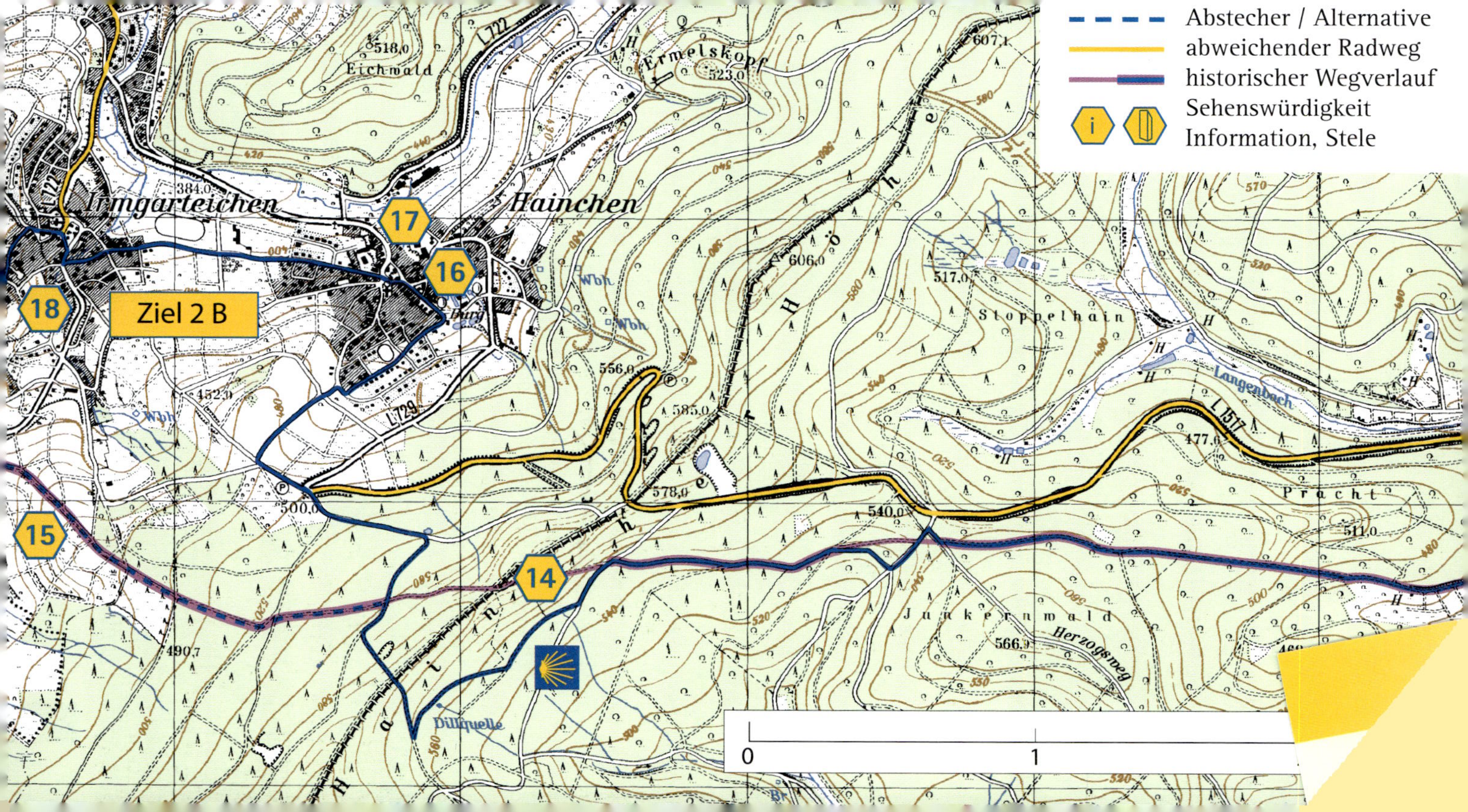
Abstecher / Alternative
abweichender Radweg
historischer Wegverlauf
Sehenswürdigkeit
Information, Stele
Ziel 2 B
Irmgarteichen
Hainchen
Eichwald
Ermelskopf
Stoppelhain
Langenbach
Pracht
Junkernwald
Herzogsweg
Dillquelle
18
17
16
15
14
0
1

Pfingstbrauchtum in Rittershausen

Als Zeichen für das erwachende Leben und die Fruchtbarkeit wurde in der Vergangenheit vielerorts das frische Grün der Bäume in Frühjahrsbräuche einbezogen. Rittershausen ist eines der Dörfer des nördlichen Dillkreises, in dem bis heute der Brauch des Maimanns gepflegt wird: Am Pfingstmontag wird ein Bursche aus dem Ort von der Zehe bis über den Kopf in frische Buchenzweige eingebunden, die mit Birkenreisig kunstvoll befestigt werden. Als krönender Abschluss wird dem „Baumgeist" noch ein Holzgestell aufgesetzt, das mit Blumen, bunten Bändern und Eiern geschmückt ist, sodass die Figur weit über ihre eigentliche Größe hinauswächst. Von der männlichen Jugend begleitet, zieht der „Maimann" dann durch das Dorf und singt ein altes Lied, mit dem er um Eier, Mehl und Speck bittet, um daraus anschließend Eierkuchen zu backen. Konkurrierend ziehen auch die Mädchen des Ortes – als Pfingstbräute mit Blumenkränzen und langen Bändern geschmückt – durch Rittershausen und sammeln die Zutaten für ihre Eierkuchen.

Rittershausen besitzt ein geschlossenes Ortsbild mit Fachwerkhäusern, die zwischen dem 17. und dem frühen 19. Jh. entstanden sind. Im Ortskern stehen sehr schöne Beispiele für die typisch oberhessische Gehöftform, den quer erschlossenen Streckhof. Wohnung, Stall und Scheune befinden sich unter einem First und werden von der Längsseite mit einer Querdiele erschlossen. Der Dorfgasthof (Siegener Straße 54) geht auf das Jahr 1815 zurück, als in einem Wohnhaus an der Fernstraße ein Ausschank eingerichtet wurde. Zahlreiche Fachwerkhäuser zeigen auf ihren Riegelbalken Inschriften mit christlichen Inhalten. So ist auf der 1774 errichteten Scheune des Gehöfts

Siegener Straße 28, an welcher der Pilgerweg direkt vorbeiführt, ein vertrauensvoller Spruch für den anstrengenden Anstieg zur Haincher Höhe zu lesen: „Befiehl dem Herren Deine Wege, Und hoffe auf ihn Er wirds Wohl machen."

13 *Ringwallanlage „Burg" bei Rittershausen*

Etwa 500 m nördlich von Rittershausen wurde vor dem Ersten Weltkrieg im Gelände eines Haubergs eine prähistorische Ringwallanlage ausgegraben. Man fand drei Wälle mit vorgelegten Gräben, die den Unterbau einer Holz-Stein-Umwallung bildeten. Bemerkenswert sind die reichhaltigen Funde von Keramik, Schwertresten, Lanzenspitzen und Beilen aus der frühen La-Tène-Zeit. Auch Arm-, Hals- und Ohrringe aus Bronze wurden entdeckt. Heute befinden sich die Funde im Landesmuseum Wiesbaden. Ihre Deutung ist sehr schwierig, da die Originaldokumente der Grabung verloren gingen und das Gelände durch jahrhundertelange Haubergnutzung gestört ist. Offenbar war die Burg vom 5. bis zum 3. Jh. v. Chr. besiedelt.

14 *Haincher Höhe*

Die Haincher Höhe ist der bedeutendste Kamm des Gebirges, welches den Westerwald und das Sauerland zusammenschließt. Hier entspringen mit Sieg, Lahn und Dill die drei wichtigen Flüsse der hessisch-nassauischen Region. Und hier erreichte die Fernstraße von Marburg nach Köln ihren höchsten Punkt. Der stetige, 4 km lange Anstieg von Rittershausen war bei Fuhrleuten wegen des Anstiegs und der Wegelagerer äußerst gefürchtet. Zunächst gehörte der gesamte Höhenzug zu Nassau. Ab 1815 bildete er die Grenze zwischen Hessen und der preußischen Provinz Westfalen. Entlang der Kammlinie, auf der heute ein beliebter Wanderweg verläuft, markieren historische Grenzsteine aus der ersten Hälfte des 19. Jh. den Grenzverlauf. Die Dillquelle befindet sich wenige 100 m südlich des Passes, von hier fließt der Fluss über Haiger, Dillenburg und Herborn durch Mittelhessen, bis er nach 68 km bei Wetzlar in die Lahn mündet.

Haincher Höhe mit Grenzstein zwischen Hessen und der preußischen Provinz Westfalen (heute NRW)

Weidekämpe im Juni, geflecktes Knabenkraut und Arnika

15 *Die Gernsdorfer Weidekämpe*

Wer kurz hinter der nordrhein-westfälisch-hessischen Landesgrenze nicht den Weg über Hainchen und Irmgarteichen einschlägt, sondern auf der Höhe weiterläuft, quert kurz vor Gernsdorf das Naturschutzgebiet Gernsdorfer Weidekämpe. In dieses Wiesental, auch Triftweide genannt, trieben die Bauern des Ortes bis in die Mitte des vorigen Jh. ihr Vieh. Als in den 1960er-Jahren die Bewirtschaftung dieser sehr artenreichen Feucht- und Sumpfweiden aufgegeben wurde, drohten weite Teile des Tals zu verbuschen. Nur durch die Wiederaufnahme der extensiven Beweidung mithilfe des Mittelgebirgsprogramms und des Programms zur Wiedereinführung und Erhaltung historischer Landnutzungsformen konnte sich seit 1987 hier das mit 102 ha größte Grünland-Naturschutzgebiet des Kreises entwickeln. Dank der naturschutzkonformen Bewirtschaftung ist es heute einer der orchideenreichsten Magerwiesenkomplexe im südlichen Westfalen. Da die Wiesen nie tiefgründig melioriert wurden, vermittelt uns das Schutzgebiet Gernsdorfer Weidekämpe noch weitgehend das Bild der historischen Kulturlandschaft. Die Gemeindeweide im Tal entstand im 19. Jh., als bei einer Flurbereinigung landwirtschaftlicher Splitterbesitz zusammengeführt wurde. Die Weidebewirtschaftung hat ein Mosaik von Rasengesellschaften, Gebüschen und Hudebäumen mit typischen Wiesenvögeln wie Braunkehlchen, Wiesenpieper, Bekassine und Neuntöter entstehen lassen, das bis heute den Charakter der Weidekämpe prägt.

Die Bezeichnung Hude kommt von „Hüten" und meint die Waldweide, also das in früheren Jahrhunderten übliche Eintreiben des Viehs in örtliche Waldgebiete zur Buchecker- und Eichelmast. Bucheckern und Eicheln waren bis weit ins 19. Jh. hinein unverzichtbare Bestandteile des Viehfutters. Ein alter Spruch besagt, dass „auf den Eichen die besten Schinken wachsen". Hudebäume weisen große, ausladende Baumkronen mit kräftigen, stark verzweigten Ästen auf. Der Viehverbiss des nachkommenden Jungwuchses verhinderte Konkurrenzdruck durch andere Pflanzen, sodass die einzelnen Bäume in weiten Abständen voneinander standen. Dadurch erhielten die Hudewälder einen fast parkähnlichen Charakter.

16 *Wasserburg Hainchen*

Die einzige Höhenwasserburg in Westfalen

Während die Fernstraße Marburg-Siegen auf der Höhe bleibt, führt eine Variante des Pilgerweges nach Norden in das Tal des Geiersgrundbaches. Dort liegt am Ortsrand von Hainchen eine Burg mit wechselvoller Geschichte. Für Westfalen ist die Burg etwas ganz besonderes, denn es gibt im westfälischen Flachland zwar unzählige Wasserburgen, aber hier in Hainchen die einzige Höhenwasserburg. Die 1290 erstmals urkundlich erwähnte Anlage war Stammsitz der Adelsfamilie von Hain. 1313 erwarb Graf Heinrich von Nassau die Burg, um sie in der Dernbacher Fehde als militärischen Stützpunkt an der Fernstraße auszubauen. Sein Nachfolger Johann IV. übergab sie 1443 an seinen Rat und Oberamtmann Philipp d. Ä. von Bicken. Unter Philipp erfolgte der Ausbau zu einem Wohnschloss. Nachdem die Herren von Bicken 1711 ihren Wohnsitz verkauft hatten, passte der neue Schlossherr Heinrich Georg Philipp von Fleischbein das spätmittelalterliche Herrenhaus den Erfordernissen eines barocken Adelssitzes an. Die runden Befestigungstürme der Südmauer ließ er schleifen und zu Gartenrondellen umarbeiten. Dreimal wurde das Schloss im 18. Jh. verkauft, bis es schließlich 1812 von Napoleons Finanzminister versteigert und ab 1864 dem Verfall preisgegeben wurde. Wesentliche Teile wurden abgerissen. Vom Hauptgebäude blieben nur noch Teile des Erdgeschosses mit einem offenen Bogengang stehen. Als der Siegerländer Burgenverein die Anlage 1976 übernahm, erfuhr die Burg eine umfassende Sanierung. Anhand von Befunden zog man entsprechende Rückschlüsse und die Reste des Herrenhauses erhielten einen weißen, der Seitenflügel einen ockerfarbenen Anstrich.

Heute wird die Burg vom Lebenshilfewerk Nordrhein-Westfalen e.V. als Begegnungsstätte für Weiterbildung genutzt. In der Remise der ehemaligen Stallmeisterei wurde Anfang der 90er-Jahre mit Mitteln der NRW-Stiftung ein Kulturcafé eingerichtet.

17 *Das Dorf Hainchen*

Hainchen ist eine der 40 westfälischen Ortschaften, die Justinus Bendermacher (1905-94) zwischen 1970 und 1975 ausführlich inventarisierte. In dieser Zeit des großen Strukturwandels im ländlichen Raum wollte der gelernte Architekt mit seiner Aufnahme verhindern, dass wesentliches Wissen über bäuerliche Siedlungsformen verloren ging. Die vollständigen Inventare werden im Hauptstaatsarchiv Düsseldorf aufbewahrt

Als Hausmerkmal für den Ort Hainchen wird im Kurzinventar das riegellose Fachwerk beschrieben – der Begriff Riegel bezeichnet ein waagerechtes Holz zwischen den Ständern oder Stielen des Skelettbaus – und sein Ursprung erläutert: In den „holzbeklommenen" Zeiten sollte der „unverantwortlichen und übermütigen neuen Mode der Zimmermeister im Aufsetzen prächtiger Gebäude" entgegengewirkt werden. Durch Erlass wurde 1751 bestimmt, die Hausschwellen drei Fuß hoch zu untermauern, um das Faulen der Balken zu verhüten. Es wurde eine Genehmigung vor Baubeginn vorgeschrieben und das Anbringen von solchen Riegeln in den Gefachen, die nur der Verschönerung dienten, verboten. All dies sollte der sparsamen Holzverwendung dienen. Da sich jedoch kaum jemand an die Vorgaben hielt, wurde 1790 eine Bauordnung als „Instruktion" erlassen, die in den Dillenburger Intelligenznachrichten veröffentlicht wurde.

18 *Irmgarteichen*

1,5 km westlich der Wasserburg Hainchen liegt das Kirchdorf Irmgarteichen. Wie Hainchen ist auch dieser Ort durch Neubausiedlungen in den vergangenen Jahren erheblich vergrößert worden; der

Johann Adam von Bicken, Erzbischof von Mainz

Die Edelherren von Bicken stammen aus dem gleichnamigen, bei Herborn gelegenen Dorf. 1218 ist das Geschlecht erstmals erwähnt. Ein Familienangehöriger taucht in den Heiligsprechungsakten der Elisabeth von Thüringen auf, weil er 1232 ein gelähmtes Mädchen nach Marburg gebracht hat, wo es geheilt wurde. Auch Konrad von Marburg, der Beichtvater der hl. Elisabeth, soll aus dem Geschlecht stammen.

Zu den bedeutenden Angehörigen gehört Johann Adam von Bicken, der 1564 in der Wasserburg Hainchen zur Welt kam. Er absolvierte ein Theologiestudium in Mainz, Würzburg, Pont-à-Mousson, Bourges, Toulon und Siena. 1587 lebte er ein halbes Jahr in Rom. Am 15. Mai 1601 wurde er vom Mainzer Domkapitel zum Erzbischof gewählt. Papst Klemens VIII. und mehrere Kardinäle, darunter Robert Bellarmin und Caesar Baronius, gratulierten zur Wahl des in Rom angesehenen Theologen. Seine kaum dreijährige Amtszeit war von dem Bemühen geprägt, die Rekatholisierung im Erzbistum zu einem Abschluss zu bringen. Diesem Zweck diente auch die aufwendige Nachfeier des römischen Jubeljahres 1600, das in Mainz mit prunkvollen Wallfahrten begangen wurde. Erstmals wurden bei den Prozessionen nach langer Zeit wieder Reliquien mitgeführt. Der Kirchenhistoriker Friedhelm Jürgensmeier beurteilte dies so: „Das neue Lebensgefühl mit seiner Freude an barocken Formen, prachtvollen Prozessionen und innig empfundener Religiosität hatte sich dem mittelrheinischen Raum genähert."

Doch 1603 begann Johann Adam von Bicken mit einer unrühmlichen Hexenverfolgung. Allein im Spessart und im Bachgau wurden während seiner kurzen Amtszeit 126 Personen hingerichtet. Seinen frühen Tod am 11. Januar 1604 im Alter von 39 Jahren führten Zeitgenossen auf Hexerei zurück – auch das ist ein Spiegelbild der Zeit. Johann Adam von Bicken liegt im Mainzer Dom begraben.

Gedenkblatt zur Mainzer Heilig-Kreuz-Wallfahrt, 17. Jh.

St. Caecilia, Irmgarteichen

Geiersgrund hat sich zum bevorzugten Wohngebiet im Umkreis der Universitäts- und Industriestadt Siegen entwickelt. Auf einem Sporn im Zentrum des Dorfes steht die Pfarrkirche St. Cäcilia. Ihr Patrozinium ist ungewöhnlich: Irmgarteichen hat die einzige Pfarrkirche im Siegerland, die einer weiblichen Heiligen geweiht ist. Möglicherweise geht die Wahl des Patronats auf einen familiären Zusammenhang derer von Hain zurück, die bis zum 15. Jh. das Patronatsrecht besaßen. 1325 wird das Gotteshaus als „subiecta capella" der Pfarrei Netphen, im Jahr 1328 als Kirche erwähnt. Seit 1349 ist die rechtliche Stellung als Pfarrei belegt.

Das Dorf, das 1461 nur vier Steuerzahler aufbieten konnte, scheint erst im Anschluss an die Kirche entstanden zu sein. Die Herren von Hain, die in Irmgarteichen begütert waren, hatten das Gotteshaus vermutlich für ihre Pächter und Hörigen als Eigenkirche errichtet. Der älteste Bauteil, ein romanischer Westturm, stammt aus der ersten Hälfte des 13. Jh. und weist wehrhaften Charakter auf. Die Turmhalle enthält ein ansehnliches Renaissancegrabmal für die Ritter Johann und Eberhard von Bicken (gestorben 1554 und 1555), Nachfolger der Herren von Hain. Das Kirchenschiff ist ein schmuckloser Neubau von 1932. 1532 war das Kirchspiel mit dem Konfessionswechsel des Grafen Wilhelm von Nassau-Dillenburg lutherisch, 1573/80 unter Johann VI. reformiert und im 30-jährigen Krieg vollständig rekatholisiert worden.

Palmprozession in Irmgarteichen

Der Heimatverein Oberes Johanntal hat in der Alten Schule von Irmgarteichen 1995 eine Heimatstube mit Archiv eingerichtet, die an jedem 1. Sonntag im Monat von 14–18 Uhr geöffnet ist. Die Sammlung von alten Fuhrwerken, Werkzeugen, Dokumenten und alltäglichen Gebrauchsgegenständen früherer Generationen lädt zu einer Zeitreise in die Vergangenheit ein.

Der Siegerländer Backes

Seit dem 16. Jh. war der Bau von gemeinschaftlichen Dorfbackhäusern vorgeschrieben. Dadurch, dass nicht jeder Hof seinen eigenen Backes errichtete, sollte zum einen Holz eingespart werden, zum anderen aber auch vermieden werden, dass aufgrund der Nähe zu den strohgedeckten Fachwerkhäusern gefährliche Brände entstanden. Schon aus diesem Grund befanden sich die Backhäuser meist in der Nähe eines Baches. Auch an den Baustoffen wurde gespart: Über dem gewachsenen Lehmboden wurde ein steinerner Backofen, der sogenannte Huuw, errichtet, an den sich ein ca. 6 qm großer Vorraum aus lehmverputztem Fachwerk mit Blechdach anschloss. Auf einer Karre, dem „Scuffbock", brachten die Mitglieder der Backgemeinschaft ihre daheim vorbereiteten Brotlaibe am Backtag zum Backes. Per Los war zuvor bestimmt worden, wer für das Anfeuern zuständig war, das mit Buchenholz- Schanzen von den Haubergen vorgenommen wurde.

Die meisten Dorfbackhäuser sind im vorigen Jahrhundert mit der Einführung der Elektroherde und der kommerziellen Bäckereien aus dem Dorfbild verschwunden. Aber so manche Dorfgemeinschaft hat in den letzten Jahren wieder einen Backes errichtet, in dem die Tradition des Brot-, Hefe- und Blechkuchenbackens wieder ebenso gepflegt wird wie das nachbarschaftliche Beisammensein.

ETAPPE 3

Irmgarteichen – Siegen

17 km

Über den Nordhang des Pfarrbergkopfes kommt der Weg von Irmgarteichen wieder auf die ursprüngliche Trasse der Fernstraße Marburg-Siegen zurück, die in die östlich von Siegen gelegene Talweitung um Anzhausen und Flammersbach führt. In Niederdielfen beginnt der Anstieg zur Gnadenkapelle Eremitage, von der man über den Prozessionsweg hinunter zum Stadtrand von Siegen gelangt. Über den Lindenberg erreicht der Pilgerweg die Siegener Altstadt.

Die Etappe ist unterteilt in zwei Teilstrecken: 3 A von Irmgarteichen bis Niederdielfen und 3 B von Niederdielfen bis Siegen.

Pilgerspuren ...

Die Gnadenkapelle Eremitage bei Niederdielfen, zwischen 1677 und 1685 errichtet, entwickelte sich zum wichtigsten Marienwallfahrtsort des Siegerlandes. Sie wird bis heute das ganze Jahr über von Prozessionen aufgesucht.

Von Siegen aus sind zahlreiche Pilgerreisen zu den unterschiedlichsten Zielen unternommen worden. Bereits die Mirakelberichte des Kölner Erzbischofs Anno II. mit dem Titel „Miracula Sancti Annonis" berichten von Wunderheilungen an einem jungen Mann und zwei Kindern aus Siegen, die im Frühjahr 1184 mit ihren Eltern zum Grab des hl. Anno nach Siegburg gekommen waren.

Die 1463 gegossene Uhrglocke der Nikolaikirche trägt zwei Abgüsse von Pilgerzeichen aus dem Marienwallfahrtsort Elend bei Bleicherode und von St. Quirin in Neuss.

Ein Bürger der Stadt, „Tile Wiebels Sohn", gründete in Rom einen Gasthof und unterstützte dort die Pilger aus Siegen. Der Rat bedankte sich dafür, indem er Wiebel 1472 zwei Kannen Wein zu zwei Quart schenkte. 1494 zog der Pfarrer von St. Nikolai nach Einsiedeln in der Schweiz, um der Gottesmutter ein Geldopfer der Stadt in Höhe von vier Albus zu überbringen. Bei seiner Rückkehr wurde er vom Rat ebenfalls mit zwei Kannen Wein beschenkt.

Links: Eisengussplatte mit heiligem Bischof und Jakobus d. Ä.

Eine Pilgerreise zum Heiligen Grab in Jerusalem unternahm 1484 der Graf von Nassau. Er kehrte am Donnerstag nach Mariae Lichtmess (2. Februar) des folgenden Jahres nach Siegen zurück. En-

St. Quirin, Pilgerzeichen auf der Glocke der Nicolaikirche Siegen

gelbrecht der Trieppelthen, ein Mönch des Siegener Franziskanerklosters, kam 1491 vom Heiligen Grab zurück, wo er eine Reliquie erworben hatte, die er der Nikolaikirche vermachte.

Zu einer Pilgerfahrt nach Santiago de Compostela brach die Jungfrau Ryne im Jahre 1487 auf und erhielt vom Rat der Stadt drei Albus als Beihilfe, was im Ratsrechnungsbuch durch Einträge belegt ist. Da sie 1491 nochmals vier Albus erhielt, wird angenommen, dass sie in jenem Jahr eine zweite Pilgerfahrt unternahm.

Das alte Hospital vor dem inneren Kölner Tor diente karitativen Zwecken, u. a. auch der Beherbergung von Pilgern. Seit 1472 wird ein Rektor genannt, doch die Einrichtung dürfte älter sein. Im Jahr 1492 wurde das alte Hospital umgebaut. Da für 1496 ein gräflicher Kaplan als Rektor belegt ist, kann vermutet werden, dass das Haus von der Familie der Grafen von Nassau unterstützt wurde. 1517 wird an der Nikolaikirche eine Jakobus-Bruderschaft erwähnt. Sie stiftete in jenem Jahr wöchentlich vier Messen an einem Nebenaltar „oben auf dem Umgang", welcher der hl. Barbara geweiht war. Zugleich erreichte sie, dass der hl. Jakobus als Mitpatron geführt wurde. 1545 wurde der Altar jedoch abgebrochen.

Im Spätmittelalter sind zahlreiche nahe Gotteshäuser von der Siegener Pfarre besucht worden, u. a. die Heimbachskirche, Römershagen, Wehbach, die Antoniuskapelle am Ginsberg und Rödgen. Nach Römershagen und Wehbach gingen sakramentale Prozessionen. In der ersten evangelischen Kirchenordnung von 1529 werden „die Laufereien zu den Waldkirchen und Kapellen" als „besonders schädlich und ärgerlich" bezeichnet.

Blick vom Sportplatz Anzhausen in die Siegener Talweitung

Teilstrecke **3** A

Irmgarteichen – Niederdielfen

Wegbeschreibung und Hinweise

10 km

Fuß- und Radstrecke sind weitgehend identisch.
Schwierigkeitsgrad für Fußgänger: leicht bis mittel, nur ein nennenswerter Anstieg gleich zu Beginn am Pfarrbergskopf in Irmgarteichen; bis Anzhausen und ab Flammersbach Waldwege, zwischen beiden Orten ein asphaltierter Weg.
Ausgangspunkt katholische Pfarrkirche Irmgarteichen: Von der Pfarrkirche dem Wanderweg ◊ 4 bis Sportplatz Salchendorf folgen. Am Sportplatz den Wanderweg nach links verlassen und über den Waldweg nach Anzhausen **(1)** gehen. Vorbei am Friedhof Anzhausen nach Flammersbach **(2)**. Am Sportplatz Flammersbach **(3)** links über den Sieghöhenweg **X S** nach Niederdielfen **(4, 5)**.

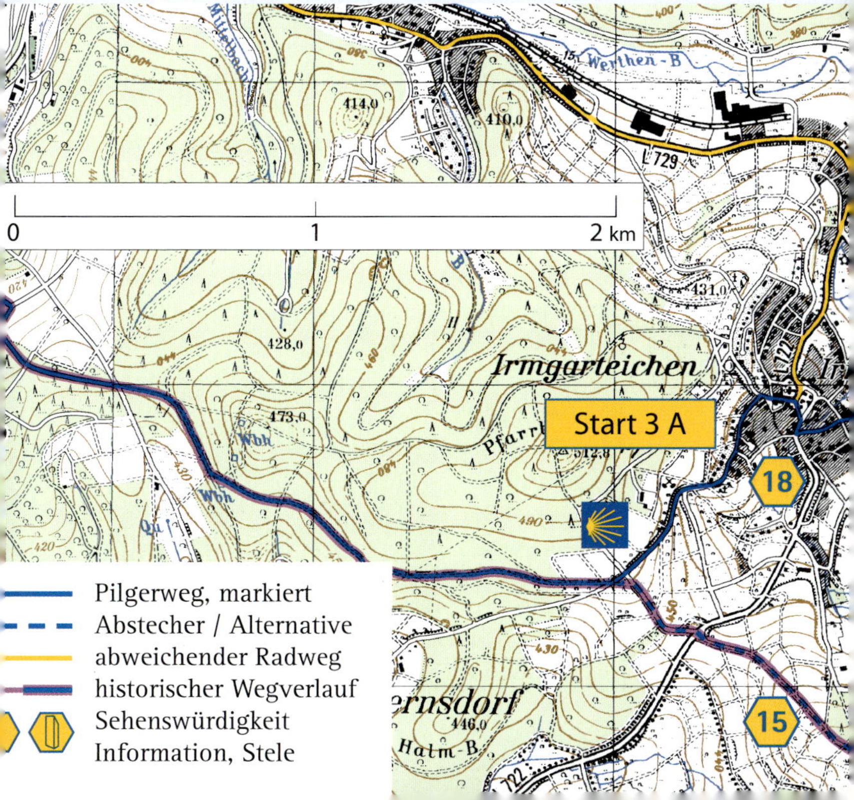

1 *Antoniuskapellen in Anzhausen*

Ev. Antoniuskapelle Anzhausen

Die kleine Antoniuskirche wurde 1530 erstmalig erwähnt, hat jedoch ältere Ursprünge. Der heutige Bau im Dorfzentrum, ein schlichter Saal mit Dachreiter, wurde im frühen 18. Jh. von der Ortsgemeinde für beide Konfessionen neu errichtet. Bis 1953 wurde das Gotteshaus von der katholischen und der evangelischen Kirchengemeinde als Simultankirche genutzt. 1954 baute die katholische Gemeinde eine dem Einsiedler Antonius geweihte Kapelle im Neubaugebiet am Hang, während das alte Gotteshaus von der evangelischen Kirchengemeinde Rödgen übernommen wurde.

2 *Kapellenschule Flammersbach*

Am Pilgerweg in Flammersbach fällt ein am Hang liegendes Gebäude mit Dachreiter auf, das heute als Bürgerhaus dient. Ursprünglich war es jedoch eine Kapellenschule. Diese Siegerländer Besonderheit diente mit einem Kapellen- und einem Schulteil einem doppelten Zweck. Ihre Entstehung geht auf die religionsgeschichtliche Entwicklung der Region zurück: Die Forderung des Reformators Martin Luther nach Einrichtung „Teutscher Schulen" führte Mitte des 16. Jh. unter Johann zu Nassau-Siegen zur Einführung der Kapellenschulen. Bereits 100 Jahre später waren sie im ganzen Siegerland verbreitet. Den Unterricht leitete meist ein Lehrer, der zugleich der Küster oder Glöckner der Kirche war. Als Lehrbücher dienten in erster Linie die Bibel, der Katechismus und das Gesangbuch. Auf-

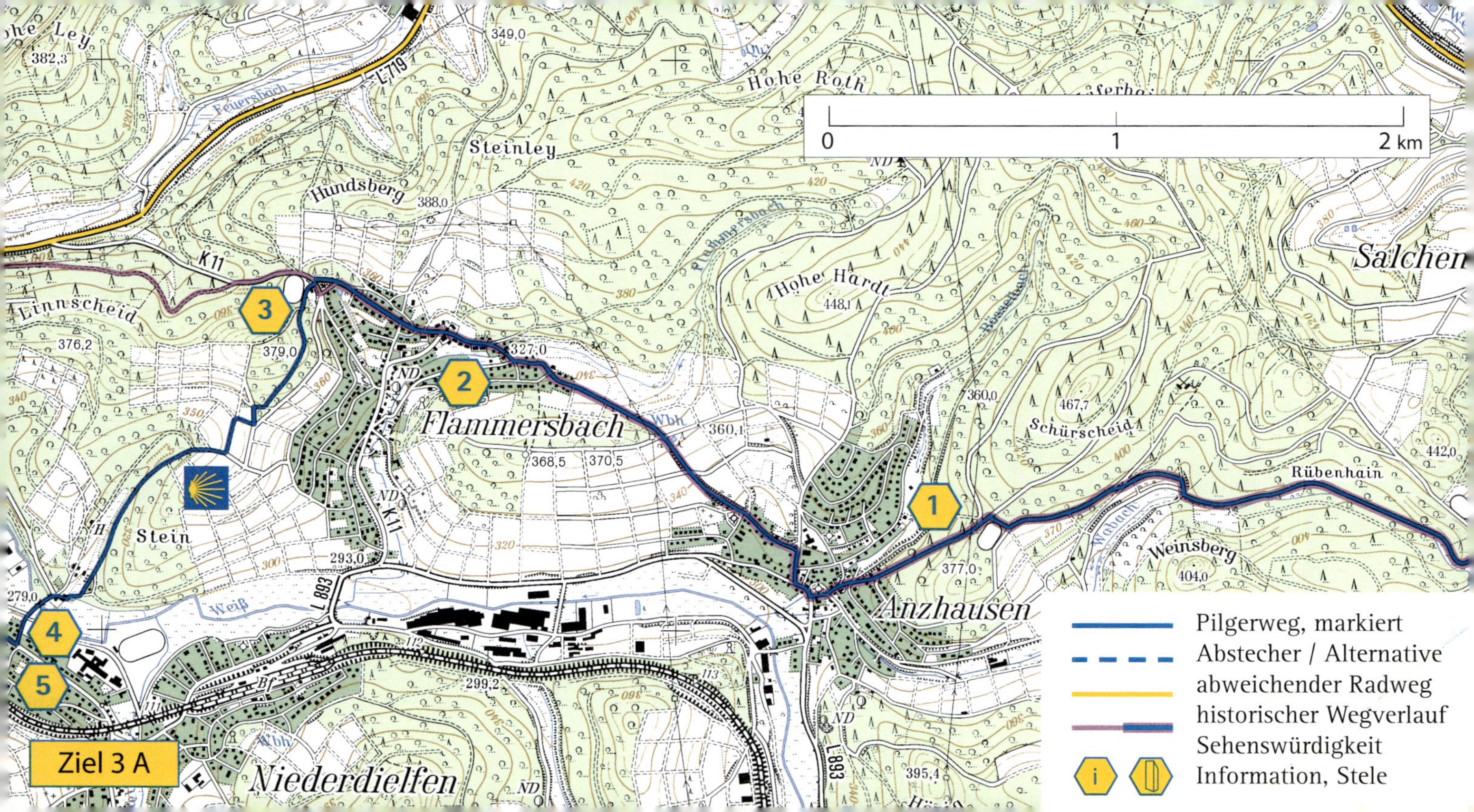

0
1
2 km
Salchen
Hohe Roth
Steinley
Hundsberg
Hohe Hardt
Linnscheid
Flammersbach
Schürscheid
Rübenhain
Weinsberg
Anzhausen
Stein
Niederdielfen
K11
L 893
L 719
Weiß
Wbh
Wabach
1
2
3
4
5
Ziel 3 A
Pilgerweg, markiert
Abstecher / Alternative
abweichender Radweg
historischer Wegverlauf
Sehenswürdigkeit
Information, Stele

Kapellenschule Siegen-Eisern

grund der konfessionellen Spaltung durch die nassauische Erbteilung waren die Kapellenschulen nach Konfessionen getrennt. So wurden 1827 im Altkreis Siegen 78 evangelische und 22 katholische Einrichtungen dieser Art gezählt. In Fällen, wo die Schule bereits vor dem Bau der Kapelle geplant war, entstand meist – wie auch in Flammersbach 1827 – ein zweigeschossiger Bau, in dessen Obergeschoss der Gottesdienst gehalten wurde, während das Erdgeschoss als Schulraum diente. Bestand die Kapelle bereits bei Gründung der Schule, so wurde ein Gebäudeteil für Schulzwecke angefügt. Diese Bauform ist sowohl im Siegener Stadtteil Eisern wie auch im Freilichtmuseum Detmolt zu besichtigen. Dort befindet sich heute die ehemalige katholische Kapellenschule, die 1962 im 2 km nördlich von Irmgarteichen liegenden Werthenbach abgebaut wurde. Die Kapellenschule im benachbarten Rinsdorf, die dem zweigeschossigen Typ angehört, stammt aus dem Jahr 1791 und ist heute Heimatstube. Sie wurde jedoch bis 1956 für ihren ursprünglichen Zweck genutzt und verfügt noch über einen original eingerichteten Klassenraum.

Kapellenschule Rinsdorf

Hohlweg bei Flammersbach

3 Historischer Hohlweg bei Flammersbach

Eine handschriftliche Quelle – das Flammersbacher Hirtenbuch aus dem Jahre 1660 – trug zur Wiederentdeckung eines historischen Hohlweges bei, der Bestandteil der Fernstraße Marburg-Siegen war. Der Text beschreibt den Wegeverlauf auf der Stemmbach, einer Anhöhe zwischen Flammersbach und der ehemaligen Furt über den Feuersbach. Die Flammersbacher Pferdebauern haben sich mit Vorspanndiensten beim steilen Anstieg auf die Stemmbach ein Zubrot verdient. 2005 legte die Ortsgruppe Flammersbach des Sauerländischen Gebirgsvereins 200 m des alten Straßenverlaufs frei und markierte das Teilstück mit Kirschholzschildern, welche die Aufschrift „Mittelalterlicher Hohlweg Siegen-Marburg" tragen. Man findet den Hohlweg in der Nähe des Sportplatzes von Flammersbach, wo der Pilgerweg die Altstraße verlässt und über Niederdielfen und die Eremitage nach Siegen führt.

4 Wassermühle Niederdielfen

Ein technisches Denkmal stellt die Wassermühle dar, die nördlich der Ortschaft Niederdielfen, wo der Pilgerweg ins Tal hinunterführt, am Filsbach liegt. Das Ensemble mit Mühlweiher und Mühlgraben sowie einem Mahlwerk mit vollständig erhaltener Mechanik des frühen 18. Jh. ist ein Musterbeispiel für die Mühlentechnik der frühen Neuzeit. Seit ihrem Bau vor ungefähr 200 Jahren mahlte sie nicht

Die Siegerländer Rieselwiese

In der Wiesenfläche zwischen dem Obergraben, der den Teich der Niederdielfener Wassermühle speist, und dem Bach sind andeutungsweise diagonale Gräben zu erkennen. Sie sind ein Zeugnis des einstmals beispielhaften Siegerländer Kunstwiesenbaus, der in engem Zusammenhang mit der Eisenerzgewinnung und -verhüttung steht. Da zur Herstellung von Holzkohle große Waldflächen benötigt wurden, verblieb wenig Platz für Wiesen und Weiden. Dies konnte nur auf zwei Arten ausgeglichen werden: zum einen durch die Zwischennutzung der Hauberge als Viehweide und zum anderen durch eine Steigerung des Grünlandertrags durch optimale Bewässerung. Den Anstoß zur systematischen Bewässerung gab der Umstand, dass die Hüttenleute die Hammerwerke nur 60 Tage im Jahr betreiben durften und auch nur in der Zeit das Wasser der Triebwerkskanäle benötigten. Beobachtungen zeigten dann, dass die Überflutungen der angrenzenden Wiesen während der Ruheperioden das Graswachstum erheblich förderten. Daraus entwickelten die Anlieger nachweislich seit dem 16. Jh. ein ausgeklügeltes Bewässerungssystem, das zu einer Ertragssteigerung von 30 Prozent und zu besserer Qualität der Gräser führte. Unter den Preußen folgte auf die Einführung von Gesetzen und Ordnungen die Bildung von Wiesenverbänden, denen die korrekte Bewirtschaftung der Wiesen oblag. Die preußische Wiesenordnung verlor erst 1962 mit dem Landeswassergesetz Nordrhein-Westfalen seine Gültigkeit. Die Siegerländer Wiesenbauern, die zu Beginn des 19. Jh. 6.500 ha Grünland pflegten, wurden auch ins Münsterland, an den Niederrhein, nach Schlesien und Pommern gerufen, um dort ihre Kunst zu lehren. 1853 wurde in Siegen eigens eine Wiesenbauschule zur Vermittlung des Wissens gegründet. In den 1950er-Jahren kamen die Siegerländer Bewässerungssysteme durch die landwirtschaftlichen Veränderungen jedoch zum Erliegen. Damit das Wissen um diese Techniken aber nicht verloren geht, widmet nicht nur das Heimatmuseum Wilnsdorf dem Thema viel Raum, sondern es wurde 1997 im nahen Rinsdorf auch eine Rieselwiese angelegt und auf einer Schautafel erläutert.

Modell Rieselwiese im Museum Wilnsdorf

nur das Getreide der Niederdielfener, sondern trieb bis 1962 auch eine Holzsäge an. 1992-93 wurden die noch vorhandenen technischen Einrichtungen restauriert, sodass sie heute wieder für Anschauungs- und Bildungszwecke funktionstüchtig zur Verfügung stehen.

Wassermühle Niederdielfen

5 *Niederdielfen*

Niederdielfen liegt an der Bachmündung der Dielfe in die Weiß und gehört zu den ältesten Orten im Siegerland. Bereits die frühen Siedler der La-Tène-Zeit hatten die günstige Lage erkannt, denn hier fanden sie ebenes Ackergelände, fließendes Wasser, feuchten Weideraum, guten Windschutz und die Nähe zu Erzlagerstätten vor. Neben der Landwirtschaft prägte vor allem das Eisengewerbe das Dorf, sodass nach der Eröffnung der Erzgrube Grimberg 1807 oberhalb des Ortes die Bevölkerungszahl deutlich anstieg. Die katholische Pfarrgemeinde errichtete einen großen Kirchenbau, der 1903 eingeweiht wurde. 1910 erhielt Niederdielfen nach Vollendung eines Viadukts einen Eisenbahnanschluss an die Strecke Siegen-Dillenburg. Doch schon ein Jahr später waren die Erzlager am Grimberg erschöpft und die Förderanlage der Grube wurde abgerissen. Seit 1997 steht auf dem Schacht ein ähnlicher Förderturm, der vom Juliansschacht bei Bensberg hierher versetzt wurde und ein kleines Museum zur Sozialgeschichte des Bergbaus im Siegerland beherbergt.

Eisenbahnviadukt in Niederdielfen

Ähnlich wie in Rittershausen führt ein moderner Industriebetrieb die Tradition der Eisenverarbeitung fort: Das Weißtalwerk fertigt Stahlhoch- und Stahlleichtbauten, Krananlagen und große Verkehrsschilder.

Niederdielfen – Siegen

Wegbeschreibung und Hinweise

7 km

Schwierigkeitsgrad für Fußgänger: leicht bis mittel, nur zu Beginn ein nennenswerter Anstieg zur Eremitage, außerhalb des Stadtgebietes von Siegen unbefestigte Waldwege

Ausgangspunkt Ortsmitte Niederdielfen: An der K 18 links in den Wanderweg zur Eremitage **(6)**. Dort die B 54 queren und parallel zur Bundesstraße über den Lindenberger Prozessionsweg **(7)** hinab in Richtung Siegen **(8)**. Am Lindenberg die B 54 erneut queren und nach rechts dem Wanderweg bis zum Oberen Schloss folgen. Von hier durch die Burgstraße zur Nikolaikirche am Markt **(9-11)**.

Für Fahrräder: Die Fahrradroute ist bis Sportplatz Lindenberg identisch und folgt anschließend der B 54 bis zur Innenstadt.

Nikolaikirche, Siegen

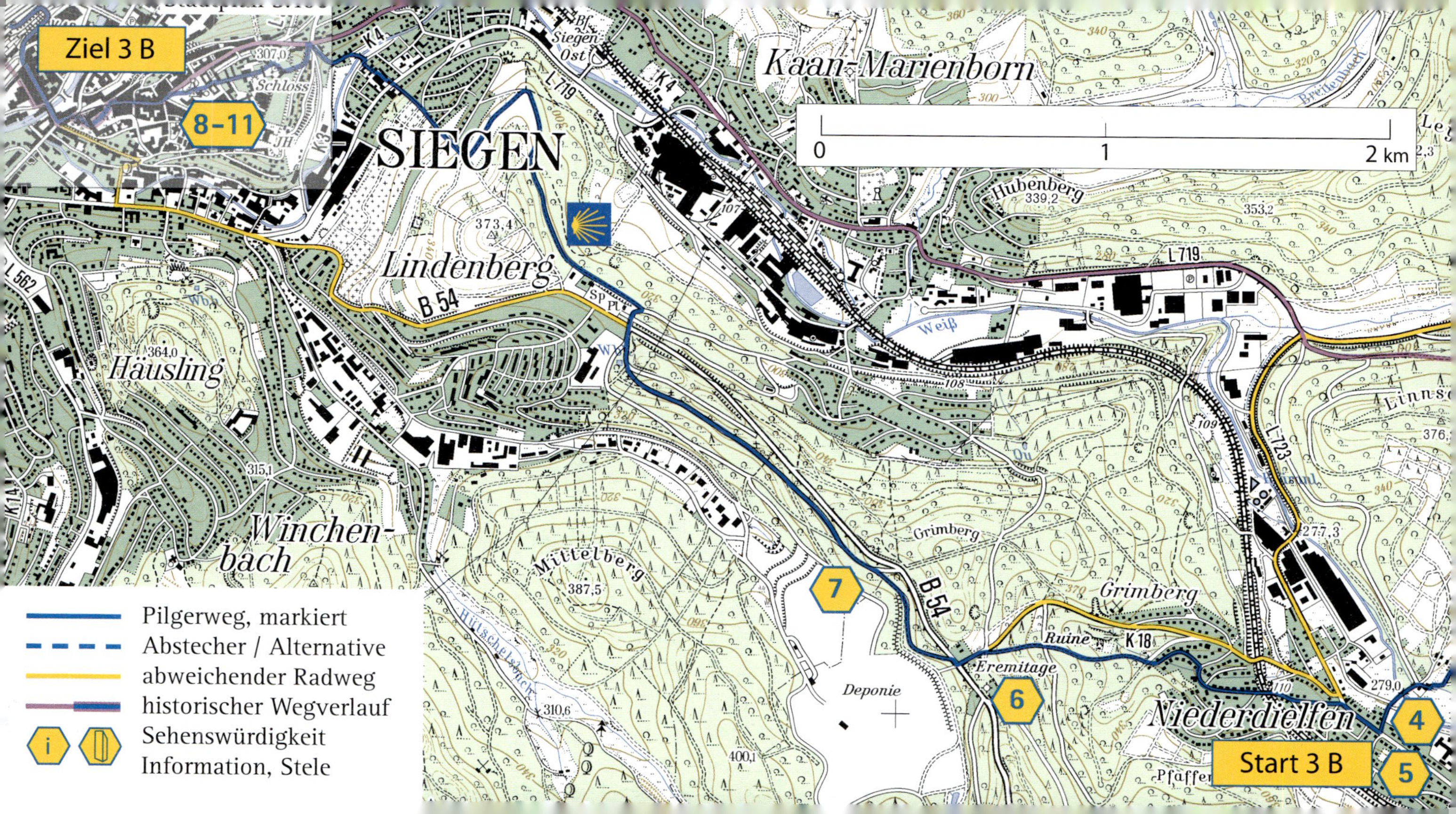

Ziel 3 B
8–11
SIEGEN
Kaan-Marienborn
Lindenberg
Häusling
Winchen-bach
Mittelberg
Grimberg
Hubenberg
Niederdielfen
Eremitage
Ruine
Deponie
Schloss
Weiß
Start 3 B
B 54
L 719
L 723
K 18
K 4
L 562
0
1
2 km
7
6
4
5
Pilgerweg, markiert
Abstecher / Alternative
abweichender Radweg
historischer Wegverlauf
Sehenswürdigkeit
Information, Stele

6 *Gnadenkapelle Eremitage*

Wallfahrtsanlage bei der Eremitage

Oberhalb von Niederdielfen steht auf der Höhe des Grimbergs die Wallfahrtskapelle Eremitage. Sie ist die zentrale Wallfahrtsstätte des Siegerlandes und wurde 1677-85 als Nachfolgerin einer im Dreißigjährigen Krieg zerstörten Marienkapelle errichtet, die zwischen Oberdielfen und Rödgen gestanden hatte. Nach den Plänen des Jesuitenarchitekten Anton Hülse entstand ein schlichter Vierkonchenbau mit verschiefertem Haubendach, das von einem Dachreiter bekrönt ist. Im Zweiten Weltkrieg wurde die Kapelle stark beschädigt. 1961 konnte die Kirchengemeinde Niederdielfen als Ersatz für die verbrannte Ausstattung einen 1736 geschaffenen Barockaltar aus Brackwede (Westfalen) erwerben. Das Altarblatt zeigt den Tod des hl. Josef.

In der Wallfahrtskapelle, die kirchenrechtlich zur Pfarrei Niederdielfen gehört, aber von der Pfarrgemeinde St. Marien in Siegen betreut wird, finden regelmäßig Gottesdienste statt. Die wichtigen Wallfahrtstage sind der Karfreitag und der Sonntag nach dem Fest Maria Heimsuchung (2. Juli). Zudem führt im Monat Mai die jährliche Familienwallfahrt der Katholischen Arbeitnehmer-Bewegung des Dekanates Siegen zur Eremitage.

Der Ordensbruder Konrad Manz betreute bis zu seinem Tod 1733 die Kapelle. Bruder Konrad lebte in einer heute als Sakristei genutzten Klause neben der Kapelle als Eremit, woraus sich der Name „Eremitage" ergab. In einem Heiligenhäuschen mit der Statue des hl. Ignatius von Loyola, des Ordensgründers der Jesuiten, befindet sich sein Grab. 1933 entstand hinter der Kapelle eine große Wallfahrtsanlage mit dem „Siegener Kreuzweg", einem Werk des Bildhauers Hermann Kissenkötter aus Münster.

Seit 1953 leben Klarissen in der Nähe der Eremitage. Die Architektur des 1966 bezogenen Klosters findet mit einer lang gezogenen Außenmauer einen betonten Abschluss und bringt das Ordensleben in kontemplativer Abgeschiedenheit eindrucksvoll zum Ausdruck. 1993 eröffnete der Caritasverband in der ehemaligen Wallfahrerherberge das Tagespflegehaus „Eremitage" für Senioren.

Aus dem Wallfahrtsbüchlein der Gnadenkapelle Eremitage von 1997:

„Gott tröstet uns auf dem Wege; nur müssen wir uns bewusst sein, dass wir auf dem Wege sind. Denn dieses ganze Leben und alles, was du brauchst, soll eine Hütte dem Wanderer sein, nicht ein Haus dem Bewohner. Bedenke, ein Stück des Weges liegt hinter dir; ein anderes Stück hast du noch vor dir. Wenn du verweilst, sei es, um dich zu stärken, aber nicht um aufzugeben."

(Augustinus, Kommentar zu Psalm 34,4)

Gnadenbild in der Eremitage

7 Lindenberger Prozessionsweg

Vom Lindenberg am Stadtrand von Siegen führt ein Prozessionsweg zur Eremitage. Er ist mit schlichten Steinstelen markiert, deren römische Ziffern die sieben Schmerzen Mariens symbolisieren. In den Monaten Mai bis Oktober zieht jeden Donnerstag um 14 Uhr (außer an Feiertagen) eine kleine Prozession vom Waldrand am Lindenberg hoch zur Eremitage. Unterwegs werden die sieben Schmerzen Mariens im Gebet betrachtet: die Weissagung des greisen Simeon (Lk 2, 34-35), die Flucht nach Ägypten (Mt 2, 13), die Suche nach dem 12-jährigen Jesus (Lk 2, 48), die Kreuztragung (Joh. 19, 17), der Tod Jesu am Kreuz (Joh. 19, 25-30), die Abnahme vom Kreuz (Joh. 19, 40) und die Grablegung (Joh. 19, 41-42). Der Pilgerweg von Marburg nach Köln führt ebenfalls über den Prozessionsweg.

Kreuzweg-station der Eremitage

8 *Siegen*

Frühling im Schlosspark

Die Altstadt von Siegen zieht sich den Siegberg hinauf, einen bis auf 300 m ansteigenden Geländesporn im Mündungswinkel von Sieg und Weiß. Als ältester Siedlungskern gilt der Bereich um die Martinikirche, die im ausgehenden 8. oder frühen 9. Jh. wahrscheinlich durch die Erzbischöfe von Mainz gegründet wurde. Die zur Kirche gehörige Siedlung findet eine erste Erwähnung als „Sigena" zwischen 1079 und 1089 und schloss sich hangabwärts zu Sieg und Weiß hin an. Der Fund einer hier geprägten Münze verweist auf die wachsende Bedeutung der Ansiedlung, die in der zweiten Hälfte des 12. Jh. bereits Münzrecht besaß. Um 1220 gründete Graf Heinrich von Nassau eine planmäßige und befestigte Stadtanlage oberhalb der Martinikirche. Mit Nikolaikirche, Markt, Rathaus und Oberer Schloss bil-

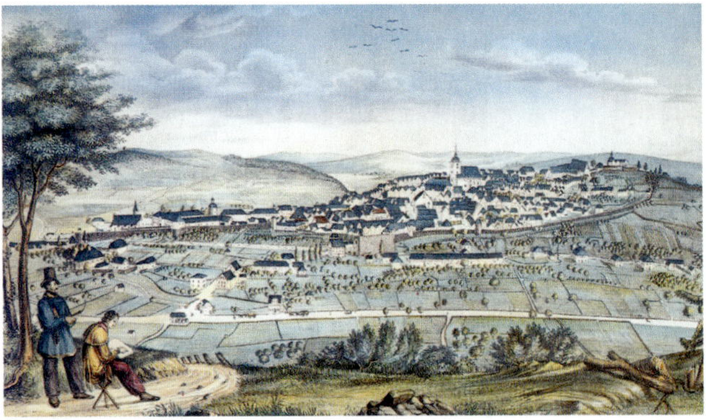

Stadtansicht Siegen, kol. Lithographie, Richter 1839

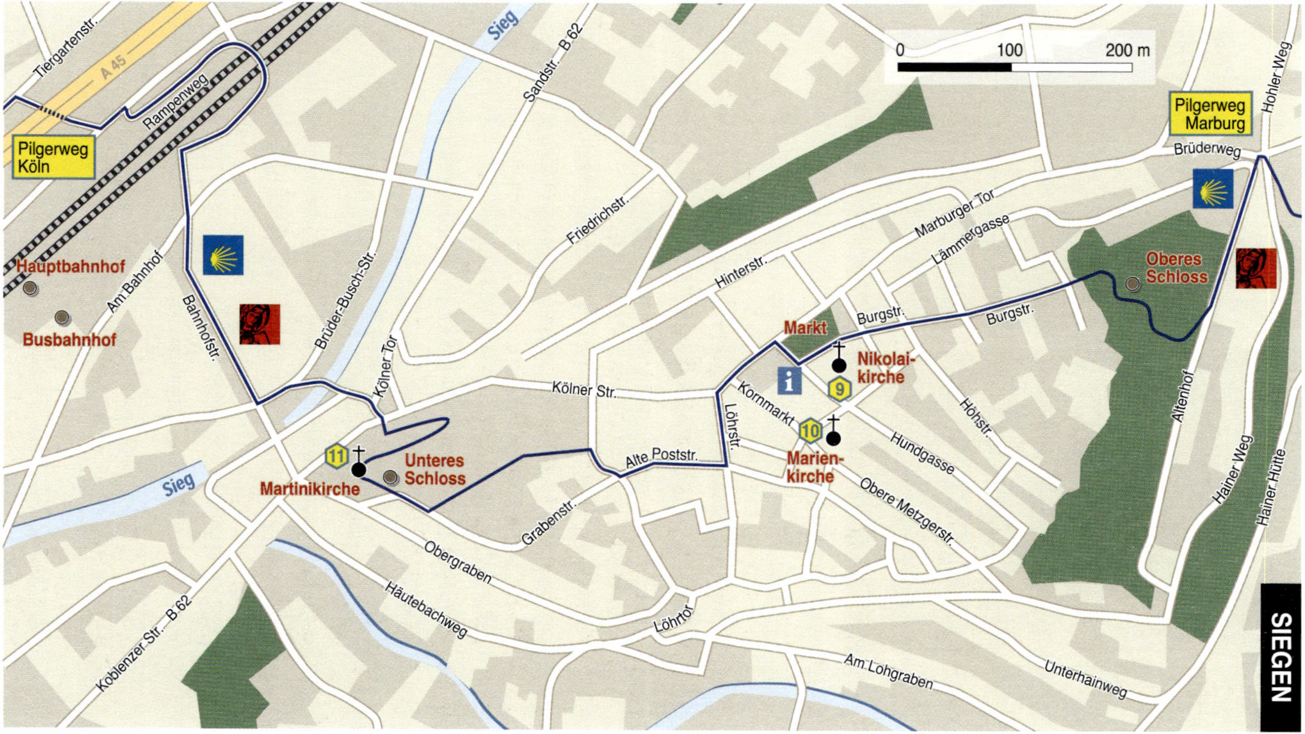
SIEGEN
0
100
200 m
Pilgerweg Marburg
Pilgerweg Köln
Hohler Weg
Brüderweg
Oberes Schloss
Altenhof
Hainer Weg
Hainer Hütte
Marburger Tor
Lämmergasse
Hinterstr.
Burgstr.
Markt
Nikolai-kirche
9
Kornmarkt
10
Marien-kirche
Höhstr.
Hundgasse
Obere Metzgerstr.
Löhrstr.
Alte Poststr.
Kölner Str.
Friedrichstr.
Sandstr. B 62
Sieg
Brüder-Busch-Str.
Kölner Tor
Unteres Schloss
11
Martinikirche
Grabenstr.
Obergraben
Häutebachweg
Löhrtor
Am Lohgraben
Unterhainweg
Koblenzer Str. B 62
Bahnhofstr.
Am Bahnhof
Hauptbahnhof
Busbahnhof
Rampenweg
Tiergartenstr.
A 45

Oberes Schloss und Taufbecken der Martinikirche, Siegen

dete sich im Bereich der Stadterweiterung ein geistliches, wirtschaftliches und administratives Zentrum heraus. Die 1224 bezeugte Teilung der Stadtherrschaft zwischen dem Haus Nassau und dem Erzstift Köln begründete eine bis 1414 bestehende Doppelverwaltung, die Auswirkungen auf die Geschichte und die kulturellen Verbindungen des gesamten Siegerlandes hatte.

Siegen wurde zu einem Zentrum des Handels. In drei sogenannten Hüttenvororten außerhalb der Stadtmauer entwickelte sich Eisen- und Lohgerbergewerbe. Durch die Einbeziehung der Martinikirche in die Befestigungsmauern wurde die Stadt militärisch verstärkt. Ein Beleg aus der Zeit um 1600 zählt Siegen zu den 24 wichtigsten „Haupt- und Handelsstädten Europas".

Mit dem Ende der Doppelherrschaft traten die Grafen von Nassau als alleinige Stadtherren in Erscheinung. Durch Konfessionswechsel wurde die Stadt 1530 lutherisch und um 1580 reformiert. 1607-1743 war Siegen Residenzort des Hauses Nassau-Siegen, das sich 1623 in eine ältere katholische Linie auf dem Oberen Schloss und in eine jüngere reformierte Linie teilte. Für Letztere wurde das ehemalige Franziskanerkloster nahe der Martinikirche u. a. mit einer prunkvollen Gruftanlage ausgebaut. Hier entstand bis 1721 das Untere Schloss, welches das Obere Schloss an Repräsentativität übertreffen sollte. 1652 erhob der Kaiser die beiden Zweige Nassau-Siegens in den Fürstenstand. 1743, nach dem Aussterben des Hauses, verlor die Stadt ihre Residenzfunktion. Sie wurde Sitz eines nassauischen Amtes und

1815 preußische Kreisstadt. Ein Bombenangriff im Dezember 1944 legte fast die gesamte Altstadt in Trümmer. Straßenzüge mit verschieferten Fachwerkhäusern haben sich bei der Marienkirche erhalten. 1972 wurde Siegen Hochschulstadt, wobei Ausbildungsschwerpunkte der Universität Maschinenbau, Informatik, Neue Medien und Wirtschaftsrecht sind.

Altstadt Siegen

9 *Nikolaikirche*

Oberhalb des Marktplatzes erhebt sich die Nikolaikirche. Das Patrozinium zeigt eindeutig ihre Funktion als Seelsorgestätte der Kaufleute: Der Legende nach hatte der hl. Nikolaus als Bischof von Myra reisende Händler aus einem Seesturm in der Ägäis gerettet. Nachdem die Gebeine 1087 nach Bari in Süditalien überführt worden waren, verbreitete sich seine Verehrung im gesamten Abendland. Besonders im mittel-, ost- und norddeutschen Raum wurden in den Kaufmannsquartieren der Städte Pfarrkirchen errichtet, die dem hl. Nikolaus geweiht sind.

Zwar ist die Nikolaikirche erst 1317 urkundlich belegt, doch ihre Bausubstanz und die topografische Situation beweisen eine frühere Entstehung. Es handelt sich um einen spätromanischen Zentralbau mit mächtigem Westturm und dreischiffigem Hallenchor. In der Abfolge Turm, Polygon und Chor zeigt sich die Orientierung am Aachener Münster. Nicht weniger ungewöhnlich ist die Bauform des Hallenchores. Die südwestfälische Hallenbaukunst des späten 12. und frü-

Krone der Nikolaikirche in Siegen von 1658

hen 13. Jh. stellt neben Aachen ein zweites Vorbild für die Architektur der Nikolaikirche dar. Im 15. Jh. wurde der Turm spätgotisch erneuert, im 17. Jh. erhielt er ein niedriges Geschoss mit Türmerwohnung und barocker Laternenhaube. Die vergoldete Krone auf der Wetterstange stammt aus Portugal und weist auf die Erhebung des Grafenhauses in den Fürstenstand hin. Für die Einheimischen ist sie heutzutage das Wahrzeichen ihrer Stadt.

10 *Pfarrkirche St. Mariä Himmelfahrt*

Die ehemalige Jesuitenkirche ist heute die katholische Pfarrkirche der Stadt. 1626 stellte der zur katholischen Konfession konvertierte Graf Johann d. J. von Nassau-Siegen eine Stiftungsurkunde für ein Kolleg der Societas Jesu aus. Nach einer Unterbrechung im Dreißigjährigen Krieg wirkten die Jesuiten seit 1651 wieder in der Stadt. Ihr Kolleg befand sich unterhalb des Oberen Schlosses, in dessen Mauern sie eine Schule führten. Als die für katholische Gottesdienste verwendete Kirche des ehemaligen Franziskanerklosters niederbrannte und der alte Kirchenstandort für den Schlossneubau benötigt wurde, errichteten die Jesuiten in den Jahren 1702-24 etwas oberhalb des alten Standortes ein neues Gotteshaus. Die Pläne stammten von dem Ordensbruder Anton Hülse, einem überaus fähigen Baumeister, der über gute Kenntnisse der Jesuitenarchitektur des 16. und 17. Jh. verfügte. 1672-76 lebte Hülse im Kölner Jesuitenkolleg, aber er kannte auch Il Gesu, die Kirche der Ordenszentrale in Rom. 1682 wurde Hülse mit einem Kirchenneubau für seinen Orden in Paderborn betraut. Anschließend vollendete er bis 1710 die ins Stocken geratenen Arbeiten an der Jesuitenkirche in Coesfeld, für die er einen Wandpfeilerraum mit gotisierenden Kreuzrippengewölben entwarf. Denselben Plan verwendete er auch für die Jesuitenkirche in Siegen. In der Architektur von St. Mariä Himmelfahrt lassen sich

St. Mariä Himmelfahrt, Siegen

somit zwei Einflüsse erkennen: einerseits die Nachgotik der Kölner Jesuitenkirche, von der auch das Patrozinium übernommen wurde, andererseits die Innenaufteilung von Il Gesu. Hülses Kirchenbau gilt aufgrund seiner „Synthese aus Wandpfeilerbau und nachgotischen Bauelementen als Beispiel einer idealtypischen Jesuitenkirche überhaupt" (Jochen Luckhardt).

11 *Martinikirche*

Martinikirche, Siegen

Seit Beginn des 13. Jh. ist Siegen als Sitz eines Kirchspiels bezeugt. Ansonsten ist im Siegerland die dermaßen frühe Erwähnung einer Pfarrei nur noch für Netphen belegt. Die Martinikirche ist das älteste Gotteshaus Siegens. Sie wird zwar erst 1311 erstmals erwähnt, dürfte jedoch auf einen frühmittelalterlichen Ursprungsbau zurückgehen. Ein bei Grabungen aufgefundenes Fußbodenmosaik, das sich heute im nördlichen Seitenschiff befindet, gehört wohl noch der Zeit vor 1100 an. Bei den Ausgrabungen konnte auch eine dreischiffige Kirche des 12. Jh. ohne Querhaus mit einer Dreiturmanlage im Westen und zwei Chorflankentürmen entdeckt werden. Dem Typus nach erinnert dieser Bau an eine Stifts- oder Klosterkirche. Womöglich war hier ein Kollegiatstift ansässig, dessen Kanoniker Siegen und sein Umland betreuten. Im 13. Jh. wurde der Bau durch eine spätromanische Pfeilerbasilika von kleinerem Format ersetzt. Inzwischen hatte die Nikolaikirche einen Großteil der pfarrlichen Aufgaben von der Martinikirche, die erst um 1500 in den Mauerring einbezogen wurde, übernommen. Im Kern der bestehenden Kirche sind Teile des spätromanischen Baus erhalten: das Stufenportal der Westfassade, die weiten Spitzbogenarkaden des Mittelschiffs sowie ein runder Treppenturm an der nordwestlichen Gebäudekante. Zwischen 1511 und 1517 erfolgte ein durchgreifender Umbau zur spätgotischen Stufenhalle. Nach Brandschäden im Zweiten Weltkrieg wurde die äußere Erscheinung wieder hergestellt, das Innere jedoch vereinfacht, indem man die Netzgewölbe durch Flachdecken ersetzte.

Die Familie Rubens in Siegen

Peter Paul Rubens (1577-1640) gehört zu den bedeutenden Barockmalern Europas. In Italien studierte er die Werke Tizians und Carraccis. Nach seiner Rückkehr gründete er in Antwerpen eine gut gehende Werkstatt. Ein großer Auftrag Ludwigs XIII. von Frankreich machte ihn europaweit bekannt. Weitere Verpflichtungen, verbunden mit diplomatischen Aufgaben, führten ihn an die Königshöfe von London und Madrid. Seine Kunst ist durch einen überaus stofflichen Realitätsgehalt und eine ungestüme Dramatik gekennzeichnet. Am 28. Juni 1577 kam der flämische Maler in Siegen zur Welt. Sein Vater, Jan Rubens, war ein gelehrter Calvinist aus Antwerpen, der Ende 1568 mit seiner Familie vor den spanischen Truppen des Herzogs von Alba nach Köln ausgewichen war. Hier war er u. a. der Rechtsbeistand von Anna von Sachsen, der Gemahlin des Prinzen Wilhelm von Oranien. Die Prinzessin versuchte, die durch Alba beschlagnahmten Familiengüter freizubekommen, wobei Jan Rubens sie unterstützte. Auf einer Reise von Siegen über Marburg nach Kassel kam es im Gasthof von Straßebersbach zum Ehebruch. „Wir näherten uns dichter", so gab Jan Rubens später zu Protokoll, „und lagen zum ersten Mal beisammen auf dem Bettende. Sie sagte: Seht Euch vor, dass das Bett nicht verwühlt wird." Doch es geschah mehr als das: Anna wurde schwanger. Wilhelm von Oranien schickte seine Frau umgehend nach Sachsen zurück, wo ihre Angehörigen sie internierten. Hier starb sie nach sieben Jahren. Jan Rubens rettete seinen Kopf, indem er Belastungsmaterial für die vom Prinzen angestrebte Ehescheidung lieferte. Nach drei Jahren Kerkerhaft in Dillenburg kam er mit der Auflage frei, in der Grafschaft Nassau-Dillenburg seinen Wohnsitz zu nehmen. Seine Frau hatte während der ganzen Zeit zu ihm gehalten und gebahr ihm in Siegen noch zwei Söhne, von denen Peter Paul der jüngere war. Nach dem Tod der Prinzessin Anna erhielt Jan Rubens die Erlaubnis, Nassau zu verlassen. Anfang 1578 zog die Familie wieder nach Köln.

Später, nachdem Peter Paul Rubens ein berühmter Maler geworden war, erinnerten sich die Grafen von Nassau-Siegen seiner Herkunft und sammelten Werke von ihm. Doch 1695 fielen die Bilder einem Stadtbrand zum Opfer. Das Geburtshaus in der Burgstraße wurde während eines Bombenangriffs im Dezember 1944 zerstört. Heute zeigt das Siegerlandmuseum im Oberen Schloss acht Werke des Meisters.

Peter Paul Rubens: Selbstportrait im Kreise der Mantuaner Freunde (Ausschnitt mit Bruder Philipp), 1602

Peter Paul Rubens: Die Kreuzigung Petri, St. Peter Köln

Siegen – Crottorf

23,5 km

Nach Überquerung der Sieg und der Eisenbahnanlagen folgt der Pilgerweg längere Zeit dem Hauptwanderweg X 19, der in gewundenem Verlauf den steilen Westhang des Siegtals bewältigt. Durch einen Mischwald führt der Weg zur Autobahnraststätte Siegerland, hinter der die Bundesautobahn 45, die sogenannte Sauerlandlinie, gekreuzt werden kann. Hinter dem reizvollen Ort Oberfischbach wird das ausgedehnte Gebiet des Berlinger Waldes durchquert, um anschließend nach Freudenberg, einer der schönsten Fachwerkstädte Deutschlands, zu gelangen. Über die Anhöhe von Hohenhain führt der Weg in den nördlichsten Zipfel von Rheinland-Pfalz, in das von einem malerischen Bachtal durchzogene Wildenburger Land. Hinter Friesenhagen, dem Hauptort dieser ehemals selbstständigen Herrschaft, gelangt man über einen Prozessionsweg in das enge Tal des Wildenburger Baches und nach Schloss Crottorf.

Die Etappe ist unterteilt in zwei Teilstrecken: 4 A von Siegen bis Freudenberg und 4 B von Freudenberg bis Crottorf.

Pilgerspuren ...

Pilgerweg

Elisabethpfad

Das Wildenburger Land, das zwischen 1636 und 1640 rekatholisiert wurde, weist örtliche Wallfahrtstraditionen auf, die von den Franziskanern in Friesenhagen initiiert worden sind. Seit dem 17. Jh. besuchten sie die Wallfahrtsstätten in Hamm an der Sieg und die Zisterzienserabtei Drolshagen.

Der Präses der Friesenhagener Franziskanerresidenz, Pater Ambros Pilgram, begleitete nach dem Vertragsschluss des Westfälischen Friedens 1648 den Landesherrn Johann Adrian von Hatzfeld-Wildenburg-Schönstein, den er 1640 zur Wiederannahme des katholischen Glaubens hatte bewegen können, auf dessen Pilgerfahrt nach Santiago de Compostela. Sie unternahmen die Reise, um Gott für die Wiederherstellung des Religionsfriedens in der Herrschaft zu danken. Wie der Totenrede entnommen werden kann, ist Pater Ambros in Spanien gestorben. Ein Jakobusaltar, der seit der zweiten Hälfte des 17. Jh. in der Pfarrkirche von Römershagen – ca. 3 km nördlich von Hohenhain – belegt ist, wird in der ortsgeschichtlichen Forschung auf diese Pilgerfahrt zurückgeführt. Es wird ver-

Links: Jakobus in St. Marien Römershagen

Friesenhagen

mutet, dass ein Pferdeknecht aus Römershagen, der Pater Ambros und Herrn Johann Adrian begleitet hat, eine (Berührungs-)Reliquie mit nach Hause brachte und damit die Altarweihe veranlasste.

Im Hochaltar der Pfarrkirche Friesenhagen von 1696 steht neben dem Kirchenpatron Sebastian der hl. Rochus. Die schweren Pestjahre 1665/66 begründen die Darstellung des Pestheiligen an dieser Stelle. Entsprechend der Legende, nach welcher der hl. Rochus sich auf einer Rompilgerfahrt die Pest zugezogen hatte und auf wundersame Weise geheilt worden war, ist Rochus in Pilgerkleidung dargestellt und weist auf seine Pestwunde am Bein. Die unweit von Friesenhagen westlich der Wildenburg gelegene Rochuskapelle ist aus demselben Anlass errichtet worden.

Amtsbezirk Freudenberg, gezeichnet 1816

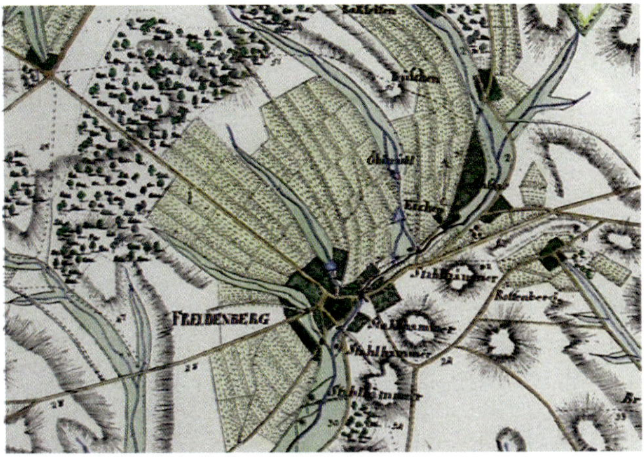

Siegen – Freudenberg

Wegbeschreibung und Hinweise

16,5 km

Schwierigkeitsgrad: leicht bis mittel, der heftige Anstieg aus dem Siegtal wird durch die Windungen des Wanderweges X 19 entschärft, bis zur Autobahn und ab Oberfischbach unbefestigte Waldwege, dazwischen eine asphaltierte Strecke.

Ausgangspunkt Nikolaikirche Siegen: Über den Markt, Markt-, Löhr-, Alte Poststraße und den Hof des Unteren Schlosses zur Martinikirche, durch die Bahnhofstraße zum Hauptbahnhof. Dort rechts, dann links die Bahngleise unterqueren. Danach rechts in den Wanderweg **X 19** über die Sieghänge **(1)** nach Freudenberg. Hinter der Autobahnraststätte Siegerland Ost wird auf einer Brücke die Autobahn A 45 gequert, ein kurzes Stück nach rechts, entlang der L 907 und sogleich links in Richtung Heisberg. Kurz vor dem Ort links in Richtung Oberfischbach. An der Kirche von Oberfischbach **(2)** zuerst bergan und anschließend rechts durch den Wald **(3, 4)** nach Freudenberg **(5)**.

Für Fahrräder: Hinter der Bahnüberführung nach rechts durch das Alchetal bis Seelbach. In Seelbach links abbiegen zur Autobahnraststätte Siegerland, von wo aus Fuß- und Fahrradroute wieder identisch sind.

„Es ist besser umbkehren, als stets irr gehen." Kupferstich von M. Merian in „Politisches Schatzkästlein", 17. Jh.

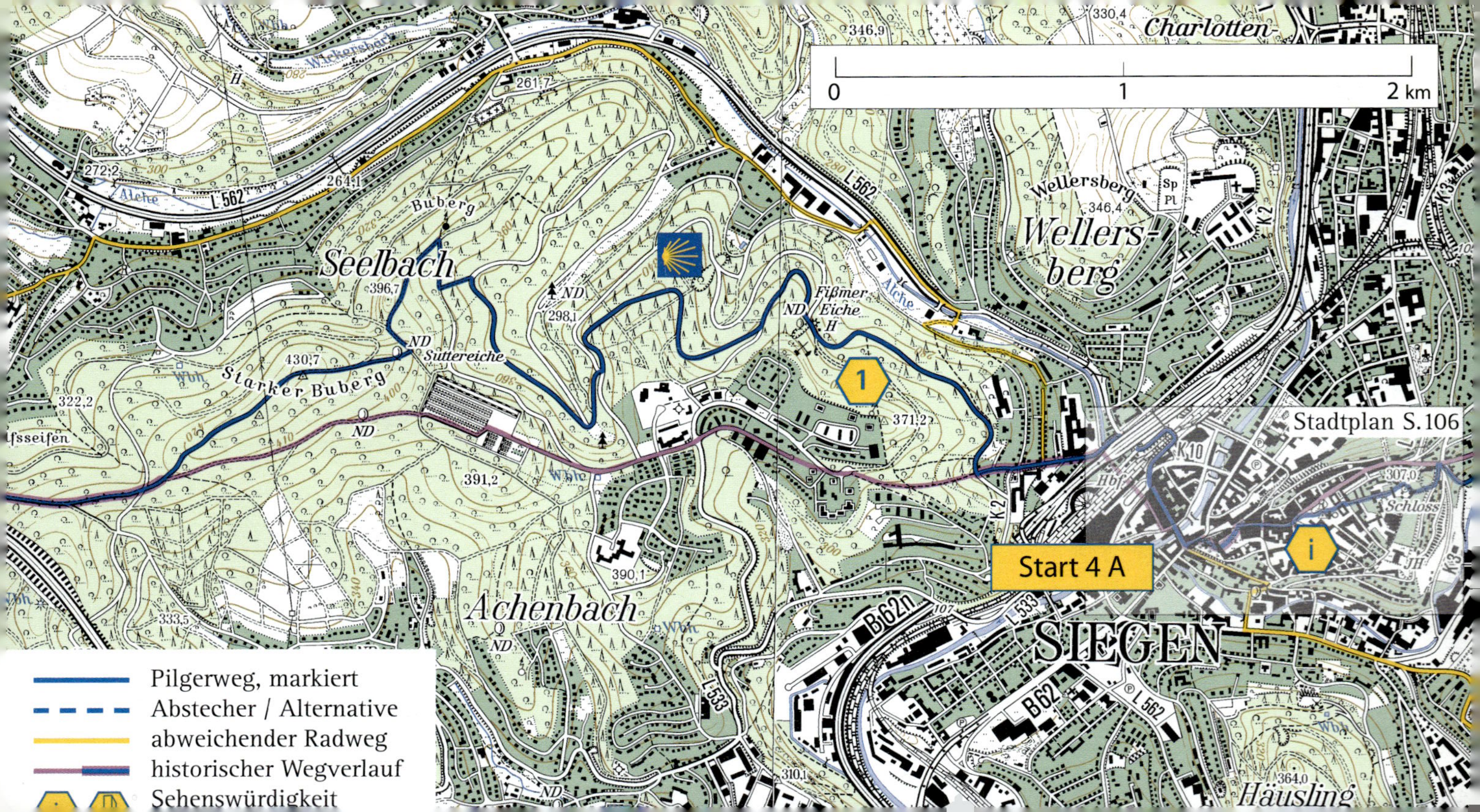

0
1
2 km
Stadtplan S.106
Start 4 A
SIEGEN
Wellers-berg
Wellersberg
346,4
Charlotten-
Seelbach
Buberg
396,7
Suttereiche
Starker Buberg
430,7
Fißmer Eiche
Achenbach
391,2
390,1
298,1
371,2
261,7
264,1
272,2
322,2
333,5
346,9
330,4
307,0
364,0
310,1
Häusling
Schloss
Alche
L 562
L 533
B 62
B62n
K 2
K 10
Hbf
Pilgerweg, markiert
Abstecher / Alternative
abweichender Radweg
historischer Wegverlauf
Sehenswürdigkeit

1 *Zeitzeugnisse im Siegener Stadtwald*

Im Siegener Wald fallen rechts und links des Weges immer wieder kreisrunde Vertiefungen auf. Während in der Stadt die Lücken, die der Zweite Weltkrieg hinterlassen hat, weitestgehend durch Neubauten geschlossen wurden, zeugen diese Bombentrichter noch heute eindringlich von der Bombardierung Siegens, das aufgrund seiner kriegswichtigen Industrie und den in der Nachbarschaft des Waldes gelegenen Kasernen stark betroffen war.

Bevor der Weg an einem Brunnen vorbeiführt, ist am Hang eine künstliche Aufschüttung zu erkennen. Darüber ist im Gelände noch deutlich die Schürfstelle sichtbar, an der nach Eisenerz gegraben wurde. Der Abraum wurde hangabwärts abgeladen und bildete mit der Zeit diesen Hügel.

Jenseits des Brunnens steht an der folgenden Kreuzung eine circa 150 Jahre alte Eiche. Diese sogenannte Fißmer-Eiche soll die Erinnerung an Alfred Fißmer (1878-1966) wach halten, der 1919-45 Oberbürgermeister der Stadt Siegen war. Der parteilose Jurist wurde nach der Weimarer Verfassung vom 11. August 1919 auf der Grundlage der ersten demokratischen Kreisverfassung in direkter Volkswahl zum

„Plan vom siegerischen Territorio" (Ausschnitt), 1809

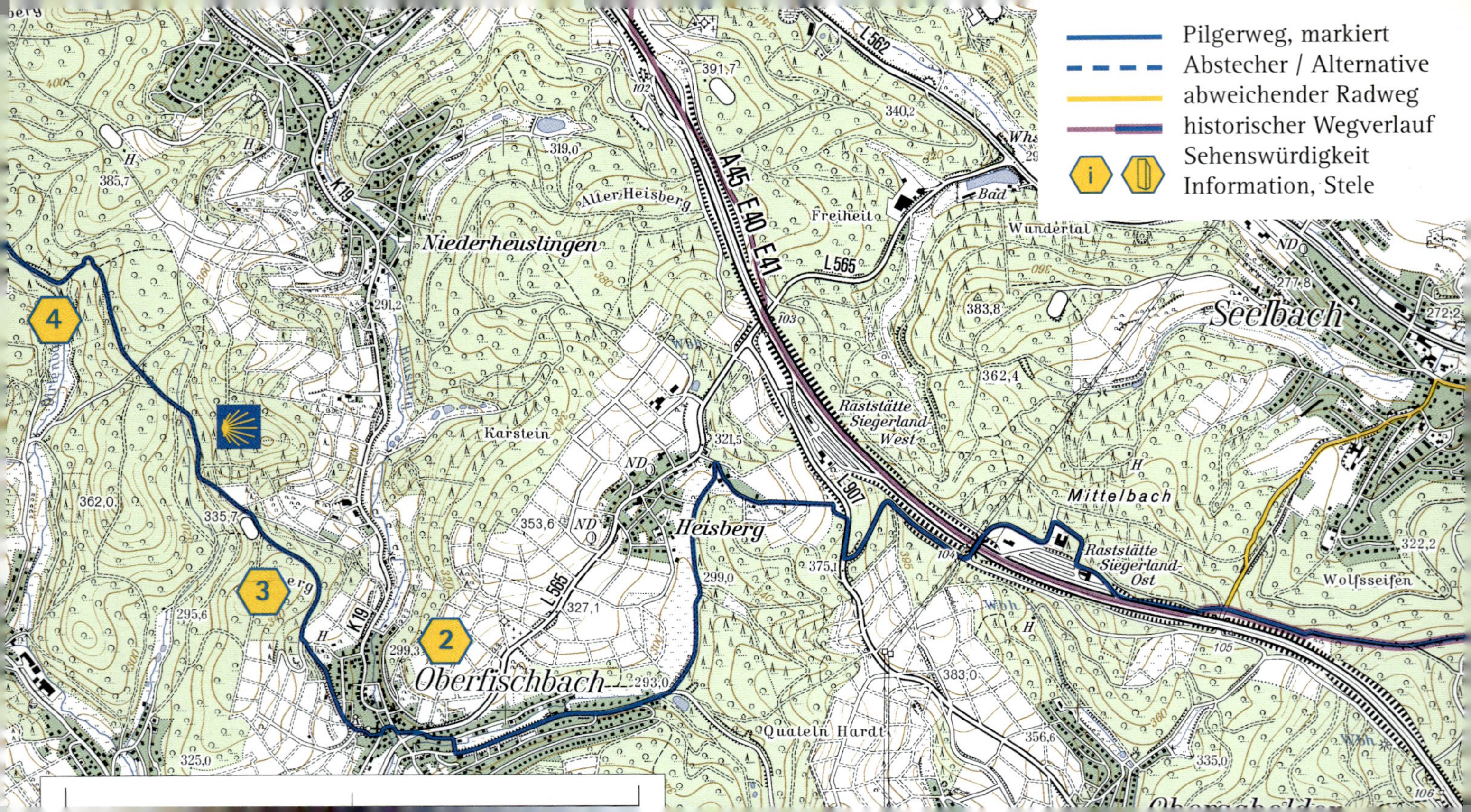

Pilgerweg, markiert
Abstecher / Alternative
abweichender Radweg
historischer Wegverlauf
Sehenswürdigkeit
Information, Stele
Seelbach
Niederheuslingen
Oberfischbach
Heisberg
Mittelbach
Alter Heisberg
Freiheit
Wundertal
Karstein
Quateln Hardt
Wolfsseifen
Raststätte Siegerland-West
Raststätte Siegerland-Ost
A45 E40 E41
L 565
L 907
L 562
K19

Bürgermeister gewählt. Unter ihm wurde Siegen 1923 kreisfreie Stadt und er damit Oberbürgermeister. Die Fißmer-Eiche ist eine der 18 Eichen, die als Naturdenkmäler in der Gemarkung Siegen geschützt sind (s. S. 69). Besonders zur Markierung von Grenzpunkten – zum Beispiel der Hauberge – wurden vor der Einführung der Grenzsteine oft Eichen gepflanzt, die aus dem restlichen Bestand herausragten. Aus den Akten über die Errichtung der Kirche von Oberfischbach Ende des 18. Jh. geht hervor, dass ein Viertel der Baukosten von 4.321 Talern durch den Verkauf von Grenzeichen, sogenannter Mahlbäume, finanziert wurde, weil die Kirchengemeinde sie allein nicht aufzubringen vermochte.

2 Oberfischbach

Die Entstehung des Kirchdorfs Oberfischbach weist Parallelen zu Irmgarteichen auf: Einige Grundherren bauten bei einem ihrer Höfe eine Eigenkirche, an der später ein Ort entstand. Noch 1566 besaßen die Grafen von Sayn und die Herren von Holdinghausen jeweils einen Hof in der Nähe der Kirche. Auch die Pächter der benachbarten Bickenschen Höfe in Heisberg, Ober- und Niederheuslingen scheinen von hier seelsorgerisch betreut worden zu sein. Zudem entwickelten sich auch aus diesen Höfen eigenständige Ortschaften, die aus der Gemarkung Oberfischbach ausgegliedert wurden. Die Johanneskirche dürfte somit auf das 13. Jh. zurückgehen. Der heutige Kir-

Johanneskirche, Oberfischbach

Oberfischbach

chenbau wurde 1793-96 von dem Maurermeister Johann Dietrich Kalteich nach Entwürfen des Dillenburger Baumeisters Johann Friedrich Sckell völlig neu errichtet. Es handelt sich um einen frühklassizistischen Saalbau mit hohen Rundbogenfenstern und polygonalem Chorabschluss. Im Westen trägt das Schieferdach einen Dachreiter mit Haubenbekrönung und im Inneren der reformierten Predigtsaalkirche sind die Kanzel von 1795, deren Schalldeckel Einlegearbeiten aufweist, sowie ein Orgelaltar des frühen 19. Jh. mit klassizistischem Prospekt erwähnenswert. In der funktionalen Zuordnung dieser Ausstattungsstücke zum Raum wird der Zusammenhang von Wortverkündigung, Abendmahlfeier und musikalischem Gotteslob im reformierten Liturgieverständnis auch räumlich erfahrbar.

Oberfischbach weist ein geschlossenes Ortsbild mit vorwiegend traufständigen Fachwerkhäusern auf, wobei die Gebäude mit ihrer Längsseite, der Traufseite, zur Straße stehen. Gut zu erkennen ist die unverbaute Einbettung des Ortes in die Landschaft mit ihren Wiesen, Ackerfluren und Waldungen.

3 Der Niederwald – eine historische Waldnutzungsform

Seit jeher ist das Siegerland sehr waldreich und auch heute werden noch mehr als zwei Drittel seiner Fläche waldbaulich genutzt. Der gewaltige Holzkohlenverbrauch der Verhüttung erforderte jedoch schon zur Zeit der keltischen Eisenschmelzer vor rund 2.500 Jahren eine Form der Forstwirtschaft, die mehr Massenzuwachs bot: den

Stockausschlags- oder Niederwald. Die Haubergswirtschaft (s. S. 81) ist eine Form der Niederwaldnutzung.

Im Unterschied zum Hochwald, dessen Bestände sich über 90-150 Jahre aus Samen bzw. Setzlingen entwickeln, entsteht der Niederwald auf vegetative Weise aus den Wurzelstöcken. Im 18- bis 20-jährigen Umtrieb wird der Stockausschlag, der aus dem Schaft erwächst, der nach dem Hieb verbleibt, geerntet. Von Natur aus würde sich auf den sauren Böden über Schiefer- und Grauwacke des Siegerlandes ein artenarmer Hainsimsen-Buchenwald (Luzulo-Fagetum) entwickeln. Doch da die Rotbuche sich kaum aus dem Stock heraus verjüngt, hat die Niederwaldnutzung zu Ersatzgesellschaften mit ausschlagsfreudigen Arten geführt. So wachsen auf den alten Niederwaldflächen inzwischen hauptsächlich Eichen und Birken, daneben aber auch Hasel und Erlen. Nur die Krautschicht verrät noch den ehemaligen Buchenwald-Standort.

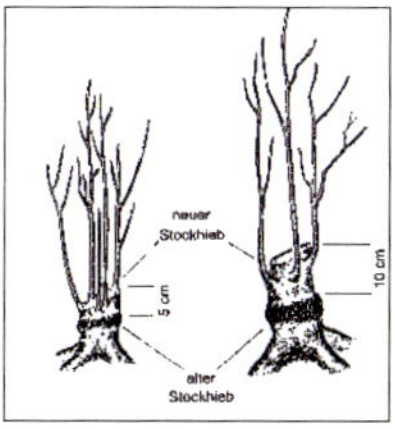

Schemazeichnung des „Auf-den-Stock-Setzen“

Ein weiterer Unterschied zum Hochwald ist die besonders hohe Artenvielfalt der Niederwälder. Mit dem zeitlich und örtlich versetzten Mosaik von Kahlschlag-, Strauch- und Dickungsstadien treten nah beieinander Pflanzen-, Pilz- und Tierarten sowohl der Wald- als auch der Offenlandgesellschaften auf. Vor allem die jungen Einschlagsflächen mit Fingerhut, Besenginster, Johanniskraut, Salbeigamander und Wiesenwachtelweizen bieten ein heideartiges Landschaftsbild.

Der Anteil der Niederwälder ist seit 1860, als noch 83 Prozent als Hauberge bewirtschaftet wurden, auf 32 Prozent zurückgegangen,

Niederwaldform Hauberg mit Fingerhut

von denen aber nur noch 10 Prozent im Niederwaldbetrieb zur Brennholzgewinnung genutzt werden. Für große Teile des einstigen Eichen-Birken-Niederwaldes besteht somit die Gefahr, dass sie vergreisen und nicht mehr in den Wurzelstockbetrieb überführt werden können. Darum wurde in den letzten Jahren im Kreis Siegen-Wittgenstein damit begonnen, Waldbereiche mit staatlicher Unterstützung nach fachlichen Vorgaben zu bewirtschaften. So können wenigstens auf einem Teil der Flächen die typischen und seltenen Arten dieser historischen Waldwirtschaftsform überdauern und sich erneut ausbreiten, für den Fall, dass die Brennholzgewinnung wieder wirtschaftlich lohnenswert werden sollte.

4 Naturschutzgebiet Dirlenbachtal

Auf halbem Weg zwischen Oberfischbach und Freudenberg queren wir das landschaftlich reizvolle Tal des Dirlenbachs. Im Jahre 2003 wurde es im Rahmen des Landschaftsplans Freudenberg von seinen Quellläufen im Freudenberger Wald bis zum Ort Dirlenbach im Süden unter Naturschutz gestellt. Ausschlaggebend dafür war neben dem Ziel der Erhaltung des offenen Wiesentals inmitten der waldreichen Umgebung auch seine Wiederherstellung.

Der Dirlenbach bietet mit seiner Naturnähe seltenen Tieren wie der Blauflügel-Prachtlibelle, der Bachforelle und der Elritze eine Hei-

Dirlenbachtal mit blauer Prachtlibelle und Wasseramsel

0
1
2 km
Start 4 B
Ziel 4 A
FREUDENBERG
Freilichtbühne
Oberheuslingen
Niederheuslingen
Bottenberg
Hühnerberg
Häseler Kopf
Kuhlenberg
Birkenberg
Rimberg
Wolfshecke
Eichen
Bad
Anstoß
Wilhelmshöhe
AS 20 Freudenberg
Lindenberg
Forsthaus Freudenberg
Schanze
Alte Heide
Gambach
K 20
K 21
K 19
L 562
L 512
6
5
i
Pilgerweg, markiert
Abstecher / Alternative
abweichender Radweg
historischer Wegverlauf
Sehenswürdigkeit
Information, Stele

Fachwerk im Siegerland

Im Fachwerkbau stellt das Siegerland eine Übergangszone zwischen dem niederdeutschen Dielenhausgerüst mit seiner Wandständerkonstruktion und dem mitteldeutschen Ernhaus mit seiner Stockwerkbildung dar. Besonders prägnant lässt sich diese Situation in Freudenberg beobachten, wo parallel vier unterschiedliche Konstruktionsarten vorkommen:

1. Das reine Ständerhaus mit wandhohen Stielen (vertikalen Stützen).
2. Das Ständerhaus mit wandhohen Hauptstielen an den Gebäudekanten und geschosshohen Zwischenstielen.
3. Das riegellose Fachwerkhaus, bei dem horizontale Verriegelungen aus Gründen der Holzersparnis fehlen.
4. Der Stockwerkbau mit einer kräftigen Horizontalgliederung aus durchlaufenden Balken, wie er im hessisch-fränkischen Fachwerkbau üblich ist.

Die meisten Häuser in Freudenberg gehören der ersten Konstruktionsart an, wodurch sich ein konservativer Zug im Siegerländer Fachwerk offenbart. Der Ständerbau ist technisch weniger kompliziert, bot jedoch gegenüber der weiterentwickelten Stockwerkbauweise den Nachteil, dass sich die wandhohen Balken beim Bau weniger gut handhaben ließen. Tatsächlich erweisen sich die Ständer an vielen Häusern des „Alten Fleckens“ als grobe, unförmig behauene Balken. Die aufwändigen und reicher dekorierten Häuser hingegen, die in bevorzugter Stadtlage an der Markt- und der Oranienstraße stehen, wurden ausschließlich in der modernen, technisch anspruchsvolleren Stockwerkbauweise errichtet.

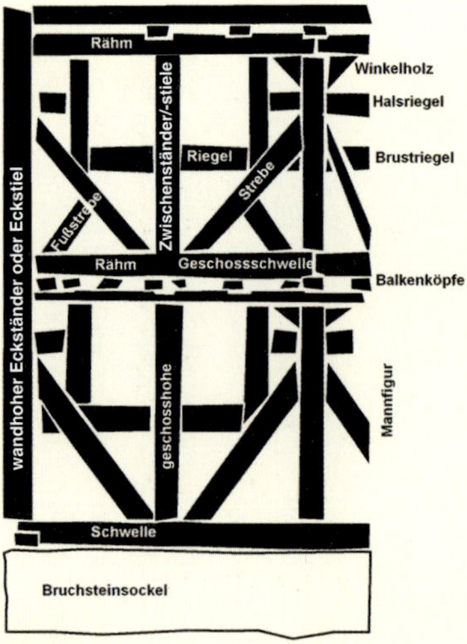

In der ländlichen Fachwerkarchitektur wird die Übergangsstellung am sogenannten Siegerländer Haus sichtbar. Es handelt sich um ein Eindachhaus, das Merkmale der niederdeutschen Hallenhausbauweise aufgreift. In seiner Ursprungsform ist es giebelseitig erschlossen, wird durch eine Längsdiele in Wohn- und Wirtschaftszonen unterteilt und bildet mit Wohnung, Stall und Erntebergungsräumen unter einem Dach eine Funktionseinheit. Eine jüngere Variante wird traufständig mit einer Querdiele erschlossen. Das Siegerländer Haus ist seit dem 17. Jh. nachweisbar und im nördlichen und mittleren Siegerland sowie im nördlichen Dillgebiet bis zur Dietzhölze verbreitet. Da die wirtschaftlichen Voraussetzungen im Siegerland bescheidener waren als in Norddeutschland, hat es ein kleineres Format als sein niederdeutsches Vorbild. Hinsichtlich der Konstruktion kommen Gerüste nach Art der Vierständer-Längsdielen-Häuser Norddeutschlands am häufigsten vor. Im Aufriss erinnert das Siegerländer Haus mit Geschossriegeln und Verstrebungen mehr an mitteldeutsche Fachwerkbauten. Beispiele dafür finden sich entlang des Pilgerweges in Rittershausen (Abb. S. 82) und Oberfischbach.

Eckständerbau (linke Seite) und Stockwerkbau in Freudenberg

mat. Mit etwas Glück kann der Wanderer hier die Wasseramsel beobachten, die an ihrem Wippen („Knicksen") mit aufgestelltem Schwanz zu erkennen ist. Die besondere landschaftliche Eigenart und Schönheit dieses Mittelgebirgstals mit seinen Feucht- und Magerwiesen, seinen Seggen- und Binsensümpfen kann langfristig nur gewahrt werden, wenn es kontinuierlich genutzt wird. In der Nähe des Dorfes Dirlenbach ist dies noch der Fall, sodass hier aufgrund der Weidenutzung auch zahlreiche überregional bedeutende Pflanzenarten erhalten bleiben. Mit zunehmender Entfernung vom Ort nehmen die Grünlandbrachen und die Fichtenaufforstungen im Tal jedoch zu und die Artenvielfalt schwindet. Im Interesse des Landschafts- und Naturschutzes sollen auch diese Flächen demnächst wieder im Rahmen des Vertragsnaturschutzes offen gehalten werden.

5 Freudenberg, Alter Flecken

Im 14. Jh. gründeten die Grafen von Nassau die Burg Freudenberg auf einem Sporn über dem Weibetal. Im Osten der Burg entstand auf einer kleinen Terrasse eine Burgmannensiedlung, deren Einwohnern Graf Johann von Nassau-Vianden und Dietz 1456 das Bürgerrecht bestätigte. Die dadurch zum „Flecken" (eine Rechtsstellung zwischen Dorf und Stadt) erhobene Siedlung, nach welcher der historische Stadtkern heute noch „Alter Flecken" heißt, wurde 1540 bei einem Brand zerstört. Graf Wilhelm der Reiche ordnete die Neuanlage dann an einem anderen Standort an.

Das Besondere daran war, dass der Wiederaufbau einem einheitlichen Plan unterworfen wurde. Am Hang des Schlossbergs entwarf man anhand der Höhenlinien vier parallele Straßen in einer Länge von 105 bis 120 m. In ihrer Führung zeichneten sie das Relief des Hanges nach: Die Marktstraße war leicht konvex gekrümmt, die darunterliegenden Straßen gegenläufig konkav geschwungen. Eingegrenzt wurde das Bebauungsgebiet durch nördlich und südlich vorbeiführende Straßen, sodass ein geschlossener Stadtbereich entstand. An den Straßen wurden rechteckig zugeschnittene Baugrundstücke in einem Normalmaß von 30 Fuß (9,42 m) auf 45 Fuß (1.415 m) parzelliert. Im Allgemeinen forderte die damalige Bauordnung zwei Vollgeschosse in Fachwerk auf bruchsteingemauerten Kellern und steilen Satteldächern in einem Neigungswinkel von 52 Grad, die giebelständig zur Straße ausgerichtet waren. Die Keller ragten an der hangabwärtigen Seite aus dem Erdboden, waren mit Torbogen versehen und dienten als Stallungen. Die Stadtanlage wurde mit Mauer, Graben und Wall umgeben. In der Nähe der Burg wurde in den Jahren 1601-06 eine Kirche errichtet, die den oberen Teil des Bergfrieds als Glockenturm nutzte, während der untere Teil als Gefängnis diente.

Ein zweiter Großbrand zerstörte im Jahre 1666 den Flecken abermals, wobei nur das Haus Kölner Straße 3, am südwestlichen Rand gelegen, unversehrt geblieben sein soll. Der von Johann-Moritz von Nassau-Oranien geförderte Wiederaufbau der Ackerbürgerhäuser erfolgte innerhalb weniger Jahre auf den erhaltenen Kellergewölben nach den Bestimmungen von 1540. Die Neuerrichtung der Kirche konnte 1675 abgeschlossen werden. Als Resultat entstand ein deutschlandweit einmaliges Ensemble von geschlossener Einheitlichkeit. An der Südseite der begrenzenden Oranienstraße wurden zwischen 1739 und 1767 dreigeschossige Fachwerkhäuser errichtet, die das Gesamtbild städtebaulich schließen. Nach der Niederlegung der Stadtmauer wurde ab 1771 die Nordseite der Kölner Straße mit verschiefertem Fachwerk bebaut. Ab 1790 verlangte eine Brandschutzordnung, bei Neueindeckungen anstelle von Stroh ausschließlich Schiefer zu verwenden. Nach 1945 hat man vielerorts die Erdgeschosse des touristisch besuchten Ortes für Schaufenster aufgerissen und die Fassaden mit Werbeschildern verunstaltet. Um das Stadtbild zu bewahren, trat 1974 eine Ortssatzung in Kraft, die ein Jahr später durch einen Bebauungsplan ergänzt wurde. Beide Verordnungen waren die Voraussetzung für einen städtebaulichen Rahmenplan, der 1979 Rechtsgültigkeit erlangte.

Alter Flecken Freudenberg

Die Erweckungs- und Gemeinschaftsbewegung im Siegerland

Die
Pilgerreise
zu Wasser und zu Lande,
oder
Denkwürdigkeiten
der göttlichen Gnadenführung und Fürsehung
in dem Leben eines Christen, der solche, auch besonders
in seinen Reisen durch alle vier Hauptheile der Erde
reichlich an sich erfahren hat.

Von ihm selbst beschrieben
in Briefen
an einen seiner Christlichen Mitbrüder
in den Jahren 1797. und 1798.

Nürnberg,
im Verlag der Raw'schen Buchhandlung,
und in Comm[illegible]
bei Wittib Hutmacher zu M[illegible]im bei Köln am
Rhein, 179[illegible]

Freudenberg gehörte neben Elberfeld zu den Zentren der rheinisch-westfälischen Gemeinschaftsbewegung. In den von mehrfachen Konfessionswechseln betroffenen Territorien Nassau und Jülich-Berg verlangten die Menschen nach religiösem Halt, den ihnen die Pfarrseelsorge nicht immer geben konnte. Nach dem Vorbild von Gemeinschaften, die in der zweiten Hälfte des 18. Jh. im religiösen Notstandsgebiet Pennsylvanias entstanden waren, bildeten sich im Umkreis des Bergischen Landes, des Ruhrgebiets, des Siegerlandes und des nördlichen Westerwaldes evangelische Gesellschaften, die mit ihrer Missionsarbeit eine größere Öffentlichkeit ansprachen. Zu ihren Aufgaben gehörten Predigt, Schriftmission, Hausbesuch, Gespräch, Bibelkreis und Katechese, daneben in neuerer Zeit die Zeltmission. Prediger aus Deutschland, die sich einige Zeit in Nordamerika aufgehalten hatten, brachten den Gemeinschaftsgedanken in ihre Heimat zurück. Einer von ihnen war Johann Christian Stahlschmidt, der 1740 in Freudenberg als Sohn eines angesehenen Notars und Unternehmers zur Welt kam. Beeinflusst von den Schriften Jakob Böhmes und Gerhard Tersteegens reiste er 1770 nach Philadelphia, wo er beim reformierten Pfarrer der Stadt Theologie studierte. Nach eineinhalbjähriger Ausbildung und einer Anstellung als Hauslehrer wurde er zum Prediger ordiniert und übernahm mehrere Gemeinden im Umland von Yorktown zur geistlichen Betreuung. 1779 entschloss er sich, nach Freudenberg zurückzukehren. Durch einen Vetter gelangte er nach Elberfeld, wo er die Bekanntschaft von Kauf- und Kirchenleuten aus dem Umkreis Tersteegens machte. Mit ihnen gründete er 1799 die Elberfelder Missionsgesellschaft, aus der 1828 die Rheinische Missionsgesellschaft hervorgehen sollte. Bis 1824 unternahm Stahlschmidt Predigtreisen ins Bergische Land, an den Niederrhein und in die Niederlande. Bemerkenswert ist, dass Stahlschmidt sein Leben als Pilgerschaft verstand. Seine in Briefform verfasste Autobiographie hat er 1799 unter folgendem Titel veröffentlicht:

„Die Pilgerreise zu Wasser und zu Lande oder Denkwürdigkeiten der göttlichen Gnadenführung und Fürsehung in dem Leben eines Christen, der solche, auch besonders in seinen Reisen durch alle vier Hauptheile der Erde reichlich an sich erfahren hat."

Unter dem Begriff der Pilgerreise wird hier weniger ein Weg zu einer heiligen Stätte verstanden, sondern vielmehr der eigene Lebensweg, der von Gott begleitet zu einem erweckten und bekehrten Handeln verpflichtet. Über den Siegerländer Arzt Johann Heinrich Jung-Stilling, der das Vorwort zu Stahlschmidts Autobiographie geschrieben hatte, gelangte der Erweckungsgedanke ins Großherzogtum Baden, wo sich ein weiteres Zentrum ausbildete.

Die Aktivitäten Stahlschmidts zeigten auch in seiner Heimatstadt Wirkung. Er hatte in Freudenberg eine kleine, mystisch geprägte Gemeinschaft gegründet, die sich nach dem sonntäglichen Gottesdienst zur Lektüre geistlicher Bücher traf. Tillman Siebel, ein Großneffe Stahlschmidts, wandelte diesen Leseverein 1831 in einen Hilfsverein zur Unterstützung der Rheinischen Missionsgesellschaft um. 1852 war Siebel an der Gründung des „Vereins für Reisepredigt" beteiligt und rief außerdem die bis heute bestehende Zeitschrift „Der Evangelist aus dem Siegerlande" ins Leben.

Weitere Angehörige der Familie setzten das Werk fort: Noch bis 1942 widmeten sich die Brüder Jakob Gustav und Walther Alfred Siebel der Auslegung von Bibeltexten und einer Erforschung der Geschichte christlichen Lebens.

Freudenberg – Crottorf

Wegbeschreibung und Hinweise

7 km **Schwierigkeitsgrad:** leicht bis mittel, stetiger Anstieg auf unbefestigtem Waldweg bis Hohenhain, danach auf dem Fußweg entlang der Landstraße

Ausgangspunkt Evangelische Kirche Freudenberg: Von Freudenberg folgt der Weg weiter dem Wanderweg **X 19**. Unterhalb der Freudenberger Kirche verlässt der Weg den „Alten Flecken" durch die Straße Hinter der Kirche. Am Parkplatz zuerst links und dann rechts durch die Euelsbruchstraße in Richtung Klinikgelände. Von dort führt der Weg den Waldhang **(6)** hinauf zur Alten Schanze in Hohenhain **(7)**. Hier nach links parallel zur K 86 über Hammerhöhe bis zur Kapelle Zur Schmerzhaften Mutter **(8)**. Von der Kapelle geradeaus über den Blumenberg **(9)** zur St.-Anna-Kapelle **(10)** und zum Prozessionskreuz, von wo der Weg steil nach Friesenhagen **(11)** hinunterführt. In Friesenhagen am ehemaligen Franziskanerkloster nach rechts (◊**1**) und kurz vor der L 280 weiter geradeaus in den Prozessionsweg der „sieben Fußfälle" **(12)**. Am Friedhof rechts hinunter nach Crottorf **(13)**. Ein möglicher Abstecher führt geradeaus den Berg hinauf zur Heilig-Kreuz-Kapelle, anschließend wieder zurück bis zum Friedhof.

Für Fahrräder: Bis Friesenhagen sind Fuß- und Fahrradroute identisch, dann führt die Fahrradstrecke über die L 280 nach Crottorf.

Brücke über den Wildenburger Bach bei Schloss Crottorf

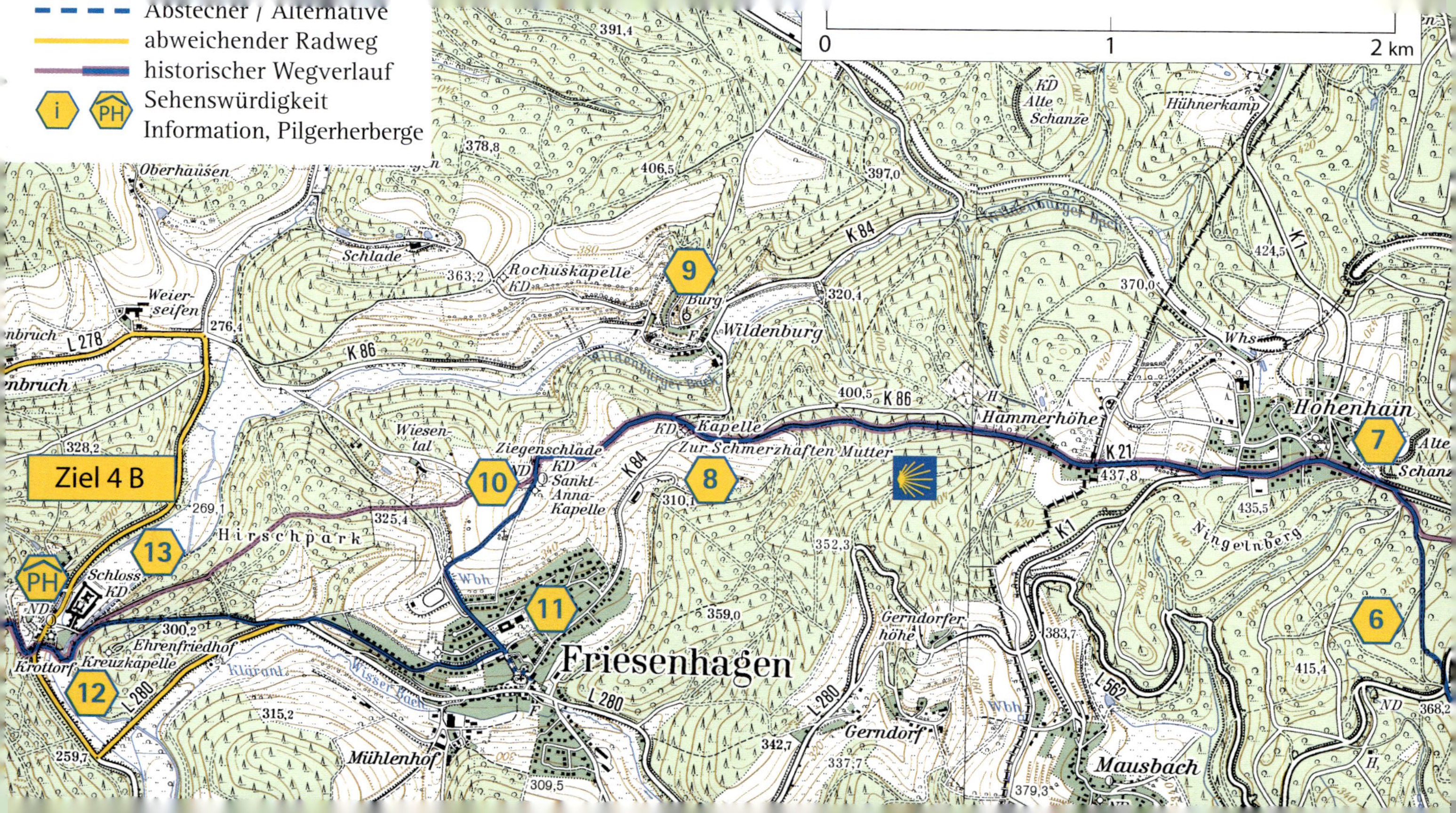

Abstecher / Alternative
abweichender Radweg
historischer Wegverlauf
Sehenswürdigkeit
Information, Pilgerherberge
0
1
2 km
Ziel 4 B
Friesenhagen
Hohenhain
Hammerhöhe
Wildenburg
Burg
Rochuskapelle
Schlade
Weierseifen
Oberhausen
Ziegenschlade
Sankt-Anna-Kapelle
Zur Schmerzhaften Mutter
Kapelle
Wiesental
Hirschpark
Schloss
Krottorf
Kreuzkapelle
Ehrenfriedhof
Wisser Bach
Mühlenhof
Gerndorf
Gerndorfer höhe
Mausbach
Ningelnberg
Hühnerkamp
Alte Schanze
K 84
K 86
K 21
K 1
L 278
L 280
L 562

6 Der Eulenbruchswald

Naturschutzgebiet Eulenbruchswald

Zwischen Freudenberg und Hohenhain durchquert der Weg das Naturschutzgebiet Eulenbruchswald. Zusammen mit dem nördlich der Kreisstraße liegenden Seelbruchswald wurde dieser Laubwald geschützt, weil er noch weitgehend der natürlichen Zusammensetzung entspricht. Der Weg führt überwiegend durch Buchenhochwälder, wie sie sich auch an Standorten entwickelt hätten, an denen durch die Haubergswirtschaft Eichen und Birken eine Ersatzgesellschaft gebildet haben (s. S. 123). Als Begleiter treten neben der Stiel- und der Traubeneiche auch die Eberesche und die Fichte auf. Aufgrund der Größe des Waldes und des Alters der Bäume sind andernorts gefährdete Höhlenbrüter wie Spechte, Kauze, Rotmilan und Waldschnepfen hier heimisch. Die Schutzgebietsverordnung sieht neben Erhaltungs- auch gezielte Pflege- und Entwicklungsmaßnahmen zur Optimierung des Eulenbruchswaldes vor. Außer der Umwandlung der eingestreuten Nadelholz- in Laubholzbestände gehören dazu auch die Reduzierung des Wildbestandes zur Förderung der Naturverjüngung und die Erhöhung des Alt- und Todholzanteils.

7 Alte Schanze in Hohenhain

Bevor der Pilgerweg vor Hohenhain auf die Kreisstraße 21 trifft, ist rechts im Wald eine wallartige Erhebung sichtbar. Sie gehört zum „Dicken Schlag" (Schlagbaum), einer ausgedehnten Befestigungsanlage, die sich nördlich der Kreisstraße fortsetzt. Sowohl die Schanzen als auch der Schlagbaum gehörten zur Siegener Landhecke, einer Wall-Graben-Anlage, die das Siegener Land vermutlich vollständig umgeben hat. Die noch gut erkennbaren Erdwälle waren ursprünglich mit einer undurchdringlichen Hecke aus dornigen Sträuchern und Hainbuchen, dem sogenannten Gebück, bepflanzt. Von

Reste der Wallanlagen in Hohenhain

Alte Schanze, Lageplan nach Siebel

1467 stammt eine Nachricht, dass die „slege", also der Schlagbaum, erneuert wurde. Der früheste feststellbare Wall innerhalb der Anlage wird in die Zeit der Soester Fehde (1444-49) datiert. Zu jener Zeit ist der Landheckenbau entlang der Grenzen Nassau-Dillenburgs durch die Grafen Johann IV. und Heinrich II. vorangetrieben worden, um Übergriffe auf nassauisches Territorium durch die böhmischen Söldner, die Kurköln gegen die Stadt Soest herangeführt hatte, zu verhindern. Drei dem Wall vorgelagerte Dreieckschanzen, die bereits Erkenntnisse des frühneuzeitlichen Festungsbaus aufgreifen, dürften nach 1568 entstanden sein, als Nassau-Dillenburg unter Johann VI. in den Freiheitskampf der Niederlande gegen Spanien verwickelt war. Nach dem Westfälischen Frieden von 1648 ist die Verteidigungsanlage zur Verkehrskontrolle genutzt worden. Aus westlicher Richtung trafen zwei Stränge der Brüderstraße vor der Schanze zusammen, um von der Wallanlage in ihrem weiteren Verlauf Richtung Freudenberg gebündelt zu werden. Noch 1808 ist auf einer Karte des Großherzogtums Berg ein Zollbüro eingetragen, das dann mit Gründung der preußischen Provinzen Rheinland und Westfalen geschlossen wurde. Heute verläuft bei Hohenhain die Landesgrenze zwischen Nordrhein- Westfalen und Rheinland-Pfalz.

8 Kapelle Zur Schmerzhaften Mutter

Kapelle Zur Schmerzhaften Mutter

Die Landschaftspunkte des Wildenburger Landes werden von vier Kapellen markiert, die nach der 1636 einsetzenden Rekatholisierung von den drei Linien des Hauses Hatzfeldt-Wildenburg gestiftet wurden: die Kapelle Zur Schmerzhaften Mutter von der Linie Weisweiler, die St.-Anna-Kapelle oberhalb von Friesenhagen von der Linie Werther, die Heilig-Kreuz-Kapelle auf dem Schnabelberg sowie die Rochuskapelle westlich der Burg von der Linie Crottorf-Gleichen. Damit zeigte sich, dass um die Wildenburg wieder eine katholische Sakrallandschaft entstanden war. An den drei Werktagen vor Christi Himmelfahrt, den sogenannten Bitttagen, ziehen auch heute Prozessionen von der Pfarrkirche Friesenhagen zu den Kapellen.

Die Kapelle Zur Schmerzhaften Mutter ist ein schlichter Putzbau mit vorkragendem Walmdach und kleinem Dachreiter. Sie steht an einer Stelle, an welcher der Hileweg, eine streckenweise mit der Brüderstraße zusammengeführte Reichsstraße, mit einer südlichen Trasse der Brüderstraße zusammentraf.

9 Wildenburg

In markanter Spornlage über dem Tal des Wildenburger Baches steht die Wildenburg, deren „äußerst romantisch gelegene Ruine" bereits in einem Reiseführer von 1865 gerühmt wurde. Den Anlass zu ihrer Errichtung bot eine um 1235 vorgenommene Erbteilung zwischen den Brüdern Heinrich und Gerhard von Aremberg, die als Vögte der Abtei Werden a. d. Ruhr das Kirchspiel Friesenhagen verwalteten. Seit 1239 benannte sich Gerhard, der das Kirchspiel zugesprochen bekam, nach der von ihm gegründeten Wildenburg. Die Burg lag direkt über dem Hileweg, sodass die Burgmannensiedlung im Bachtal 1384 als „städtchen an des Reiches landtstrasse" bezeichnet wurde. 1435 erhielten die Herren von Hatzfeldt, die in das Geschlecht derer von Wildenburg eingeheiratet hatten, die Burg zugesprochen. Das Haus Hatzfeldt spaltete sich 1491 in drei Hauptlinien

Die Wildenburg

auf, die zunächst alle auf der Wildenburg residierten. Im ausgehenden 16. Jh. wichen die meisten Familienmitglieder auf bequemere Schlossbauten aus, wodurch die Burg an Bedeutung verlor. Seit 1850 ist die Wildenburg Amtssitz der Hatzfeldt-Wildenburgischen Revierförsterei. Auf Teilabbrüche der Burg im 19. Jh. folgten ab dem Jahre 1930 Sicherungsmaßnahmen.

Die Außenanlagen können über eine steile Zufahrtsstraße und einen das Burgareal durchquerenden Wanderweg betreten werden. Im Gelände des Vorderschlosses stehen ruinöse Reste eines Wohnflügels, des Kapellentraktes und der Wirtschaftsgebäude. Die Kernburg kann nur von außen betrachtet werden. Aus der Entstehungszeit stammt der mehr als 25 m hohe Bergfried, der im 18. Jh. von einer barocken Haube bekrönt wurde. Nördlich grenzt der erhaltene Gebäudetrakt des Oberschlosses an, ein gleichfalls mittelalterlicher Bau auf polygonalem Grundriss mit barockem Mansarddach. Vom Westflügel des Oberschlosses ist nur noch das Kellergeschoss mit seinen Gewölben vorhanden.

10 St.-Anna-Kapelle

Oberhalb von Friesenhagen führt die Brüderstraße über den Blumenberg in Richtung Crottorf. Hier steht an einer alten Richtstätte, die im 17. Jh. der Schauplatz von Hexenverbrennungen war, die St.-Anna-Kapelle. Die Hinrichtungen setzten 1613 ein und erreichten ihren Höhepunkt in den Monaten November und Dezember des Jah-

St.-Anna-Kapelle oberhalb von Friesenhagen

res 1650, als beim Lindgen auf dem Blumenberg 29 Männer und Frauen aus Friesenhagen verbrannt wurden. Insgesamt fielen mehr als 200 Menschen des Kirchspiels der Hexenverfolgung zum Opfer. Als sichtbares Zeichen, dass der Hexenwahn ein Ende haben sollte, errichtete man am Hinrichtungsplatz eine Kapelle, die der hl. Anna geweiht wurde. Der kleine Bau mit polygonalem Chor, Chorhelm und vorkragendem Walmdach erhielt einen roten Farbanstrich, der möglicherweise an die Bluttaten erinnern sollte. Von der Annakapelle aus erblickt man auf der gegenüberliegenden Talseite eine weitere Andachtsstätte des Wildenburger Landes: die Rochuskapelle.

11 *Friesenhagen*

Das Straßendorf Friesenhagen ist der Hauptort des Wildenburger Landes. Um 1100 besaß die Abtei Werden hier Einkünfte, die von den Herren von Aremberg und deren Erben, den Herren von Hatzfeldt, verwaltet wurden. 1607 konnten die drei Linien des Hauses Hatzfeldt-Wildenburg die Landeshoheit über das Kirchspiel Friesenhagen erlangen.

Die Pfarrkirche St. Sebastian wird 1131 als Eigentum des St.-Kassius-Stiftes in Bonn genannt. Vom romanischen Ursprungsbau, einer Anlage mit drei Schiffen, haben sich der Westturm und der Triumphbogen erhalten. Zu Beginn des 16. Jh. erhielt die Kirche einen dreiseitigen Chor mit Netzgewölbe und nördlichem Nebenchor. Anstelle des

1741 niedergelegten Langhauses entstand ein weiterer Kirchensaal, der die Proportionen der alten Kirche weit übertraf. Um eine Symmetrie zu erzielen, wurde südlich des Chores eine weitere Kapelle angefügt. Als jüngster Bauteil entstand 1754 nach einem Brand ein neuer Turmhelm.

Die reiche Ausstattung ist durch die Nutzung als Hofkirche geprägt. Die „Crottorfer Kapelle" im nördlichen Seitenchor enthält zwei Wandgrabmale des frühen 17. Jh. Besonders prachtvoll ist das dreiteilige Wandgrab für Sebastian I. von Hatzfeld-Wildenburg-Crottorf und seine Gemahlin Lucia ausgefallen. Der Mittelteil enthält ein Relief mit der Auferstehung Christi. Zu beiden Seiten stehen die Vollfiguren des Grafenpaares. Aus stilgeschichtlichen Erwägungen werden die Arbeiten der Schule Hans Rupprecht Hoffmanns in Trier zugeordnet.

1696 wurde ein neuer Hochaltar aufgestellt – die Stiftung einer Gräfin aus der Linie Weisweiler. In den gedrehten Altarsäulen klingt Berninis Baldachin für den Petersdom in Rom an. Die südliche Chorkapelle wurde von den Franziskanern ausgestattet und ein schlichter Altar im Regence-Stil zeigt die drei Hauptheiligen des Ordens: Franziskus, Antonius von Padua und Bonaventura (Abb. S. 140). Am Triumphbogen steht eine große rheinische Madonnenfigur, die ursprünglich außen an der Wildenburg angebracht war.

Das Dorf besteht aus einer lang gezogenen Straße, an der sich giebelständige Fachwerkhäuser aufreihen, die den Typen von Freudenberg entsprechen. Deutlich erkennbar sind die Kellergeschosse aus Bruchstein mit rundbogigen Zugängen unter hohen Freitreppen. Südlich der Kirche steht eine ehemalige Residenz der franziskanischen Ordensprovinz Thüringen, ein lang gestreckter Bau mit Walmdach aus den Jahren 1746-49.

St. Sebastian, Friesenhagen

Die Franziskaner in Friesenhagen

Nach der Mitte des 16. Jh. war das Wildenburger Land evangelisch geworden, doch eine der drei Linien des Hauses Hatzfeld-Wildenburg, jene von Weisweiler, blieb katholisch. Es gelang ihr zudem, die Linie Crottorf auf ihre Seite zu ziehen. Ab 1636 betrieben beide Linien eine Rekatholisierung, die dadurch erleichtert wurde, dass die evangelische Linie Werther nicht mehr auf der Wildenburg lebte, sondern auf Burg Schönstein an der Sieg übergesiedelt war.

Den Rekatholisierungsvorgang legten die Herren von Crottorf-Gleichen und Weisweiler in die Hände des Franziskanerordens. 1636 kamen zwei Patres aus der Ordensniederlassung Limburg nach Friesenhagen, denen zwei Jahre später ein dritter, der als Präses eingesetzte Ambros Pilgram, folgte. Pater Ambros gelang es, Johann Adrian, das Oberhaupt der Linie Werther, zur Rückkehr zum katholischen Glauben zu bewegen.

Zu den seelsorgerischen Aktivitäten der Franziskaner gehörte neben den allgemeinen Pfarraufgaben die Entfaltung einer Volksfrömmigkeit franziskanisch-barocker Prägung. An der Pfarrkirche wurden zu wichtigen Ordensterminen Feste eingeführt: für den hl. Antonius von Padua (13. Juni), den Portiunkulatag (2. August) und für den hl. Franziskus (4. Oktober). Zwei Kongregationen, die marianische Bruderschaft und die Gürtelbruderschaft des hl. Franz von Assisi, boten den Laien die Teilhabe an franziskanischer Spiritualität. Als Zentrum des Bruderschaftswesens wurde die Franziskuskapelle in der Pfarrkirche eingerichtet. Besondere Aufmerksamkeit wurde dem Erlöserleiden durch die Einführung einer Andacht zu den sieben Fußfällen Christi mit einem Prozessionsweg auf den Schnabelberg geschenkt. Mit großer Feierlichkeit wurden außerdem Wallfahrten nach Marienthal bei Hamm an der Sieg sowie zu den Zisterziensern nach Drolshagen ausgeführt.

Rochuskapelle

Finanziert wurde die Ordensniederlassung durch Almosen, Stolgebühren (für Trauungen, Taufen und Begräbnisse), Einnahmen für die Seelsorgedienste auf den Schlössern, die „Osterjura", eine jährliche Abgabe der Bauernhöfe, sowie die Verpachtung von Pfarrbesitz.

Im 18. Jh. nahm die Residenz kontinuierlich an Größe zu. Bestand sie im 17. Jh. zumeist aus zwei Patres, so waren es bis 1776 schon zehn. Anstelle des inzwischen baufälligen Wohnhauses, in dem die Mönche lebten, wurde 1746-49 vom Steinhauer Röhrig oberhalb der Pfarrkirche ein größerer Neubau errichtet.

1814 gab der letzte Präses sein Amt aus Altersgründen auf und kehrte ins Kloster Hadamar zurück. 1821 übertrug die preußische Regierung die Residenz der Pfarrei Friesenhagen, die ihrerseits dem Erzbistum Köln zugeordnet wurde. Heute dient das Bruchsteingebäude als katholisches Pfarrhaus und Pfarrzentrum.

12 *Sieben Fußfälle und die Heilig-Kreuz-Kapelle*

Fußfallstation am Schnabelberg

Vom Friesenhagener Ortsrand führt ein Prozessionsweg auf den Schnabelberg, der sich oberhalb von Schloss Crottorf erhebt. Der Weg ist mit Bildstöcken markiert, die Szenen aus der Kreuztragung Christi zeigen. Die „sieben Fußfälle" bilden eine Vorstufe zum Kreuzweg, in dem die Szenen zu vierzehn erweitert werden. Alljährlich am 14. September begab sich zum Fest der Kreuzerhöhung eine festliche Prozession die Anhöhe hinauf zur Heilig-Kreuz-Kapelle. Der achteckige Zentralraum war 1701 durch Sebastian II. von Hatzfeldt-Crottorf-Gleichen errichtet worden, weshalb sich über dem Eingang sein prachtvolles Wappen befindet. Die Wände sind durch Pilaster gegliedert und bekrönt wird der Bau von einem Dachreiter. 1895 ließ die Grafenfamilie an das Oktogon ein kleines Mausoleum anfügen.

Heilig-Kreuz-Kapelle auf dem Schnabelberg

Sebastians Gemahlin Anna Elisabeth tätigte Stiftungen für Gottesdienste in der Kapelle: Sie verfügte, an jedem Freitag die hl. Messe zu lesen und am Fest der Kreuzerhöhung einen besonderen Gottesdienst zu halten. Heute begeht die Pfarrgemeinde den Prozessionsweg am Volkstrauertag, um der Toten aus beiden Weltkriegen zu gedenken. Sie besucht dabei auch den kleinen Friedhof, auf dem die Gefallenen des Zweiten Weltkriegs aus dem Wildenburger Land beigesetzt sind. In der Heilig-Kreuz-Kapelle können seit Juni 2006 auch Trauerfeiern für den „RuheForst Wildenburger Land" durchgeführt werden (s. S. 148).

13 Schloss Crottorf

Die Anlage von Schloss Crottorf liegt malerisch inmitten eines großen Teiches im engen Tal des Wildenburger Baches. Sie besteht aus einem Torturm, einer Vorburg und dem dreiflügeligen Herrenhaus. Die Anfänge reichen in das 13. Jh. zurück. 1261 tritt ein Ritter Ludwig von Crottorf als Lehnsmann der Herren von Wildenburg in Erscheinung. Einer seiner Nachfahren, Johann von Seelbach-Crottorf (gestorben 1563), baute die Wasserburg zu einer ansehnlichen Schlossanlage um, indem er das Haupthaus zu einer Zweiflügelanlage erweiterte und zwei runde Geschütztürme anfügen ließ. Durch die Ehe seiner Tochter gelangte das Schloss 1563 in den Besitz des Hauses Hatzfeldt. Sebastian I. wurden auf Crottorf drei Söhne geboren. Melchior, gleichwohl „ein unbegabter Kommissknopf", wurde im Dreißigjährigen Krieg kaiserlicher Feldmarschall. Franz, der Zweitgeborene, erlangte die Bischofswürden von Würzburg und Bamberg. Hermann, der Jüngste, verwaltete die Familiengüter. Ab den 1660er-Jahren erweiterte er das Haupthaus um einen dritten Flügel und betonte die Gebäudekanten mit zwei weiteren Rundtürmen. Durch Laternenbekrönungen entstand eine bewegte Dachlandschaft, für die offenbar Schloss Chambord an der Loire Vorbild war. Für die Innenausstattung zog Hermann den italienischen Stuckateur Giovanni Domenico Rosso heran. Die Arbeiten kamen mit der Errichtung eines mächtigen Torturms 1684/85 zu einem Abschluss. Eine weitere Umbauphase folgte 1720-22, als die Stuckateure Carlo Serena und Joseph Arterio den großen Saal und verschiedene Privaträume mit Stuckdecken ausstatteten. Nach dem Tod der Grafenwitwe Anna Elisabeth im Jahre 1726 blieb das Schloss fast ungenutzt. Es wurde erst 1923-27 wieder hergestellt und dient heute Graf Hermann von Hatzfeldt-Wildenburg und seiner Familie als Wohnsitz.

Umgeben wird das Schloss von einem Landschaftsgarten, der wie die Innenhöfe gegen eine geringe Gebühr besichtigt werden kann. Am Westhang des Wildenburgbaches lässt sich in Höhe des Schlosses der Rest einer 1368 bezeugten Zollstation ausmachen – eine imposante Wallanlage, die mehrere Hohlwege schneidet.

Mühle und Schloss Crottorf

Crottorf – Drabenderhöhe

29 km

Von Schloss Crottorf aus muss der Pilgerweg zum letzten Mal einen heftigen Anstieg überwinden. Er führt durch die wildenburgischen Wälder zum Forsthaus Mohrenbach, in dessen Nähe erneut die Landesgrenze zwischen Rheinland-Pfalz und Nordrhein-Westfalen überschritten wird. Kurz hinter der Landesgrenze weitet sich an einem Modellfluggelände der Blick über die Hügellandschaft des Oberbergischen Landes bis zur Rheinniederung. Der Weg steigt nun hinab zum Asbach, der am Ortsausgang von Denklingen überquert wird. Nach einem kurzen Anstieg nach Eiershagen folgt der Pilgerweg als typischer Höhenweg mit nur wenigen Geländeabfällen und Steigungen dem Verlauf der Brüderstraße bis Drabenderhöhe.

Die Etappe ist unterteilt in zwei Teilstrecken: 5 A von Crottorf bis Denklingen und 5 B von Denklingen bis Drabenderhöhe.

Pilgerspuren ...

Pilgerweg

Elisabethpfad

Historische Zeugnisse von Pilgerfahrten fehlen auf dieser Etappe mit ihrer kleinteiligen Siedlungsstruktur nahezu völlig Es existiert einzig die Nachricht, dass die Gruppe der Hildesheimer Aachenpilger 1489 in Denklingen mittags gerastet hat. Für Fußpilger, die langsamer unterwegs waren als die zu Pferde reisenden Hildesheimer, kam Denklingen als Übernachtungsort zwischen Siegen und Overath infrage, auch wenn sich hier kein Hospital nachweisen lässt.

Von Erdingen gelangt man auf einem markierten Wanderweg nach Rom. Der Ort liegt in südlicher Richtung, nur 2 km von der Brüderstraße entfernt. Der Dorfgastwirt hat sein Anwesen selbst zum Vatikan erklärt und sich den Titel „Seine Unheiligkeit" zugelegt. Vor einigen Jahren ist er von seinem eigenen Rom zu Fuß in das große Rom nach Italien gepilgert.

Links: Rast in Eiershagen

Crottorf – Denklingen

Wegbeschreibung und Hinweise

12 km

Schwierigkeitsgrad zu Fuß: mittel, heftiger Anstieg aus dem Tal von Schloss Crottorf, zumeist unbefestigte Waldwege

Schwierigkeitsgrad per Rad: mittel

Ausgangspunkt Schloss Crottorf: Am Wildenburger Hof auf der anderen Straßenseite beginnt der Anstieg zum Forsthaus Mohrenbach. Der Wanderweg **‹3** führt zunächst steil bergan **(1)** und anschließend wieder hinab. Im Tal nach rechts auf einen weiteren Wanderweg **◊1** bis zum Forsthaus Mohrenbach **(2)**, dort links auf den „Wanderweg der Deutschen Einheit" (**X12**) **(3)** und am Modellfluggelände vorbei nach Erdingen **(4)**. An der Straßenkreuzung in Erdingen links entlang der L 324 und gleich wieder rechts dem Verlauf des Wanderweges **X12** folgen. Nach Überquerung der L 344 rechts durch das Waldstück nach Denklingen **(5)**.

14,4 km

Für Fahrräder: Die Fahrradroute führt nach rechts über die L 278 bis Langenbach, dann links über die K 53 zum Forsthaus Mohrenbach. Ab dem Forsthaus sind Fußweg und Fahrradweg identisch.

Brüderstraße bei Erdingen

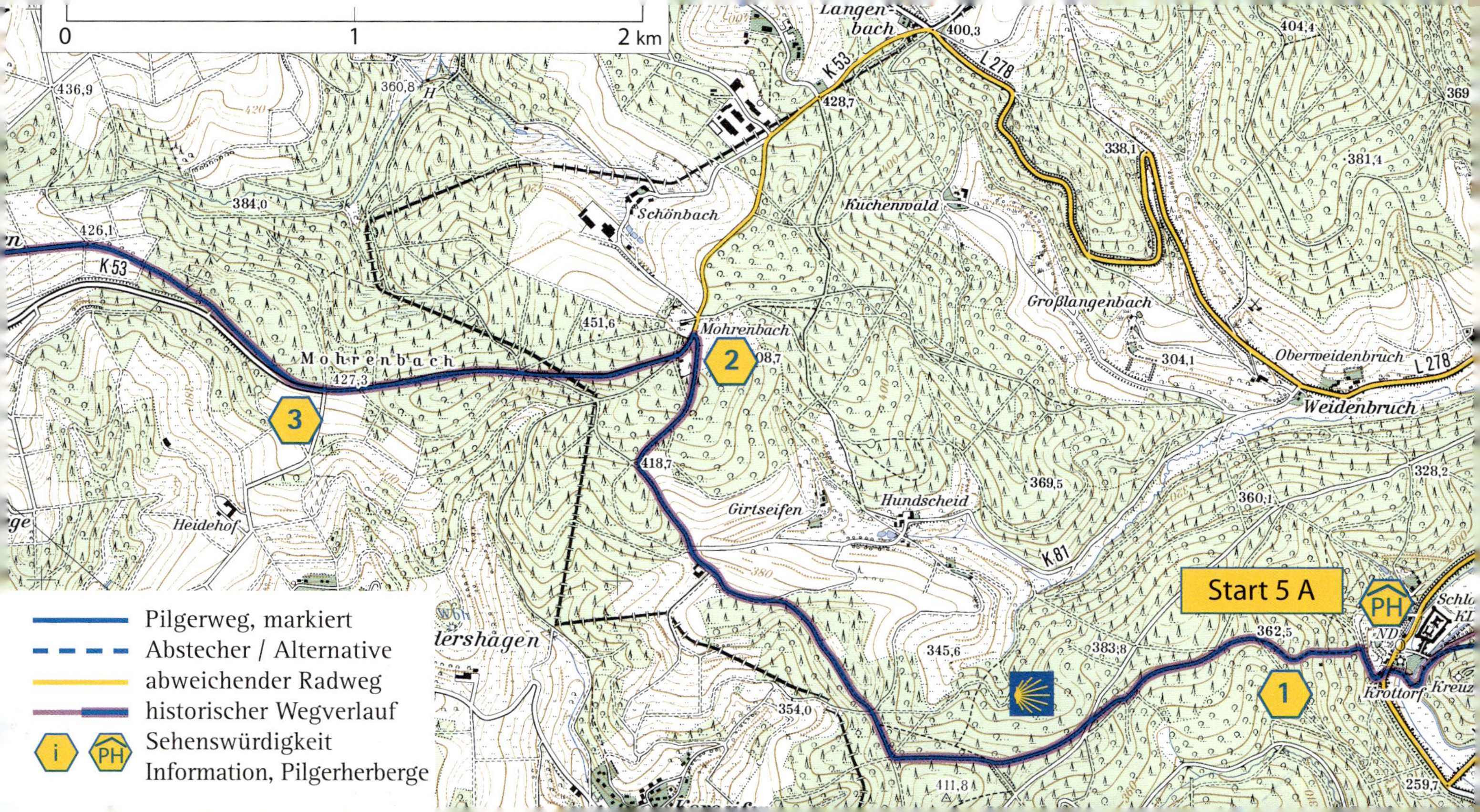
0
1
2 km
Pilgerweg, markiert
Abstecher / Alternative
abweichender Radweg
historischer Wegverlauf
Sehenswürdigkeit
Information, Pilgerherberge
Start 5 A
PH
1
2
3
Langenbach
K 53
L 278
K 81
Schönbach
Kuchenwald
Großlangenbach
Oberweidenbruch
Weidenbruch
Mohrenbach
Girtseifen
Hundscheid
Heidehof
Krottorf
400,3
404,4
428,7
369
338,1
381,4
304,1
436,9
360,8
384,0
426,1
451,6
427,3
418,7
369,5
360,1
328,2
362,5
383,8
345,6
354,0
411,8
259,7

1 RuheForst Wildenburger Land

Im RuheForst

Die Abgeschiedenheit und Ruhe dieses nördlichen Zipfels von Rheinland-Pfalz, aber auch die besondere landschaftliche Schönheit, lassen wohl in manchen Menschen den Wunsch reifen, hier ihre letzte Ruhestätte zu finden.

Seit dem Jahr 2006 hat die Gemeinde Friesenhagen zusammen mit der hatzfeldtschen Verwaltung einen Teil des Waldgebietes jenseits von Schloss Crottorf zum „RuheForst" entwickelt. Hier können Menschen, die gerne in einem naturnahen Wald begraben werden möchten, sich schon zu Lebzeiten den Platz für die Beisetzung ihrer Urne aussuchen. Die Grundsätze der christlichen Bestattung – individuelle Beisetzung, Identifizierung des Grabes und Würde des Ortes – wurden bei der Anlage berücksichtigt. Allerdings steht der RuheForst als kommunaler Friedhof Menschen aller Weltanschauungen offen. Der hiesige Waldfriedhof ist einer von 16 RuheForsten, die in den letzten Jahren insbesondere in Nord- und Westdeutschland nach einem einheitlichen Bestattungskonzept entstanden sind.

2 Forsthaus Mohrenbach

Das Forsthaus Mohrenbach ist ein größerer Bau mit Fachwerkgiebel und Satteldach. Es steht etwas abseits des Weges. Gleichwohl handelt es sich um eine markante Stelle der Brüderstraße, denn hier teilte sich die Landstraße in östlicher Richtung in drei, zu unterschiedlichen Zeiten entstandene Trassen, die an der „Alten Schanze" bei Hohenhain wieder zusammentrafen. Die älteste Route führte in einem nördlichen Bogen um das Wildenburger Land herum, zwei jüngere, die sich bis zum 14. Jh. ausgebildet hatten, verliefen in direkter Linie über die Wildenburg und in einem südlichen Bogen über

Waldbau im Wildenburger Land

Der Wald macht mit 3.449 ha 67 Prozent der Gesamtfläche der Gemeinde Friesenhagen aus und befindet sich zu 95 Prozent (3.256 ha) im hatzfeldt-wildenburgschen Besitz. Es handelt sich u. a. um Mischwälder mit einem relativ hohen Laubholzanteil. Die heutige Waldzusammensetzung resultiert aus der konsequenten Bewirtschaftung nach den Grundsätzen der Arbeitsgemeinschaft Naturgemäße Waldwirtschaft. Diese heißen: Arbeiten ohne Kahlschläge, Chemie oder Düngung, Förderung strukturreicher Mischwälder, Naturverjüngung aller heimischen Baumarten, Belassen abgestorbener Bäume, Schutz alter Waldbestände in Naturwaldreservaten. Damit folgt die hatzfeldtsche Bewirtschaftung den internationalen Grundsätzen der Zertifizierung nach dem Forest Stewardship Council (FSC), die auch von den Umweltverbänden Greenpeace, WWF, NABU und BUND anerkannt werden. Die Erfolge dieser ökologischen Bewirtschaftung zeigen sich nicht nur in der Steigerung des ökologischen Wertes – große Teile sind inzwischen als Schutzgebiete ausgewiesen –, sondern zusätzlich in ökonomischer Hinsicht. Aber auch außerhalb des Waldes ist die hatzfeldt-wildenburgische Verwaltung ein naturschutzfachlicher Partner: Im Rahmen von Ökokonten entstanden auf ihren Flächen 20 ha Streuobstwiesen, eine Wanderschafherde wird zum Offenhalten von Brachflächen eingesetzt und durch Renaturierungsmaßnahmen gelang die Wiederansiedlung des Lachses an der Sieg und ihren Nebenbächen. Auch der Schwarzstorch ist ständiger Gast in dieser reizvollen Landschaft.

Forsthaus Mohrenbach

Crottorf. Der Pilgerweg ist zwischen Hohenhain und Mohrenbach der südlichen Strecke gefolgt.

Aufgrund seiner Lage an einer wichtigen Straßengabelung wird angenommen, dass das Forsthaus auf eine frühere Fuhrmannsherberge zurückgeht. Im 19. Jh. wurde hier die Revierförsterei für die ausgedehnten Mischwälder im Grenzgebiet zwischen Wildenburger und Oberbergischem Land untergebracht.

3 Oberbergisches Land

Westlich des Forsthauses wurde eine bewaldete Kuppe zur Anlage eines Modellfluggeländes gerodet. Von hier öffnet sich der Blick über die hügelige Streusiedlungslandschaft des Oberbergischen Landes bis zu den Flussniederungen von Rhein und Sieg. Der Name Oberberg ist nicht der Natur entlehnt, sondern es handelt sich vielmehr um eine Gebietsbezeichnung für den südöstlichen Besitz der Grafen und späteren Herzöge von Berg, der von ihrem niederbergischen Territorium durch die Herrschaften Homburg und Gimborn-Neustadt räumlich getrennt war. Mit der Industrialisierung im 19. Jh. erhielt das Oberbergische Land eine heterogene Struktur. Die Wasserkraft der Agger und eine neuzeitliche Verkehrserschließung begünstigten im Norden um Gummersbach, Dieringhausen und Wipperfürth eine Ge-

Frühling im Bergischen Land

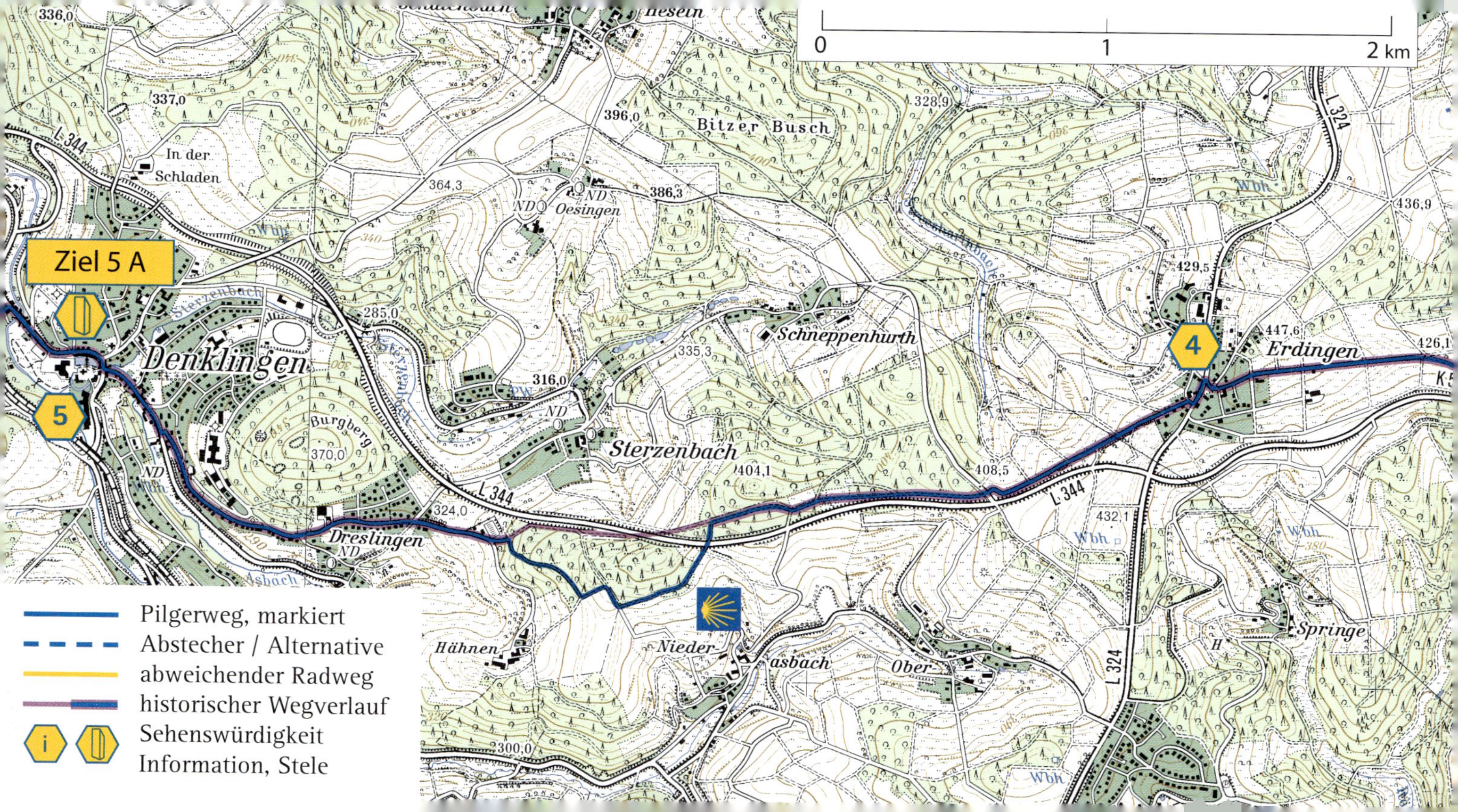
0
1
2 km
Ziel 5 A
Denklingen
5
4
Erdingen
Sterzenbach
Schneppenhurth
Bitzer Busch
Oesingen
In der Schladen
Burgberg
Dreslingen
Hähnen
Nieder-
asbach
Ober-
Springe
L 344
L 324
Pilgerweg, markiert
Abstecher / Alternative
abweichender Radweg
historischer Wegverlauf
Sehenswürdigkeit
Information, Stele

werbeentwicklung mit starkem Bevölkerungszuwachs bis hin zur Verstädterung. In den südlich gelegenen Dörfern um Denklingen, Morsbach und Waldbröl blieb die kleinteilig-ländliche Struktur hingegen nahezu unverändert erhalten.

Der Spitzname „Haferspanien" ist auf die geringen Bodenerträge zurückzuführen, charakterisiert aber auch eine gewisse Schlitzohrigkeit der Bewohner. Als Herzog Jan Wellem um 1700 die Steuerhöhe nach dem Lebensstandard festsetzen ließ, schickte man achselzuckend Brot, das aus Hafermehl und Kleie gebacken war, in die Hauptstadt Düsseldorf.

4 *Erdingen*

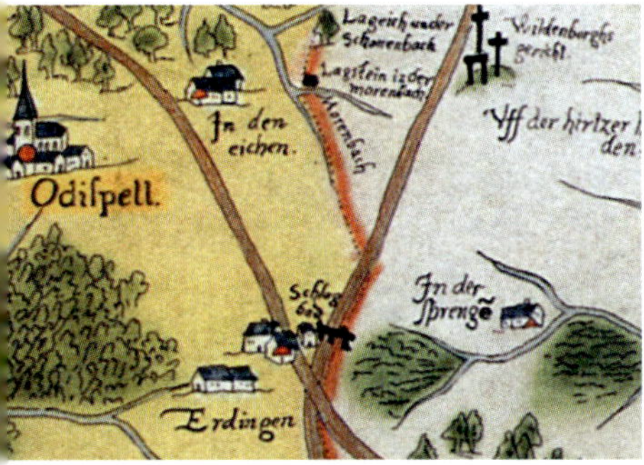

Wildenburger Richtstätte und Schlagbaum bei Erdingen, Ausschnitt aus der Mercatorkarte von 1575

In Erdingen saß der Zoll des Herzogtums Berg. Im Ort kreuzt die Brüderstraße die Nutscheidstraße, einen Höhenweg, der auf dem Nutscheid verläuft. Der Nutscheid, eine lang gestreckte Erhebung zwischen den Tälern der Sieg und der Bröl, verband den Bonn-Siegburger Raum mit dem Sauerland und stellt heute als Landesstraße 324 immer noch eine wichtige Verkehrsverbindung dar. Landläufig wird die Nutscheidstraße auch Römerstraße genannt. Diese Bezeichnung findet sich auch auf einem Straßenschild in Erdingen.

Der Schlagbaum galt nur für die Brüderstraße, die hier die Landesgrenze zwischen Wildenburg und Berg überquerte. Er stand oberhalb von Erdingen vor dem östlichen Ortseingang, wie die Mercatorkarte aus dem Jahre 1575 zeigt. Aus der zweiten Hälfte des 18. Jh. existieren mehrere Pachtverträge für den Erdinger Zoll.

5 *Denklingen*

Von der Höhe am Forsthaus Mohrenbach steigt die Brüderstraße kontinuierlich in das Asbachtal hinab. In der Talsohle liegt Denklingen, neben Overath der wichtigste Etappenort zwischen Siegen und Köln. 1489 rastete die Hildesheimer Pilgergruppe auf ihrer Tagesstrecke von Siegen nach Overath hier am Mittag. Vor dem Ort erhebt sich bei Dreslingen der Burgberg, auf dem eine frühmittelalterliche Ringwallanlage gefunden wurde.

Den Kern von Denklingen bildet eine Wasserburg, die im Jahr 1404 erstmals urkundlich belegt ist. Sie gehörte ursprünglich zur Herrschaft Homburg und schützte die Talquerung der Brüderstraße. 1435 kam sie durch Verpfändung an die Grafschaft Berg. Der Burgbereich besitzt einen annähernd rechteckigen Grundriss; die aus Wall, Graben und Mauer bestehende Befestigung ist in Resten vorhanden. Nachdem die Burg Windeck zerstört worden war, wurde 1672 der Sitz des bergischen Amtes Windeck hierher verlegt. Das Hauptgebäude der Burg, dessen Bausubstanz aus dem 15. und dem 16. Jh. stammt, wurde zum Amtshaus umgebaut und erhielt im 18. Jh. ein Mansarddach. Der zweigeschossige Torbau entstand 1698. In der Durchfahrt lassen sich zu beiden Seiten die Vergitterungen von ehemaligen Gefängniszellen erkennen.

Nördlich des Amtshauses steht die alte Antoniuskirche. Womöglich ging sie aus einer Burgkapelle hervor, doch lässt sich eine Nutzung für die Pfarrseelsorge schon früh nachweisen. Noch zu Beginn des 16. Jh. war sie eine Filialkirche der Pfarrei Morsbach und wurde um 1550 von der Gemeinde Odenspiel betreut. Zwischen 1662 und 1880 nutzten Katholiken und Reformierte sie gemeinsam als Simultankirche und bauten sie fast völlig neu. In den Jahren 1693/94 entstand ein flacher Saalbau aus verputztem Bruchstein mit polygona-

Denklingen um 1830, Zeichnung von C. Hohe

lem Chor. Im Westen der Kirche sitzt ein schiefergedeckter Dachreiter auf. Ihr Inneres enthält eine Empore auf einem leicht hufeisenförmigen Grundriss und einen zierlichen Barockaltar. Der drehbare Tabernakel zeigte bei evangelischen Gottesdiensten statt der Türen ein Kruzifix. Als ab den 1880er-Jahren sowohl die katholische als auch die reformierte Gemeinde neue Gotteshäuser bauten, wurde die Antoniuskirche in ein Heimatmuseum umgewandelt. Nach einer grundlegenden Sanierung im Jahre 1957 wird sie wieder für den Gottesdienst genutzt.

Amtshaus Denklingen

Die Anfang des 20. Jh. erbaute evangelische Kirche stellt eine Besonderheit dar, denn ihr Innenraum wurde 1996 zum Ort der Stille und Einkehr umgestaltet und zählt seitdem zu den Sakralräumen der Evangelischen Kirche Rheinland, die täglich zum Besuch einladen.

Innerhalb des Ortes fallen riegellose Fachwerkkonstruktionen auf, die aus Gründen der Holzersparnis verwendet worden sind. Die Gefache erhalten dadurch ein vertikales Format, welches typisch für Denklingen ist. Kurz vor dem Ortsausgang in Richtung Eiershagen steht vor der Brücke über den Asbach auf der linken Straßenseite ein lang gestrecktes Gebäude mit dahinterliegender Scheune. Es handelt sich um die Denklinger Mühle, die bereits 1559 belegt ist und bis 1972 als Sägemühle genutzt wurde.

Alte Antoniuskirche Denklingen

Denklingen – Drabenderhöhe

Wegbeschreibung und Hinweise

17 km

Schwierigkeitsgrad: einfach, nach dem kurzen Anstieg nach Eiershagen nur noch geringere Steigungen, bis Oberbierenbach wenig befahrene Landstraßen, dann unbefestigte Wanderwege

Ausgangspunkt Wasserburg Denklingen: Vom Torhaus zunächst entlang der L 336 Richtung Brüchermühle bis Ortsausgang, dann links. Hinter der Bahnunterführung links in den ansteigenden Waldweg. Ab Eiershagen **(6, 7)** entlang der K 17 über Rölefeld **(8)** bis zur Ortschaft Auf der Hardt, dort geradeaus weiter **(9)** bis oberhalb von Oberbierenbach. Rechts in den Wanderweg „Kurkölner Weg" (**X 22**) hinunter nach Oberbierenbach **(8)**. Weiter auf dem **X 22 (10, 11)**, vorbei am Jägerhof bei Elsenroth **(12)** nach Gassenhagen. Dort links in den Wanderweg (Markierung **O**) **(13)**, der wieder in den **X 22** mündet. Vor Drabenderhöhe nicht dem **X 22** nach links folgen, sondern weiter geradeaus. Am Getränkemarkt links bis zur Kreuzung, dann rechts in den Ort **(14)**. Durch die Siedlung der Siebenbürger Sachsen führt der Weg zur evangelischen Kirche.

Für Fahrräder: Bis Eiershagen folgt die Fahrradroute der Autostraße. Dann sind Fuß- und Radweg identisch.

Übersichts-Handriss der Gemeinde Nümbrecht 1831-1832 (Ausschnitt)

0
1
2 km
Mühlenau
KD (Ruine)
L 336
Biebersteiner Stausee
Giershausen
Fürken
Eueln
Eueler-hammer
Brüchermühle
Wiehl
Sengelbusch
Grünenbach
Schraubenberg
Auf der Hardt
Prombach
Auf dem Hallöh
Heltenberg
Ober-breidenbach
Heisterstock
Grauwacke
Auf dem Löh
K 17
ND
B 256
L 95
L 344
Bies-hausen
Rölefeld
Eiershagen
Dickhausen
Start 5 B
9
8
7
6
5
Pilgerweg, markiert
Abstecher / Alternative
abweichender Radweg
historischer Wegverlauf
Sehenswürdigkeit

6 Eiershagen

Ein Hohlweg führt aus dem Asbachtal nach Eiershagen, einem kleinen Gassendorf, das im Jahre 1467 erstmals erwähnt wird. Vor allem das Ausmaß an erhaltener dörflicher Bausubstanz ist hier bemerkenswert. Die Hauptfronten der traufständigen Bauten sind häufig verschiefert, während die Giebel einfaches Fachwerk zeigen. Die Einwohner geben sich große Mühe, ihren Ort zu bewahren. Alle vierzig Häuser zeigen sich in einem denkmalgerecht sanierten Zustand, wobei historische Einzelheiten wie Fensterläden, Scheunenverbretterungen und Schindelbeläge detailgetreu ergänzt wurden. Sowohl die Straßenbegrünung als auch die Gartenbepflanzung fügen sich regionaltypisch und ökologisch sinnvoll in das Ortsbild ein. Linden wurden an der Straße als Alleebäume, Eichen und Ahorn auf den Hausgrundstücken als Schattenspender gepflanzt. Die Streuobstwiesen am Dorfrand wurden mit alten Obstbaumsorten ergänzt. Dem Gemeinschaftsleben dient das ausgebaute Waschhaus. In einem der Gärten steht ein funktionstüchtiger Backes. Völlig zu Recht gilt Eiershagen als eines der schönsten Dörfer Deutschlands: Sieben Preise im Wettbewerb „Unser Dorf soll schöner werden" sowie eine hohe europäische Auszeichnung haben die Bewohner bislang gewinnen können.

Bauerngarten in Eiershagen

7 *Die Bergische Gartenarche*

Rosenfest in Eiershagen

Rechts vom Dorfbrunnen in Eiershagen führt ein Weg bergan, vorbei an einem herrlichen Bauerngarten, bis zum Dorfrand. Dort lädt ein Tor zum Besuch der Gartenarche ein. Das Bild der Arche veranschaulicht das Anliegen der Mitglieder vom „Verein zur Erhaltung traditioneller Nutz- und Zierpflanzen im Bergischen Land“, möglichst viele Gartenvertreter aller Arten in die Zukunft zu retten. In dem noch jungen Garten gedeihen bereits neben Rübstiel, Süßdolde und Melde, der Vorgängerin des Spinats, Pfingstrosen und das Tränende Herz. In Zusammenarbeit mit der Biologischen Station auf Schloss Homburg, den Naturschutzverbänden und dem Bergischen Freilichtmuseum Lindlar findet auf diesem kleinen Flecken von Eiershagen die Vermehrung und Verbreitung des Saatguts statt, das zwar nicht gehandelt, wohl aber über den Gartenzaun gereicht oder getauscht werden darf. So gewinnen in den letzten Jahrzehnten selten gewordene Gemüse- und Zierpflanzen, die schon viele Generationen erfreut haben, wieder nach und nach an Boden. Die Mitglieder der Gartenarche sammeln aber nicht nur alte Gemüse- und Zierpflanzen der Region, sondern auch ihre Namen, Geschichten, Rezepte und mit ihnen verbundene Traditionen.

8 *Die Bergische Kaffeetrinkerlinde*

In Rölefeld, wie auch in Bierenbach, führt der Pilgerweg an einer alten Linde vorbei, deren Gestalt nicht dem natürlichen Wuchs entspricht. Durch Rückschnitt und Führung der Äste ist einige Meter über dem Boden eine sogenannte Hohlkrone entstanden. Die Kunst des geschnittenen Baumes, die „Ars topiaria“, reicht bis in die Antike zurück. Der deutsche Sprachraum war seit dem 12. Jh. besonders für seine geleiteten Linden bekannt, die als Dorf-, Tanz- und Gerichtslinden eine wichtige Rolle spielten. Dabei wurden die Äste der Bäume mithilfe von Reifen und Speichen zu „Etagen“ flach gelegt. In den meisten Fällen entstanden drei Scheiben mit nach oben abnehmendem Durchmesser. Die Obergeschosse wurden dabei vielfach durch Stützen und Bretterböden verstärkt. Im Oberbergischen begnügte man sich gewöhnlich mit nur einem Obergeschoss, zu dem eine Holzstiege hinaufführte. In luftiger Höhe wurde dann auf einem Podest ein Sitzplatz eingerichtet. So entstand im Bergischen Land, das für seine Kaffeetafel und die Dröppelminna – eine bauchige zinnerne Kaffeekanne mit drei Füßen – bekannt ist, die Kaffeetrinkerlinde. Damit die geschnittenen Bäume nicht vergreisen oder auseinanderbrechen, sind regelmäßig radikale Rückschnitte der ganzen Baumkrone erforderlich, auch wenn der Anblick des Baumes vorübergehend schockierend ist.

Kaffeetrinkerlinde in Rölefeld

9 Homburger Ländchen

Zwischen Rölefeld und Auf der Hardt bietet die Brüderstraße zahlreiche Ausblicke. Hier lässt sich ihr Charakter als Höhenstraße besonders gut erleben. In südwestlicher Richtung erscheint der helle Bergfried von Schloss Homburg, dem Mittelpunkt und Namensgeber des Homburger Ländchens. Die „Hohe Burg" hatte Graf Gottfried von Sayn 1259 zur Sicherung seines Machtbereiches an der Bröl erbauen lassen, der von der bergischen Festung Windeck bedroht wurde. Unter dem Schutz der Burg war es dem Grafen möglich, einen Eisenerzbergbau zu beginnen. Seine Nachkommen konnten den Herrschaftsbereich noch ausweiten: Sie erwarben die Kirchspiele Morsbach und Waldbröl sowie die bis 1385 selbstständige Vogtei Wiehl. Es wird als eine territorialpolitische Glanzleistung gewertet, dass die Grafen von Sayn-Wittgenstein ihren weit ins Bergische hineinreichenden Besitz behaupten konnten. In einem 1604 geschlossenen Vergleich verzichtete Sayn auf Morsbach und Waldbröl und erhielt von Berg sechs Honschaften bei Drabenderhöhe. Den Streitigkeiten ist eine Karte Arnold Mercators von 1575 zu ver-

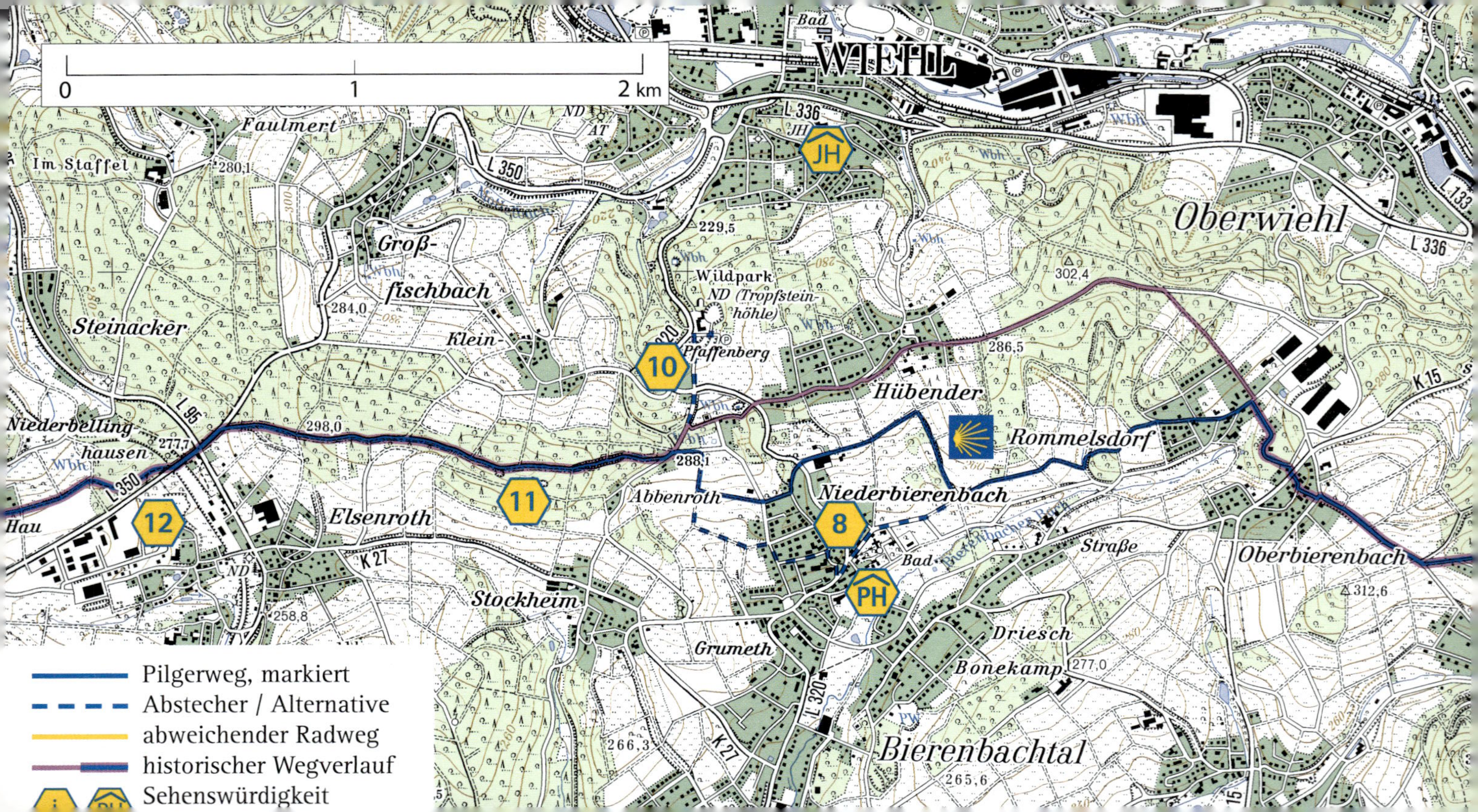

0
1
2 km
Wiehl
Bad
Oberwiehl
Faulmert
Im Staffel
Groß-
fischbach
Klein-
Steinacker
Wildpark
ND (Tropfstein-
höhle)
Pfaffenberg
Hübender
Rommelsdorf
Niederbierenbach
Abbenroth
Elsenroth
Niederbelling-
hausen
Hau
Stockheim
Grumeth
Driesch
Bonekamp
Bierenbachtal
Oberbierenbach
Straße
L 336
L 350
L 95
L 320
K 27
K 15
L 133
302,4
286,5
288,1
298,0
277,7
280,1
284,0
229,5
258,8
266,3
265,6
277,0
312,6
10
11
12
8
JH
PH
Pilgerweg, markiert
Abstecher / Alternative
abweichender Radweg
historischer Wegverlauf
Sehenswürdigkeit

danken (Abb. S. 8), welche die Ausdehnung des Homburger Gebietes festgehalten hat. Als erste Karte überhaupt bietet sie einen detaillierten Verlauf der Brüderstraße und einen Überblick über die Siedlungsentwicklung des Landes südlich der Agger. Eingetragen sind auch Zollschranken und Gerichtsstätten. Der Homburger Galgen stand demnach unmittelbar an der Brüderstraße oberhalb von Oberbierenbach. Das Hohe Gericht tagte indes auf der Burg, auf der sich auch eine Münzstätte befand. Als 1635 der schwedische Reiteroberst Ernst von Sayn-Wittgenstein-Berleburg auf die Homburg zog und dort eine Eigendynastie begründete, begann der Ausbau zu einer zeitgemäßen Schlossanlage. 1806 wurde die Herrschaft Homburg dem Großherzogtum Berg eingegliedert und damit ihre über 500-jährige Reichsunmittelbarkeit beendet. Dem Verfall der Burg im 19. Jh. folgte ab 1926 die Wiederherstellung und eine Nutzung als Regionalmuseum des Oberbergischen Kreises. Im Roten Haus der Burganlage hat heute die Biologische Station Oberberg ihren Sitz.

Schloss Homburg

10 *Tropfsteinhöhle Wiehl*

Nördlich von Abbenroth befindet sich die Wiehler Tropfsteinhöhle, ein beliebtes Ausflugsziel der Region. In der Steinzeit waren ihre Gänge Teil eines Korallenriffs, das unter dem Meeresspiegel lag. Die Höhle liegt in einem isolierten Kalksteinnest von 30-50 m Dicke, das von Sandstein und Tonschiefer umgeben ist. Entdeckt wurde sie 1860 bei Sprengarbeiten im Steinbruch am Wiehler Pfaffenberg, aber erst in den 1930er-Jahren wurden rund 1.600 m ihres Gangsystems erschlossen. Dazu musste zunächst der eingeschwemmte Höhlenlehm ausgeräumt werden. Die besondere Attraktion der Wiehler Tropfsteinhöhle sind die vielgestaltigen Sinterbildungen, also Ablagerungen der in Wasser gelösten Mineralien (von althochdeutsch sintar = Schlacke). Die Wände haben eine Kalksintertapete und der Höhlenlehm am Boden ist ebenso von einer Sinterdecke überzo-

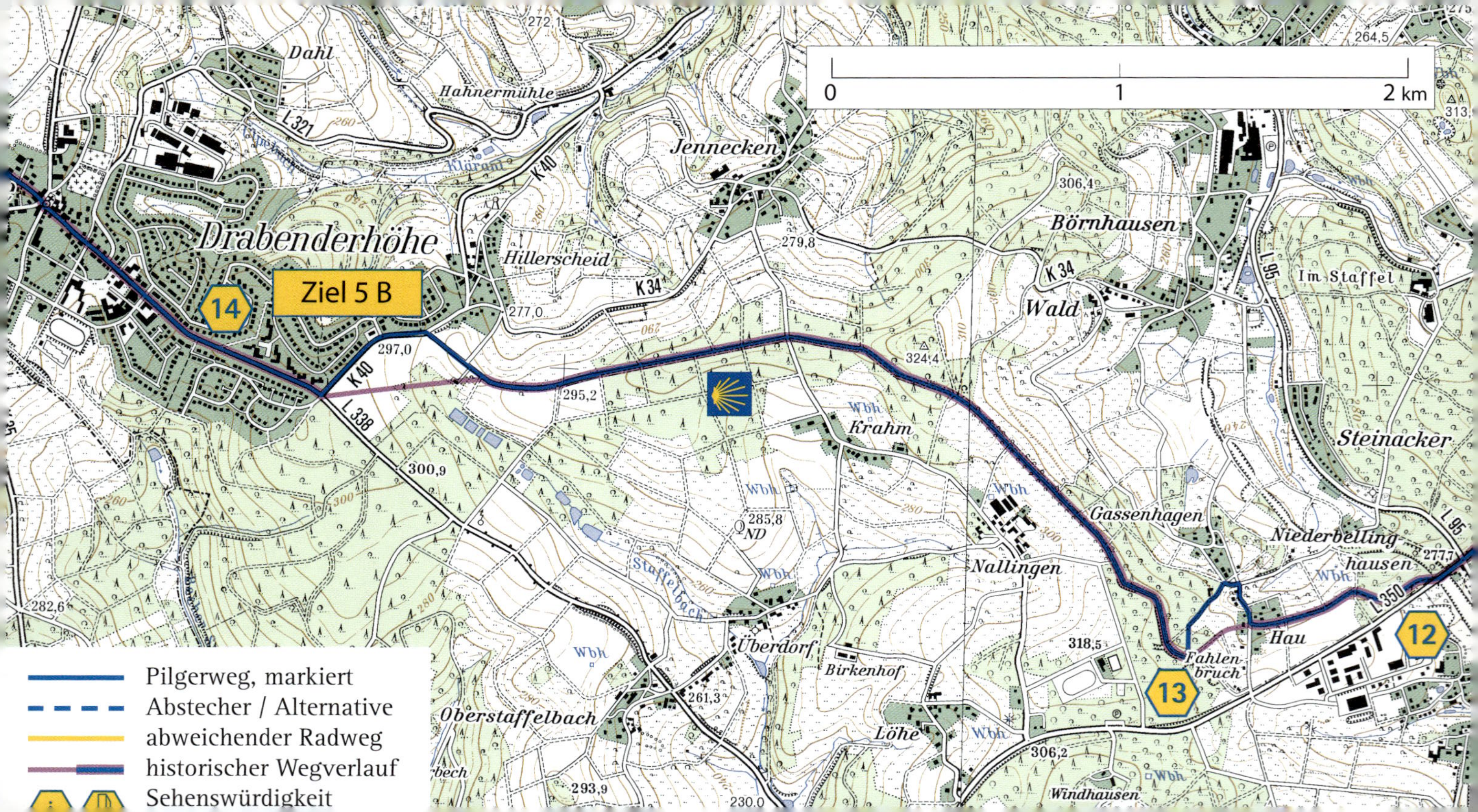
0
1
2 km
Ziel 5 B
14
13
12
Drabenderhöhe
Dahl
Hahnermühle
Jennecken
Hillerscheid
Börnhausen
Wald
Im Staffel
Steinacker
Krahm
Gassenhagen
Niederbellinghausen
Nallingen
Fahlenbruch
Hau
Überdorf
Birkenhof
Oberstaffelbach
Löhe
Windhausen
Staffelbach
L 321
K 40
K 34
L 338
L 95
L 350
Pilgerweg, markiert
Abstecher / Alternative
abweichender Radweg
historischer Wegverlauf
Sehenswürdigkeit

gen. Die schmalen Gänge öffnen sich immer wieder zu Hallen, die geschmückt sind von herabhängenden schlanken Tropfsteinen, den Stalaktiten, sowie von breiteren Stalagmiten, die von unten nach oben wachsen. Besonders beeindruckend ist die Kristallgrotte, ein ehemaliger Höhlensee, der mit Kalkspatkristallen ausgekleidet ist. Auch heute noch tropft Sinterwasser von den Decken und führt zu Absetzungen.

11 Bodendenkmäler zwischen Abbenroth und Elsenroth

An der nördlichen Flanke des Waldweges zwischen Abbenroth und Elsenroth verlaufen bis zu zehn Hohlwege, die auf die Erosion früherer Fahrspuren zurückgehen. Südlich der Straße zeugen Gruben vom früheren Erz- und Steinabbau. Zwischen der Brüderstraße und dem Steinbruch ist im Gelände noch der Hügel auszumachen, auf dem einst der Galgen der Herrschaft Homburg stand. Die Toten wurden – wie bei einer Grabung des Rheinischen Amtes für Bodendenkmalpflege 2005 festgestellt wurde – kurzerhand in die aufgelassene Grube geworfen. Es hat sich um eine Richtstätte gehandelt, die jünger ist als die auf der Mercatorkarte abgebildete, denn der Steinbruch entstand im Zuge des Barockbaus des Homburger Schlosses im 17. Jh. Oberhalb von Elsenroth steht an der Brüderstraße der Jägerhof, eine Gaststätte mit einer Fassadengestaltung aus der Zeit um 1900. Hinter dem Haus steht eine große Wagenremise, die auf die Funktion des Jägerhofes als Ausspannstation hinweist.

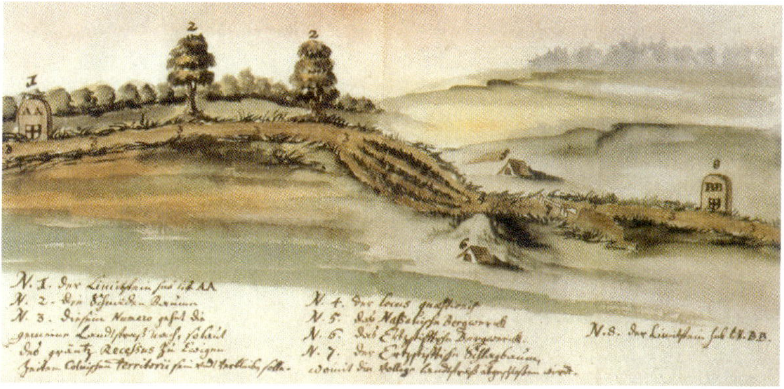

Hohlwegbündel an der kölnisch-nassauischen Grenze, Zeichnung 1721

12 *Kleinbahntrasse bei Elsenroth*

Kleinbahn mit Bahnhof Elsenroth, 1966

Zwischen den Ortschaften Elsenroth und Niederbellinghausen im Norden ist noch gut ein Abschnitt der ehemaligen Kleinbahntrasse in der Landschaft zu erkennen. Es handelt sich um ein Nebengleis der Strecke von Bielstein ins Bröhltal, das teils im Einschnitt, teils auf einem Damm verläuft, um die beachtlichen Niveauunterschiede des natürlichen Geländes auszugleichen. Die 1915 eröffnete Strecke zur Erschließung des südlichen Bergischen Landes um Nümbrecht wurde nach dem deutlichen Rückgang der Beförderungszahlen 1966 endgültig stillgelegt. Nach dem Abbau der Gleisanlagen wurde die Trasse teils zum Weg umgebaut, teils ist sie der natürlichen Entwicklung überlassen worden. So ist über die Jahre ein artenreicher Gehölzstreifen entstanden, der vielen Hecken- und Gebüschbrütern Unterschlupf bietet. An den Böschungen wachsen prächtig ausgebildete alte Eichen und Eschen. Heute hält das Kulturlandschaftsrelikt nicht nur die Erinnerung an einen wichtigen Teil der Bergischen Industriegeschichte wach, sondern ist inzwischen auch als schutzwürdiger Landschaftsbestandteil in das Biotopkataster des Landes Nordrhein-Westfalen aufgenommen worden.

13 *Historische Wegespuren bei Gassenhagen und Nallingen*

In dem kleinen Waldgebiet südlich von Gassenhagen lassen sich weitere Hohlwegbündel größeren Ausmaßes entdecken. Daneben sind Reste einer Wallanlage erhalten, die sich als Landwehr im westlichen Bereich des Homburger Herrschaftsgebietes deuten lassen. In ihrem weiteren Verlauf zeigt die Brüderstraße oberhalb des Dorfes Nallingen die charakteristische Randbepflanzung einer Überlandstraße, die durch offenes Gelände führt. Dabei bieten Bäume dem Reisenden Schatten und die dichten Hecken und Sträucher einen guten Windschutz (s. Umschlagsbild).

14 Drabenderhöhe

Die Brüderstraße bei Drabenderhöhe, Ausschnitt aus der Mercatorkarte von 1575

Die Ortschaft Drabenderhöhe entstand an der Kreuzung der Brüderstraße mit der Zeitstraße, einem in nordsüdlicher Richtung verlaufenden Handelsweg, der den Bonn-Siegburger Raum mit dem Hellweg verband und in seinem südlichen Abschnitt als Bundesstraße 56 fortbesteht. Drabenderhöhe war der westliche Grenzort der saynschen Besitzungen, die von der Homburg aus verwaltet wurden. Nach dem Grenzvertrag von 1604 gehörte der Ortsteil mit der Straßenkreuzung und der Kirche zu Sayn-Wittgenstein, während die Landwehr westlich des Ortes mit dem Schlagbaum und den Zolleinnahmen zu Jülich-Berg zählte.

An der typischen Höhenkreuzung steht eine Kirche, deren vier unterste Turmgeschosse vielleicht noch dem 12. Jh. angehören. Das Protokoll einer 1495 durchgeführten Visitation der Johanniterniederlassung in Marienhagen erwähnt eine ca. drei Stunden entfernte Kapelle in „Alto", wo der Weltgeistliche Conradus amtiere. Mit „Alto" (Höhe) ist hier Drabenderhöhe gemeint. Womöglich hatten die Grafen von Berg, die ab 1391 die Zehntherrschaft über Drabenderhöhe aus-

Die Siebenbürger Sachsen in Drabenderhöhe

1944 waren zahlreiche Deutsche mit dem „Nordsiebenbürger Treck" aus Rumänien nach Österreich geflüchtet. Da es dort kaum Arbeitsplätze für sie gab, zogen viele von ihnen weiter nach Deutschland, um sich als Bergleute eine Existenz aufzubauen. Am 26. Mai 1957 übernahm das Land Nordrhein-Westfalen die Patenschaft für die Bevölkerungsgruppe der Siebenbürger Sachsen. Die Landmannschaft strebte an, ein geschlossenes Siedlungsgebiet in einer ländlichen Umgebung zu schaffen, von dem aus die Bergbaureviere des Ruhrgebietes noch gut zu erreichen waren. Im November 1961 fiel die Entscheidung zugunsten des Standortes Drabenderhöhe. Als Siedlungsgelände wurden die Hänge zum Ülpebach ausgewählt. Der Bebauungsplan war derart gestaltet, dass die drei Quellmulden des Baches das Siedlungsgebiet in vier Bereiche untergliederten.

Den ersten Bauabschnitt nahm man 1963 im Rahmen des öffentlich geförderten Wohnungsbaus in Angriff. Auf 33 ha entstanden 243 Eigenheime, 148 landwirtschaftliche Nebenerwerbsstellen und 95 Kleinsiedlerstellen. Voraussetzung für die Bewilligung einer Siedlerstelle war der Nachweis entsprechender Vermögensverluste in Rumänien. Für die benötigten Gemeinschaftsbauten, ein Kinderheim, ein Altersheim und ein Kulturhaus, wählte man die räumliche Nahtstelle zwischen der alten Ortslage und der neuen Siedlung, um den Kontakt zwischen Alt- und Neubürgern zu fördern. In weiteren Bauabschnitten kamen Mieterwohnungen in sechsgeschossigen Häusern sowie ein Gewerbegebiet hinzu. Einen wichtigen Beitrag zur Integration leistete die Kirchgemeinde, da sowohl Alt- wie Neubürger evangelisch waren. Sie errichtete 1981 am Übergang zwischen Dorf und Siedlung ein großes Gemeindehaus. Anfang der 1990er-Jahre, zur Zeit des „Siebenbürger Exodus", war Drabenderhöhe der häufigste Zielort für Auswanderungen aus Rumänien. Allein für das Jahr 1990 verzeichnen die Statistiken 330 Zuzüge. Im Jahre 2003 lebten ca. 2.500 Siebenbürger Sachsen der ersten und zweiten Generation in Drabenderhöhe. Das Siedlungsprojekt gilt als eine gelungene Bündelung von Hilfsmaßnahmen finanzieller und sozialer Art der behördlichen, kirchlichen und landmannschaftlichen Stellen.

Kirche in Drabenderhöhe

übten, den Johannitern das Gotteshaus geschenkt, denn seit dem späten 12. Jh. war der Orden von den Grafen in allen Belangen sehr gefördert worden. Die Nachricht der Betreuung durch einen Weltgeistlichen zeigt indes deutlich, dass in Drabenderhöhe keine Ordensniederlassung bestanden hat, die an der Brüderstraße eventuell Hospitalfunktionen ausgeübt haben könnte.

Im Zuge der Einführung einer lutherischen Kirchenordnung durch Graf Ludwig d. Ä. von Sayn-Wittgenstein im Jahre 1563 wurde die Kirche evangelisch. Sie ist aber noch 1582 als „domus hospitalis St. Johannis Baptistae" bezeichnet, wobei sich „hospitalis" nicht auf eine karitative Einrichtung, sondern auf den Orden bezieht. Nach einem Brand erhielt der Turm 1697 ein fünftes Geschoss und seine markante, von einer Laterne bekrönte Schweifhaube. Das Kirchenschiff wurde 1845 nach einem Normalentwurf des königlich-preußischen Baumeisters Friedrich August Stüler neu errichtet. Es handelt sich um das erste Bauvorhaben Stülers im Rheinland, wo er durch den Wiederaufbau von Schloss Stolzenfels und der Konstantinsbasilika in Trier sowie durch die Trinitatiskirche in Köln bekannt geworden ist. Der klassizistische Kirchensaal knüpft mit seiner Weite und der halbrunden Apsis an die Proportionen frühchristlicher Basiliken in Rom und Ravenna an.

Blick von der Höhe bei Röle-feld über das südliche Bergische Land

ETAPPE 6

Drabenderhöhe – Overath

14 km

Von Drabenderhöhe führt die Route am Waldrand des Heckbergs entlang zum Wallfahrtsort Marialinden. Zwischen Federath und Marialinden ist der Charakter der Brüderstraße als Höhenstraße besonders gut erfahrbar, denn die Landschaft mit ihren Einzelhöfen und Honschaften – den Ortschaften mit wenigen Gehöften – fällt zu beiden Seiten des Weges hin ab. Hinter Marialinden führt ein alter Prozessionsweg in das Tal der Agger nach Overath, dem größten Ort zwischen Siegen und Köln.

Pilgerspuren ...

Pilgerweg

Elisabethpfad

Der Wallfahrtsort Marialinden verdankt seine Entstehung der Lage an der Brüderstraße. Der Bekanntheitsgrad des Heiligenstocks mit dem ersten Gnadenbild aus der Zeit um 1420 dürfte auf seine verkehrsgünstige Lage am Ende des Aufstiegs von Overath auf der Flur Siebenlinden zurückzuführen sein. Der Zulauf veranlasste die Ritterschaft, gemeinsam mit der Pfarrei und den Einwohnern Overaths, zu Beginn des 16. Jh. an dieser Stelle eine dreischiffige Wallfahrtskirche zu erbauen.

Eine Nachricht aus dem Jahr 1550 erwähnt an der Pfarrkirche St. Walburga in Overath zwei Bruderschaften, von denen die eine Jakobus d. Ä., die andere den hl. Antonius den Einsiedler zum Patron hatte. Da sich keine Bruderschaftsbücher erhalten haben, ist über deren Aufgaben und das geistliche Leben nichts bekannt.

Pfarrhaus und älteres Gnadenbild Marialinden

Links: Wallfahrtskirche St. Mariä Heimsuchung Marialinden

14 km Wegbeschreibung und Hinweise

Schwierigkeitsgrad zu Fuß und per Rad: einfach, zunächst Waldwege, dann eine ruhige Autostraße, ein verkehrsreicher Abschnitt ohne Randstreifen ist die L 360 kurz vor Lorkenhöhe.

Schild in Marialinden

Ausgangspunkt Evangelische Kirche Drabenderhöhe: Von der Kirche in zunächst nord-westlicher, dann in westlicher Richtung weiter dem Wanderweg **X 22** folgen, der über Heckhaus **(1)** nach Federath **(2)** führt. In Federath wird der **X 22** verlassen, der nach links abbiegt, und weiter geradeaus gegangen. Kurz vor Lorkenhöhe mündet der Weg zunächst in die L 153 und gleich darauf in die L 360. Dem begleitenden Fußweg über Landwehr **(3)**, Großoderscheid und die „Pilgerstraße" bis Marialinden **(4)** folgen. Von der Wallfahrtskirche in Marialinden führt die Route geradeaus über Weißenstein **(5)** und Burg **(6)** hinab ins Aggertal. An der L 312 links und sogleich rechts zur Fußgängerbrücke über die Agger. Danach links durch die Hauptstraße und vorbei am Bahnhof zur katholischen Pfarrkirche St. Walburga in Overath **(7, 8, 9)**.

Blick vom Großen Heckberg

Sehenswürdigkeiten entlang der Strecke

1 *Großer Heckberg*

Das Heck ist ein ausgedehnter Höhenzug mit dichtem Mischwaldbestand, dessen größte Ausdehnung in nord-südlicher Richtung 4,5 km und dessen breiteste in ost-westlicher Richtung fast 9 km beträgt. Seine höchste Erhebung ist der 383 m hohe Große Heckberg am südlichen Rand. Innerhalb des Waldgebietes sind keine Siedlungen vorhanden, einzig die Bundeswehr unterhält einen versteckt liegenden Stützpunkt. In den Randbereichen wurde der Abbau von Blei und Zink sowie in begrenztem Umfang von Silber betrieben und die Gruben und Halden sind an mehreren Stellen noch vorhanden. Der Name Großer Heckberg kommt von den Hecken und Landwehren, die den Grenzwald, der zwischen den Grafschaften Berg und Sayn lag, und die in ihm gelegene Grube „Silberkaule" gegen

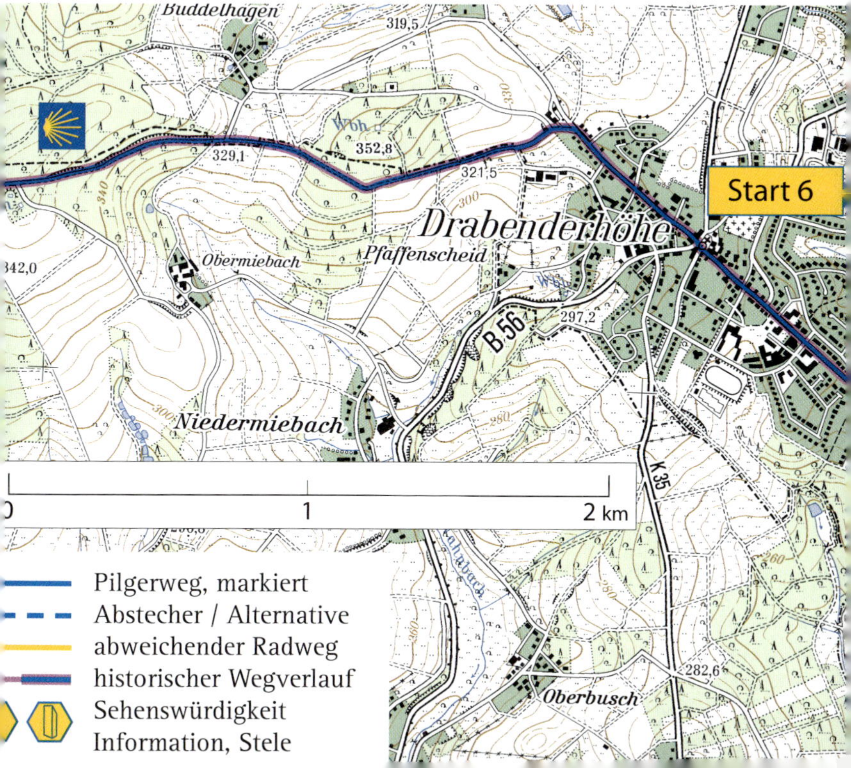

0
1
2 km
Schalken
Schlingenthal
Dahl
Wüststeimel
Krahwinkel
Kaltenborn
Kleiner Heckberg
Federath
Heckhaus
Heckberg
Hagen
Brüder-
straße
Siebelsnaaf
Esinghausen
Hentgesnaaf
Abelsnaaf
Bixnaaf
Schommelsnaaf
Lorkenhöhe
Krampenhöhe
Henningen
Neverdorf
Naafbach
L 153
L 360
K 37
Pilgerweg, markiert
Abstecher / Alternative
abweichender Radweg
historischer Wegverlauf
Sehenswürdigkeit

räuberische Übergriffe von der Brüderstraße her schützen sollten. Vom Rundwanderweg A 7 sind auf einer Länge von 4 km Wallanlagen erkennbar.

Die Brüderstraße tangiert das Heck an seinem südlichen Rand und verläuft am Großen Heckberg auf einer Höhe von 356 m. Von hier aus hat man einen weiten Blick über das südliche Bergische Land bis zum Siebengebirge. Bei klarem Wetter sind sogar die Anhöhen der Eifel zu erkennen.

2 Das Schlingenthaler Hofkreuz in Federath

In den Jahren 1926/27 wurde in Federath eine kleine, dem hl. Michael geweihte Kirche als Filiale der Pfarrei Marialinden errichtet. Im Inneren der Kirche ist ein 3,50 m hohes Hofkreuz zu sehen, das aus dem einen Kilometer nordwestlich gelegenen Weiler Schlingenthal stammt und zu den eindrucksvollsten Zeugnissen religiöser Volkskunst im Bergischen Land gehört. Im 18. und 19. Jh. war die Aufstellung solcher Kreuze in der Streusiedlungslandschaft nördlich der Sieg, in der die Kirchen weit von den Hofgemeinschaften entfernt lagen, üblich geworden. Das Schlingenthaler Kreuz ist um 1800 entstanden und gehört dem verbreiteten Typus der Arma-Christi-Kreuze an, von denen im Umkreis von Marialinden noch vier weitere Exemplare erhalten sind. Die Kreuzbalken zeigen anstelle des Gekreuzigten auf ihrer Vorderseite die Leidenswerkzeuge stellvertretend für das Passionsgeschehen. Die Querbalken enden in Blattornamenten, die das Kreuz als Symbol ewigen Lebens bezeichnen. Die Schmalseiten geben Szenen der Heilsgeschichte wieder, die mit Christi' Tod am Kreuz in Verbindung stehen.

Mariä Heimsuchung auf dem Schlingenthaler Hofkreuz.

St. Michael

3 Landwehr

Der Ortsname Landwehr geht auf ein System von Wallanlagen zurück, mit denen Jülich-Berg versuchte, sich gegen die Ebenen von

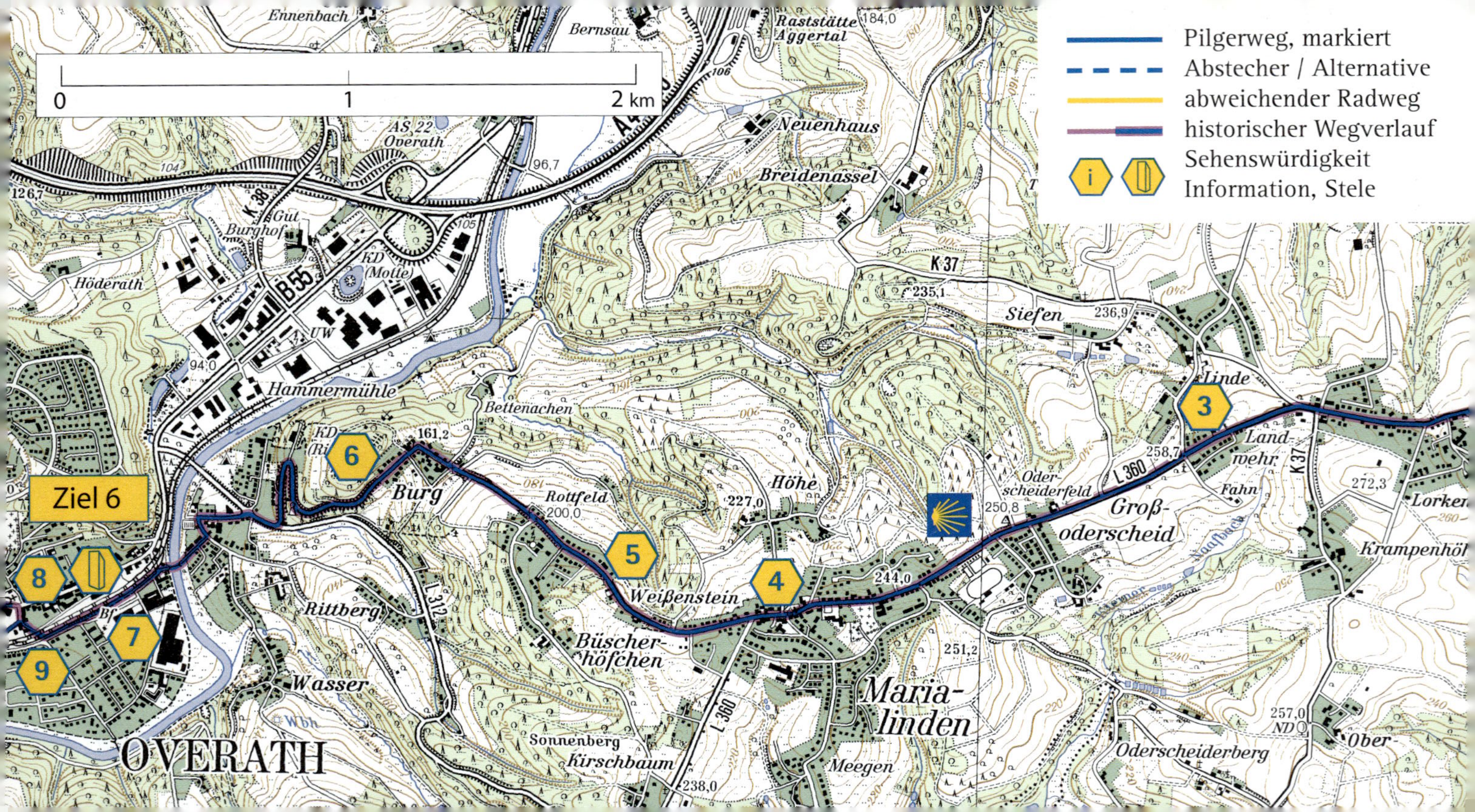
Pilgerweg, markiert
Abstecher / Alternative
abweichender Radweg
historischer Wegverlauf
Sehenswürdigkeit
Information, Stele
0
1
2 km
Ziel 6
OVERATH
Ennenbach
Bernsau
Raststätte Aggertal
Neuenhaus
Breidenassel
AS 22 Overath
Gut Burghof
Höderath
B55
Hammermühle
Bettenachen
Siefen
K 37
Linde
Landwehr
Fahn
Lorken
Krampenhöl
Groß-oderscheid
Oder-scheiderfeld
Höhe
Burg
Rottfeld
Weißenstein
Büscher-höfchen
Rittberg
Wasser
Maria-linden
Meegen
Sonnenberg
Kirschbaum
Oderscheiderberg
Ober
L 360
L 312
K 38
1
2
3
4
5
6
7
8
9

Rhein und Sieg abzuschirmen. Mehr noch als die eigentliche Verteidigung hatten die Landwehren den Zweck, eine Umfahrung der Zollschranken zu verhindern. Zwischen Drabenderhöhe und Marialinden folgte ein lang gezogener Wall dem Verlauf der Brüderstraße. Dabei umgab er ringförmig Federath und die Ortschaft Landwehr, die von dieser Befestigung ihren Namen erhielt. Für die Brüderstraße gab es in den Ringwällen enge Durchlässe, sogenannte Schlöpen. Auch der Ortsname Krampenhöhe im Süden von Landwehr geht auf die Sperre zurück, weil er nach einem „Krampen", einem scharfen Knick im Wallverlauf, benannt ist. Bis zur Errichtung des Großherzogtums Berg 1806 befanden sich die Landwehren in staatlichem Besitz. Im Zuge ihrer Privatisierung fielen sie Rodungen zum Opfer und wurden eingeebnet, sodass sich ihre Reste heute nur noch in Waldgebieten wie zum Beispiel dem Heck finden lassen.

Wegkreuz bei Landwehr

4 *Marialinden*

Ab dem Ortseingang von Marialinden führt die Brüderstraße den Namen Pilgerstraße. Diese Bezeichnung geht auf die Wallfahrer zurück, die seit dem 16. Jh. den Marienwallfahrtsort Marialinden aufgesucht haben. Die Pilgerstraße führt von Osten direkt auf den Chor der in der Straßenflucht erbauten Kirche zu.

Am Anfang der Entwicklung zu einem wichtigen Wallfahrtsort steht ein Heiligenhäuschen, welches im südöstlichen Winkel einer Höhenkreuzung der Brüderstraße zu finden war. Es soll von den Rittern von Bernsau, die seit dem 13. Jh. auf Overather Gebiet belegt sind, als Jagdkapelle errichtet worden sein. Einen Hinweis auf die Entstehungszeit der Kapelle bietet ein kleines Vesperbild aus Terrakotta, das seitlich in einer Wandnische steht (Abb. S. 169). Es gehört mit seinem horizontal liegenden Christus der Zeit des „Schönen Stils" um 1420 an. Wahrscheinlich haben Reisende, die die Brüderstraße nutzten, die Andachtsstätte bekannt

Gnadenaltar mit Vesperbild in Marialinden

Prozession zur Eröffnung der Wallfahrtsoktav in Marialinden

gemacht, sodass sie sich steigender Beliebtheit erfreute und stetig mehr Besucher empfing. So waren die Voraussetzung zur Errichtung eines größeren Gotteshauses gegeben und mit gemeinsamer Anstrengung von Pfarrer, Ritterschaft und Einwohnern entstand eine dreischiffige Stufenhalle mit Kreuzrippengewölbe und einschiffigem Chor, die vor dem Jahr 1515 geweiht werden konnte. Das kleine Terrakottabild erwies sich für eine Verehrung in größerem Rahmen als unbrauchbar, daher erwarb man eine neue Pieta aus Lindenholz. Das alte Heiligenhäuschen wurde in den Neubau miteinbezogen und befindet sich im Winkel zwischen Chor und nördlichem Seitenschiff. Auch der Altar, auf dem das alte Vesperbild gestanden hatte, ist erhalten geblieben. Nachdem die Kirche 1797 zur Pfarrvikarie und 1857 zur selbstständigen Pfarrei erhoben worden war, erhielt der Raum seine heutige Bestimmung als Sakristei. 1897 wurde das zunächst drei Joche umfassende Kirchenschiff um ein weiteres Joch sowie eine Doppelturmfassade ergänzt, die die Landschaft beherrscht (Abb. S. 168).

Zur Ausstattung der Wallfahrtskirche gehören drei Altäre, darunter als frühester das ehemalige Spätrenaissanceretabel der Benediktinerpropstei St. Cyriax (s. S. 186) im nördlichen Seitenschiff, eine Arbeit aus Kalkstein. Es entstand 1626, als die Propstei nach der Zerstörung im jülich-klevischen Erbfolgekrieg wieder aufgebaut war. Dem Altaraufsatz entsprechend steht im südlichen Seitenschiff der Gnadenaltar vom Beginn des 18. Jh. mit dem Vesperbild, eine schlichte Barockarbeit, die aus Merten an der Sieg übernommen wurde (s. S. 175). Einzig der Hochaltar, eine filigrane Säulenarchitektur vom Ende des 18. Jh., war von Anfang an für Marialinden bestimmt.

In der Woche um das Fest Mariä Heimsuchung (2. Juli) begeht die Kirchengemeinde eine festliche Wallfahrtsoktav. Die Oktav beginnt am Sonntag mit einem festlichen Hochamt und einer Prozession, zu der das Vesperbild durch den Ort getragen wird. An jedem Wochentag werden Pilgermessen für angemeldete Pfarrgemeinden gehalten.

Zum Ortsbild Marialindens gehören einige sehenswerte Fachwerkhäuser in der Brüderstraße. Der östlich der Kirche gelegene Lindenhof fällt durch seine ausgeprägte Geschossbildung und eine ungewöhnlich reiche Fachwerkfiguration auf. Dies sind zwei im Bergischen Land seltene Merkmale, die bereits mittelrheinisch geprägt sind.

5 *Fußfälle in Weißenstein und Burg*

Fußfallstation zwischen Overath und Marialinden

Nach Overath hinunter folgt der Pilgerweg einem Fußfallweg über Weißenstein und Burg, der teilweise entlang der Brüderstraße führt. Wie in Friesenhagen besitzt der Weg Stationen mit den sieben Fußfällen, die 1741 nach einer Epidemie aufgestellt wurden. Die Fußfälle wurden vor allem in der Fastenzeit und insbesondere in der Karwoche aufgesucht, um vor ihnen für Schwerkranke und Sterbende zu beten. Sie sind in strengen Barockformen gestaltet und zeigen in ihren Nischen Passionsszenen. Da bei zwei Stelen die Szenen nicht mehr vorhanden sind, erwägt die Kolpingfamilie der Pfarrgemeinde Overath eine Ergänzung und erörtert drei Möglichkeiten: eine Rekonstruktion der ursprünglichen Szenen, eine Ergänzung in modernen Formen oder eine Belassung der Leere, um auf die Leere des Karfreitags und die Verborgenheit Gottes an diesem Tag aufmerksam zu machen.

6 *Burg*

Waldweg bei Burg

Die Honschaft Burg unterhalb von Weißenstein weist auf eine frühmittelalterliche Befestigungsanlage hin, die auf einem Geländesporn über dem Ostufer der Agger gestanden hat. Dem Grabungsbefund zufolge besaß die Burg einen ovalen Grundriss in einer Länge von 125 m und einer Breite von 75 m und war zum Teil aus Stein errichtet. Ein Graben und eine Toranlage wurden nicht gefunden. Eine vergleichbare topografische Situation bietet Dreslingen, wo sich ein frühmittelalterlicher Ringwall auf dem Burgberg oberhalb von Denklingen erhob. In beiden Fällen wird angenommen, dass die Befestigungsanlagen zum Schutz des jeweiligen Talübergangs im Verlauf der Brüderstraße dienten. Ihr exaktes Alter ist zwar nicht zu bestimmten, aber aufgrund der Befunde ist anzunehmen, dass die Brüderstraße als ein zu schützender Verkehrsweg bereits vor der Jahrtausendwende existierte.

7 *Overath*

Overath liegt im Tal der Agger, dem größten Gewässer, dass die Brüderstraße zwischen Siegen und Köln überquert. Der Ort gehörte daher zu den wichtigsten Stationen der Strecke. Im Bericht der Hildesheimer Aachenpilger von 1489 ist er als Übernachtungsstätte mit dem Namen „Abrode" genannt. Da die Bundesstraße 55, die heute von Köln aus das Bergische Land erschließt, im Ortszentrum mit dem Verlauf der Brüderstraße zusammenfällt, hat sich Overath seit dem 19. Jh. zu einem Mittelpunkt der Region entwickelt. Mit über 25.000 Einwohnern handelt es sich um den nach Siegen größten Ort zwischen Marburg und Köln. 1998 erhielt Overath Stadtrechte zugesprochen.

Apostelleuchter (Jakobus d. Ä.) in St. Walburga, Overath

8 *St. Walburga*

Die Anfänge Overaths reichen in das Jahr 1064 zurück, als Erzbischof Anno II. von Köln der von ihm neu gegründeten Abtei Siegburg die Gebiete „Achera superior" und „Achera inferior" schenkte, also das Land an der oberen und der unteren Agger. Dabei handelte es sich um ein größeres, nur locker besiedeltes Gebiet ohne hervorgehobenen Mittelpunkt. Erst zu Beginn des 14. Jh. ist die Verwendung von Achera superior als Ortsname belegt – aus Oberachera wurde Overath. Gleichwohl waren die Ansätze zur Ausbildung eines Zentrums bereits zur Zeit Annos II. mit der Errichtung eines Gotteshauses gegeben. Zwar wird die Pfarrkirche St. Walburga und St. Georg erst in einer zwischen 1130 und 1143 angefertigten Papsturkunde erwähnt, doch deuten die Patrozinien der beiden Heiligen, deren Verehrung Anno II. gefördert hatte, auf eine Kirchgründung bereits unter dem Erzbischof hin. Der heutige Kirchenbau ist eine dreischiffige Pfeilerbasilika aus der Mitte des 12. Jh. mit drei Apsiden und einem Westturm. Seine Gesamtanlage und einige architektonische Details lassen Rückschlüsse auf die Abtei Siegburg als Bauherrin zu, da insbesondere ein schlankes Chortürmchen nach dem Vorbild der Siegburger Abteikirche gestaltet ist. Vergleichbare Architekturformen finden sich auch an anderen Sakralbauten, die von der Abtei abhängen, z. B. an der katholischen Pfarrkirche von Wipperfürth und an der Propsteikirche von Oberpleis. 1353 wurde St. Walburga der Siegburger Propstei St. Cyriakus zugesprochen. Bis 1544 stellten die dort lebenden Mönche den Pfarrer.

Nach dem Zweiten Weltkrieg wuchs die Zahl ihrer Mitglieder so stark an, dass die Gemeinde 1953 den Kölner Architekten Karl Band mit einer großzügigen Erweiterung der romanischen Kirche beauftragte.

9 *Steinhof*

Gasthof Steinhof und St. Walburga in Overath

Gegenüber der Kirche steht an der befahrenen Hauptstraße das Gasthaus Steinhof, ein großes Bruchsteingebäude, dessen Baujahr 1662 auf der Südseite in Eisenankern ausgewiesen ist. Das ebenfalls dort angebrachte Allianzwappen der Familien Wylich-Bernsau legt die Vermutung nahe, dass es sich bei dem Gebäude um das bereits 1282 erwähnte „Steynhuys", offenbar eine Wasserburg, handelt. Schon im 16. Jh. ist aus der Burg ein Gasthof geworden, der im Jahre 1606 den Namen „Im Stern" trug. 1789 betrugen die Pachteinnahmen aus Gast- und Landwirtschaft die stattliche Summe von 110 Reichstalern. Als im Jahre 1830 die preußische Staatsstraße zwischen Köln und Engelskirchen, die heutige B 55, eröffnet wurde, stieg der Bedarf an Übernachtungsmöglichkeiten. Der Gastwirt Leonhard Hamm ließ noch im selben Jahr zwei Fachwerkgiebel errichten und das Walmdach zum heutigen Krüppelwalmdach umbauen, sodass im Dachgeschoss zusätzliche Zimmer für Fuhrleute geschaffen werden konnten. Außerdem entstanden zu beiden Seiten längs der Straße zwei große Stall- und Remisengebäude, die 1911 und 1927 niedergelegt worden sind.

ETAPPE 7

Overath – Köln

28,5 km

Von Overath führt der Weg zunächst die Agger abwärts in den Ortsteil Cyriax. In der Nähe eines großen Schulzentrums kann der Fluss überquert werden. Nach einem kurzen, aber steilen Anstieg senkt sich der Weg in ein weiteres Flusstal, zur Sülz. Die zusammengewachsenen Orte zwischen Heiligenhaus und Untereschbach lassen schon die Nähe der Großstadt Köln erahnen. An der Kirche von Untereschbach verlässt der Pilgerweg die Bundesstraße, um dann auf einem Waldweg über den Buchholzer Berg in den Königsforst, das große Naherholungsgebiet für das rechtsrheinische Köln, hinabzuführen. Durch die Stadtteile Brück, Merheim, Höhenberg – von wo aus zum ersten Mal der Kölner Dom sichtbar wird –, Kalk und Deutz führt der Weg zum Rhein. Von der Promenade vor Alt St. Heribert bietet sich der schönste Blick auf die Rheinfront. Jenseits des Rheins geht es über die beiden historischen Plätze Heumarkt und Alter Markt durch die Innenstadt zum Dom.

Die Etappe ist unterteilt in zwei Teilstrecken: 7 A von Overath bis Brück und 7 B von Brück bis Köln.

Pilgerspuren ...

Je mehr man sich Köln nähert, umso dichter werden die Pilgerspuren. Daher soll hier nur kurz angerissen werden, was vor Ort an den einzelnen Punkten näher erläutert wird.

Aus der Gründungsurkunde der Benediktinerpropstei St. Cyriakus aus dem Jahre 1256 geht hervor, dass der Zulauf von Pilgern zu einer bestehenden Kapelle den Anlass zur Einrichtung der Ordensniederlassung geboten hat. Bis zu ihrer Auflösung 1803 hat die Propstei entsprechend dem 53. Kapitel der Ordensregel des hl. Benedikt über einen Zeitraum von fast 550 Jahren hinweg Fremden und Pilgern Aufnahme angeboten.

Der Ort Heiligenhaus auf dem Höhenzug zwischen Agger und Sülz erhielt seinen Namen von einem Heiligenhäuschen, welches man zu Ehren des Pilgerheiligen Rochus errichtete. Nach der großen Pestepidemie 1665/66 wurde es durch eine Kapelle ersetzt und von Trostsuchenden aufgesucht. Die Skulptur in der Kapelle zeigt Rochus mit einem langen Pilgerstab (Abb. S. 189).

Links: Kölner Dom, Westfront

Arnold von Harff vor den Hl. Drei Königen, Ende 15. Jh.

In Brück, das bereits auf Kölner Stadtgebiet liegt, entstand im Jahr 1439 eines der wenigen nachweisbaren Hospitäler entlang der Strecke. Als Stiftungszweck wurde unter anderem angegeben, dass man sich der Pflege „armer siecher Pilgrime" widmen wollte.

Ähnlich wie die Gotteshäuser in Marialinden und Heiligenhaus ist auch die Kalker Kapelle aus einem Bildstock an der Brüderstraße hervorgegangen. Die hier entstandene Marienwallfahrt erreichte im frühen 18. Jh. bedeutende Ausmaße. Die nächtlichen Männerwallfahrten der 1930er-Jahre erlangten Symbolkraft im Widerstand gegen das Dritte Reich. Nach dem Zweiten Weltkrieg beteiligten sich viele Männer aus den katholischen Pfarrgemeinden Kölns am Wiederaufbau der zerstörten Kapelle.

Die Abtei Deutz wurde schon bald nach dem Tod ihres Gründers, des 1021 verstorbenen Erzbischofs Heribert von Köln, zum Ziel von Pilgerfahrten. Über den Erzbischof berichten seine hochmittelalterlichen Viten, er sei selbst ein Pilger gewesen. Das ursprünglich zur Abtei gehörige Laurentiushospital dürfte Pilgern vor ihrem Rheinübergang Aufnahme geboten haben.

Köln gehört zu den großen Pilgerzielen der lateinischen Christenheit. Eine Sequenz des 15. Jh. nennt sechs heilige Bischöfe, 360

Ausschnitt aus dem „Madrider-Atlas" des Christian Sgrooten (1512-1594)

maurische Märtyrer der thebäischen Legion, die Heiligen Drei Könige, die Makkabäischen Märtyrer, die jungfräulichen Märtyrerinnen im Gefolge der hl. Ursula und elf weitere Heilige in den Stifts-, Pfarr- und Klosterkirchen. An Zeugnissen für eine Verehrung des Pilgerapostels Jakobus d. Ä. hatte Köln eine Fülle zu bieten wie sonst nur Santiago de Compostela und Rom. Vier Kölner Kirchen – der Dom, St. Maria im Kapitol, Groß St. Martin und St. Johann Baptist – verfügten über Jakobusreliquien, außerdem waren eine Kirche und zwei Kapellen dem Apostel geweiht. Bei sechs Altären rangierte Jakobus als Hauptpatron, bei zehn weiteren war er Nebenpatron. Es existierten drei Jakobusbruderschaften, und auch ein Hospitalkonvent führte seinen Namen. Zudem ließen sich in mindestens achtzehn Kirchen der Stadt bildliche Darstellungen des Apostels betrachten.

Anlässlich des Weltjugendtages 2005 hat Papst Benedikt XVI. die Bedeutung Kölns als Pilgerstadt mit folgenden Worten gewürdigt: „Köln hat für die Heiligen Drei Könige das kostbarste Reliquiar der gesamten christlichen Welt anfertigen lassen und darüber gleichsam ein noch größeres Reliquiar errichtet: den Kölner Dom. Mit Jerusalem, der ‚Heiligen Stadt', mit Rom, der ‚Ewigen Stadt', und mit Santiago de Compostela in Spanien ist Köln dank der Heiligen Drei Könige im Laufe der Jahrhunderte zu einem der bedeutendsten Wallfahrtsorte des christlichen Westens geworden."

Königsforst

Teilstrecke **7** A

Overath – Brück

Wegbeschreibung und Hinweise

18,5 km **Fuß- und Radstrecke sind weitgehend identisch.**

Schwierigkeitsgrad zu Fuß und per Rad: einfach bis mittel, zu Beginn zwei Anstiege aus den Flusstälern von Agger und Sülz, dann ebene Wegführung auf ausgebauten Wanderwegen durch den Königsforst

Ausgangspunkt Katholische Pfarrkirche St. Walburga, Overath: An der Kirche führt der Weg nach links vorbei am Steinhof über die Agger zum Schulzentrum Cyriax. Von dort Abstecher hoch zur ehemaligen Propstei St. Cyriakus **(1)**. Vom Schulzentrum auf dem Wanderweg A 3 zur Agger und aus dem Aggertal bergan über Halfensbüchel und Linde nach Heiligenhaus **(3)** (Variante: An der Pfarrkirche weiter auf der Hauptstraße geradeaus und hinter dem Ort an der Straßenkurve links über den Wanderweg **› 12 (2)** direkt nach Heiligenhaus **(3)**). Hinter der Rochuskapelle die L 136 rechts über die Neuhausener Straße verlassen und über Frielinghausen hinunter ins Sülztal. Hinter der Autobahnunterführung links. Ein weiteres Mal unter der Autobahn hindurch nach Steinenbrück **(4)**, dort rechts auf dem Fußweg entlang der B 55 über Altenbrück **(5)** bis zur Mühle in Untereschbach **(6)**. An der Straßenkreuzung links, hinter der Kirche rechts die Brüderstraße bergan zum Königsforst. (Abstecher Bensberg **(8)**). Im Königsforst **(9)** folgt der Weg der Brüderstraße **(7)** bis kurz vor der Autobahnunterführung, dann rechts in den Wanderweg **› 6**. Hinter Kettners Weiher und nach der Bachquerung rechts in den Wanderweg **N** zum Kinderdorf Bethanien **(10)**. Entlang der L 358 ein kurzes Stück links, am Parkplatz rechts auf dem Flehbachmühlenweg (Markierung **N**) vorbei am Wildgehege nach Köln-Brück. An der Ortsgrenze rechts in die Straße Am Wildwechsel und dann links an der B 55 (Olpener Straße) zur Ortsmitte, die nach Überquerung des Mauspfades **(11)** erreicht ist.

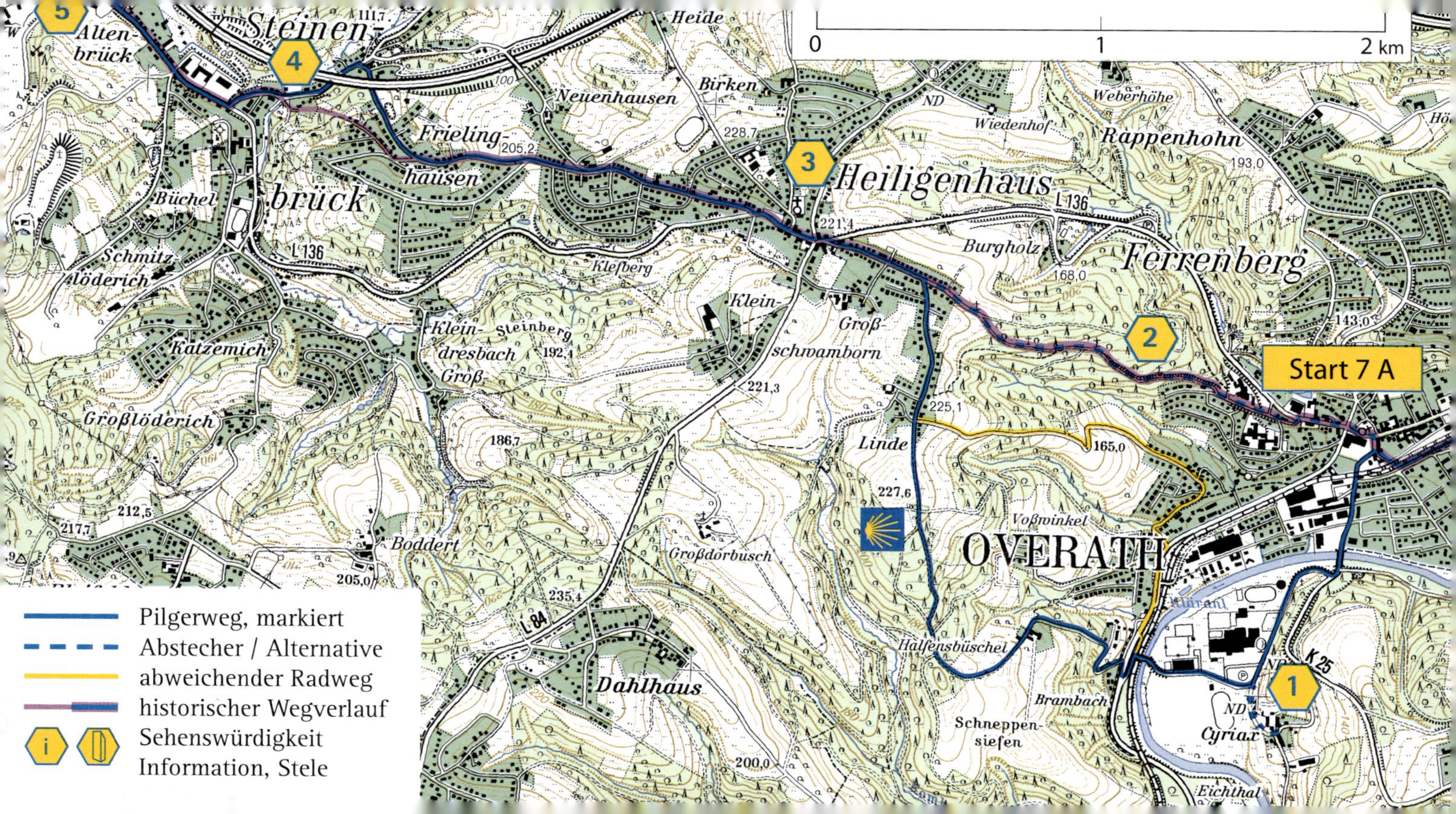
Start 7 A
0
1
2 km
Steinen-
brück
Alten-
brück
Frieling-
hausen
Neuenhausen
Birken
Heide
Heiligenhaus
Weberhöhe
Wiedenhof
Rappenhohn
Burgholz
Ferrenberg
Klein-
Groß-
schwamborn
Linde
Voßwinkel
OVERATH
Halfensbüschel
Brambach
Schneppen-
siefen
Cyriax
Eichthal
Großdorbusch
Dahlhaus
Boddert
Klein-
dresbach
Groß-
Steinberg
Kleßberg
Katzemich
Büchel
Schmitz-
löderich
Großlöderich
L 136
L 84
K 25
ND
221,4
228,7
205,2
221,3
225,1
227,6
165,0
168,0
193,0
143,0
192,4
186,7
212,5
217,7
205,0
235,4
200,0
111,7
Pilgerweg, markiert
Abstecher / Alternative
abweichender Radweg
historischer Wegverlauf
Sehenswürdigkeit
Information, Stele

1 *Cyriax*

Bei einer Propstei handelt es sich um die Filiale einer übergeordneten monastischen Einrichtung. Sie besitzt keine Rechtshoheit, führt aber durch den geregelten Ablauf von Stundengebeten und Gottesdiensten ein vollständig klösterliches Leben und wird von einem Propst (lat. Praepositus = Vorgesetzter) geleitet. Die Benediktinerabtei St. Michael in Siegburg unterhielt auf ihren Besitzungen acht Unterklöster. Über die Gründung der Propstei St. Cyriakus bei Overath gibt die erhaltene Stiftungsurkunde vom November 1256 nähere Auskunft. In ihr teilt Abt Gottfried II. mit, dass sich in einer Kapelle auf einem Klosterhof bei Overath „durch die Verdienste des glorreichen Märtyrers Cyriakus und seiner Gefährten [Largus und Smaragdus] (...) Zeichen und Wunder" erreignet haben. Dies habe ihn dazu veranlasst, „zur Verherrlichung und Ehre unseres Herrn Jesus Christus und seiner auserwählten Mutter und der vorgenannten Märtyrer, damit die Andachtsübung der Gläubigen gnädiger angeregt werde, (...) ebendaselbst nach unserem Maß eine Mönchgemeinschaft zu gründen." Aus einem Geldbetrag, der durch Opfergaben in der Kapelle angefallen sei, und Vermögensumschichtungen, die im Weiteren erläutert werden, solle die Ordensniederlassung finanziert werden. Bemerkenswert ist daran, dass bereits die ältere Kapelle ein religiöses Ziel für Pilger war und dies als Ursache für die Klos-

Steinkreuz mit Abbildung des Heiligen in Cyriax

tergründung angegeben ist. Bis zu ihrer Aufhebung im Jahre 1803 stellte die Propstei eine Stätte der Heiligenverehrung für die Umgebung dar, bot aber auch denjenigen Pilgern Aufnahme, die auf der Brüderstraße zu weiteren Zielen unterwegs waren. Während des 17. Jh. wurde die Propstei in Kriegen zweimal zerstört und neu errichtet. Ihre bauliche Substanz besteht in einem Bauernhof fort, dessen Gebäude auf den alten Fundamenten stehen. 1977 musste die kleine Kirche, die seit 1830 als Viehstall genutzt worden war, einem unschönen Wohnhaus weichen. Der Altar war schon zuvor in die Wallfahrtskirche Marialinden überführt worden (s. S. 176). Daneben hat sich das Propsthaus erhalten, ein einfacher zweigeschossiger Bau mit Walmdach und kleiner Freitreppe. Der Sturz über der gerahmten Tür trägt den Namen des letzten Propstes Rudolph von Falckenstein und das Weihedatum 4. August 1784. Auf dem Gelände zeigt ein Steinkreuz im Postament den hl. Cyriakus.

Naturdenkmal Eibe an der Klostermauer von Cyriax

Steinstele im Burgholz

2 *Fußfälle im Burgholz*

Eine kürzere Variante des Pilgerweges führt nicht über Cyriax, sondern folgt zwischen Overath und Heiligenhaus dem ursprünglichen Verlauf der Brüderstraße, der als Hauptwanderweg 12 markiert ist. Hier stehen die Stelen eines weiteren Andachtsweges zu den sieben Fußfällen. Sie sind 1817 von den Geschwistern Bolz aus dem nahe gelegenen Kleinschwamborn nach einem überstandenen Hungerjahr gestiftet worden und tragen im Vergleich zu den Stelen in Weißenstein mehr volkskünstlerische Züge.

Der hl. Cyriakus

Der Name Cyriacus ist die latinisierte Form des griechischen Kyriakos (von Kyrios = Herr) und bedeutet „dem Herrn gehörend" oder „Mann des Herrn". Er war ein beliebter Taufname bei den griechisch sprechenden Römern und ist auch heute noch als Vorname bei den Griechen üblich. Als einer der „Vierzehn Nothelfer" gehört Cyriakus zu den populäreren Heiligen und wird als Schutzpatron gegen Besessenheit, böse Geister und Versuchungen angerufen. Das Martyrologium Romanum, das 1584 nach dem Konzil von Trient herausgegeben wurde, berichtet zum 8. August, dass Cyriakus in Rom viele Wunder tätigte und Kaiser Diokletians Tochter Artemia vom Feind befreite. Anschließend ging er an den Hof des Königs Sapor von Persien, wo ein noch größeres Wunder an dessen Tochter Jodia folgte, denn hier habe der ausgetriebene Dämon nicht nur bösen, sondern gar höllischen Charakter besessen. Nachdem er den König mit 430 anderen Persern getauft hatte, kehrte Cyriakus nach Rom zurück, wo er auf Befehl Kaiser Maximinians nach grausamen Martern geköpft wurde. An den Namen lässt sich ablesen, dass die Heilungsgeschichten jüngeren Datums sind; so hieß Diokletians Tochter Valeria, und ein König Sapor ist aus jener Zeit in Persien nicht bekannt. Demgegenüber besitzt die Überlieferung des Martyriums größeren Realitätsgehalt. Da Cyriakus nach allgemeiner Auffassung Diakon unter Papst Marcellus (308-310) war, dürfte sich die Hinrichtung im Jahre 309, in der zweiten Amtszeit Maximinians, ereignet haben. Die Leiber der Toten wurden am 16. März an der Via Salaria beigesetzt, aber schon am darauffolgenden 8. August von Papst Marcellus auf das Grundstück einer Christin am Weg nach Ostia übertragen. Das Martyrologium Romanum verzeichnet zwei Gedenktage: den 16. März und den 8. August.

Bereits im 8. Jh. könnten Reliquien nach Deutschland gekommen sein, nach denen die Reichsabtei St. Cyriakus in Lorsch ihr Patrozinium erhalten hat. Im 10. Jh. erhielt Kaiser Otto I. einen Arm des Heiligen, den Heinrich II. zum Bamberger Domschatz beitrug. Der zweite Arm gelangte 1049 in die Abtei Altorf in den Vogesen.

400 Kirchen- und Kapellenpatrozinien in Frankreich und Deutschland belegen die sehr weit verbreitete Verehrung des hl. Cyriakus während des Mittelalters. Das Steinkreuz in Cyriax zeigt den Heiligen in der Tracht eines Diakons mit der Märtyrerpalme. Er steht auf einem besiegten Drachen, dem Symbol für einen ausgetriebenen Dämon.

3 Heiligenhaus

In Heiligenhaus, auf der Höhe zwischen dem Agger- und dem Sülztal gelegen, stehen hintereinander gestaffelt drei Gotteshäuser, die dem hl. Rochus, dem Patron der Pestkranken, geweiht sind. 1643 wird an einer Wegekreuzung der Brüderstraße, am heutigen Standort der Gaststätte Bosbach, ein Bildstock zu Ehren des Heiligen genannt. Nach der großen rheinischen Pestepidemie von 1665/66, der in Köln ein Viertel der Bevölkerung zum Opfer gefallen war, nahm die Rochusverehrung zu. Das Heiligenhäuschen wurde durch eine strohgedeckte Fachwerkkapelle ersetzt. Als diese wegen Baufälligkeit abgebrochen werden musste, errichtete man im Jahre 1840 auf der gegenüberliegenden Straßenseite die heutige Kapelle, einen im Rundbogenstil ausgeführten Bruchsteinbau. In diese Kapelle wurde die Holzstatue des hl. Rochus übertragen. Aus der Kapelle ging eine Pfarrvikarie hervor, für die im Jahre 1936 eine erste Kirche errichtet wurde. Als nach 1945 die Bevölkerungszahl anstieg, wurde ein größeres Gotteshaus notwendig. Der Kirchbau von 1936 blieb als Gemeindesaal erhalten. Unmittelbar dahinter entstand 1967 die neue Kirche aus roten Sichtziegeln. Bemerkenswert sind vor allem die Fensterreihen des Kirchenschiffs, die mit Pflanzen und Tieren des Bergischen Landes die Schöpfung symbolisieren.

St. Rochus, Heiligenhaus

4 Steinenbrück

Ab dem Jahr 1122 betrieb die Abtei Siegburg Bergbau auf dem Lüderich, der jedoch während des Dreißigjährigen Krieges zum Erliegen kam. Steinenbrück verdankt seine Entstehung im 19. Jh. einer Wiederaufnahme der Bergbautätigkeiten, nachdem man 1827 beim Bau der preußischen Staatsstraße (die heutige B 55) Bleiglanz entdeckt hatte. Ab 1852 engagierte sich eine belgische Minengesellschaft im Bensberger Erzrevier. Es entstanden mehrere Schächte mit markanten Fördertürmen. Im Zweiten Weltkrieg waren hier 1.200 Bergleute beschäftigt, vorwiegend Kriegsgefangene. 1978 musste

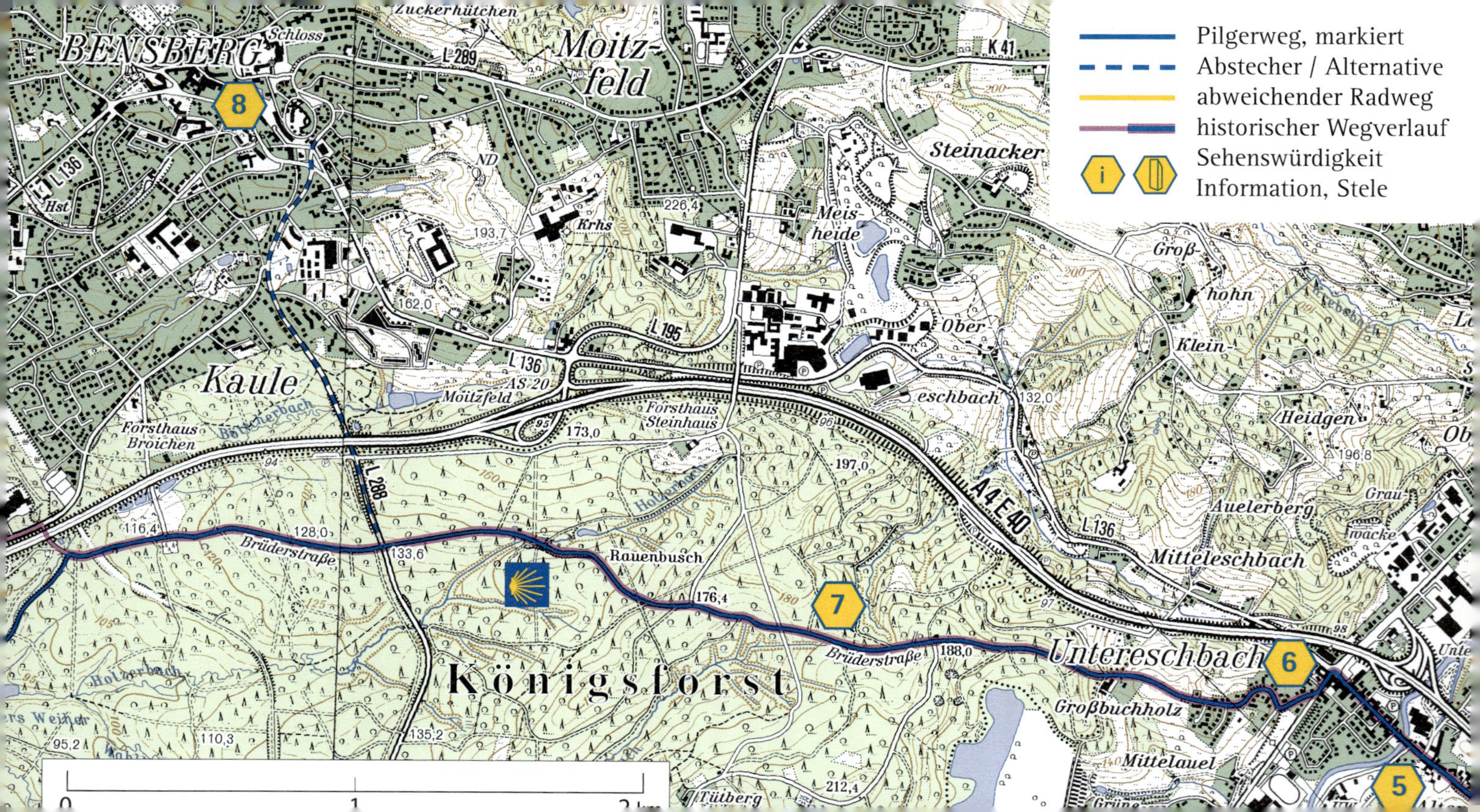

Pilgerweg, markiert
Abstecher / Alternative
abweichender Radweg
historischer Wegverlauf
Sehenswürdigkeit
Information, Stele
BENSBERG
Schloss
Zuckerhütchen
Moitz-
feld
Steinacker
Meis-
heide
Groß-
hohn
Klein-
Ober
eschbach
Heidgen
Auelerberg
Mitteleschbach
Untereschbach
Großbuchholz
Mittelauel
Kaule
Forsthaus
Broichen
Forsthaus
Steinhaus
Moitzfeld
Rauenbusch
Brüderstraße
Brüderstraße
Königsforst
Krhs
Tütberg
L 289
L 136
L 195
L 288
K 41
A 4 E 40
AS 20
8
7
6
5
0
1

Weihnachtskrippe mit Bezügen zum Bergbau in St. Barbara, Steinenbrück

der Erzbergbau wegen Unrentabilität eingestellt werden. Von den Fördertürmen ist noch einer an seinem ursprünglichen Ort erhalten, ein weiterer wurde nach Niederdielfen versetzt (s. S. 101). Der Bevölkerungszuwachs machte den Bau einer katholischen Pfarrkirche notwendig, zu der 1914 der Grundstein gelegt wurde. Sie ist der hl. Barbara geweiht, der Schutzpatronin der Bergleute, und auch ihr Äußeres erinnert an den Bergbau der Region, denn für die Außenhaut verwendete man in der Nähe gebrochene Grauwacke. In spürbarem Kontrast dazu steht der moderne Turmkonus von 1963/64.

5 *Altenbrück*

Seinen Namen besitzt Altenbrück von dem Übergang der Brüderstraße über die Sülz. Für diese Stelle ist 1586 erstmals eine Steinbrücke erwähnt, während die heutige Betonbrücke aus dem Jahr 1950 stammt. Altenbrück hat schon 1409 eine Mühle besessen, deren Gelände 1898 zum Fabrikstandort wurde. Die Gebäude der ehemaligen Textilfabrik Flocke sind heute jedoch zu einer Wohnanlage ausgebaut. Östlich der Brücke steht das sogenannte Alte Zollhaus. Eine Zollstation ist in Altenbrück seit 1486 belegt, dem Jahr, in welchem das Herzogtum Berg seine Landzölle einführte. Aufgrund seiner exponierten Lage mit einem Vorbau auf Ständern zur Straße hin wurde zeitweise angenommen, dass der Zoll in dem markanten Fachwerkensemble untergebracht war. Heute vermutet man hingegen, dass sich die Zollstation in inselartiger Lage zwischen der Sülz, dem Mühlgraben und dem Holzbach befunden hat. Gleichwohl ist das Alte Zollhaus eine bemerkenswerte Hofanlage.

6 *Untereschbach*

Wohnhaus der Mühle, Untereschbach

Auch Untereschbach, auf der gegenüberliegenden Flussseite gelegen, hat eine Mühle besessen, die seit 1413 nachgewiesen ist und bis 1957 in Betrieb war. Das große Wohnhaus des Mühlenbesitzers dominiert die Kreuzung in der Ortsmitte. Es handelt sich um einen zweigeschossigen Bau mit Krüppelwalmdach und vorgestelltem Altan, einem von Säulen gestützten Balkon. Das Gebäude stammt aus dem Jahr 1828 und ist vor einigen Jahren denkmalgerecht saniert worden.

7 *Hohlwegbündel am Buchholzer Berg*

Hohlweg (links) und heutiger Weg (rechts) am Buchholzer Berg

Der Anstieg aus dem Sülztal zum Buchholzer Berg ist die letzte Steigung, welche die Brüderstraße in ihrem Verlauf in Richtung Köln zu bewältigen hat. Sobald bei Großbuchholz die Waldgrenze erreicht ist, lassen sich zu beiden Seiten des Weges zahllose Reste von Hohlwegen entdecken. Immer wieder sind neue Trassen angelegt worden, nachdem die vorhergehenden zu stark ausgewaschen waren. Auf der gesamten Strecke von Marburg bis Köln findet sich kaum eine Stelle mit größeren Hohlwegbündeln als hier.

8 *Bensberg*

Die Brüderstraße und somit auch der Pilgerweg führen zwar nicht nach Bensberg, sondern weiter durch den Königsforst in Richtung Köln, doch bietet sich ein Abstecher in den nah gelegenen Ort an.

Die Grafen von Berg besaßen bereits im 12. Jh. in Bensberg eine Burg, die, in exponierter Lage über der Rheinniederung gelegen, ihre Zweitresidenz war und zahlreichen Kriegswirren standhalten musste. 1964 begann der Ausbau als Rathaus nach Plänen des Kölner

Architekten Gottfried Böhm, der mit Beton und Glas eine moderne Verwaltungsburg schuf. In den Jahren 1703-06 erbaute Herzog Jan Wellem neben der alten Burg ein großzügiges Barockschloss. Die Pläne für den dreiseitig geschlossenen, aus fünf Flügeln bestehenden Gebäudekomplex lieferte der venezianische Festungsbaumeister Matteo Alberti, der für Jan Wellem auch in Düsseldorf tätig war. Nach dem Tod des Herzogs 1716 verfiel der Bau, während die dort aufbewahrten Kunstschätze nach Düsseldorf und schließlich nach München abwanderten. 1838 wurde das Gebäude als preußische Kadettenanstalt wiederhergestellt, war 1933-42 Nationalpolitische Erziehungsanstalt des NS-Regimes und diente 1945-96 als Kaserne und Schule für belgische Truppen. Anschließend erfolgte sein Umbau zu einem Luxushotel. Hinter der Burg befindet sich ein Museum zur regionalen Geschichte und Kultur, in dessen Kellerräumen ein Bergwerkstollen nachgebaut wurde.

Ortskern und Alte Burg, Bensberg

9 *Königsforst*

Der Name Königsforst taucht erstmals in einer Urkunde des Jahres 1003 auf, in der Erzbischof Heribert von Köln das Waldgebiet aufteilte, das ihm zuvor von Kaiser Otto III. überlassen worden war. Die Anfänge einer Waldnutzung liegen in der Vorgeschichte, so haben sich aus Bronze- und Eisenzeit (ca. 1800-400 v. Chr.) etliche Hügelgräber erhalten. Der Name Frankenforst für den Teil des Waldes, durch welchen die Brüderstraße hindurchführt, weist darauf hin, dass es sich ehemals um Besitzungen eines fränkischen Königsgutes gehandelt hat. Nach der Jahrtausendwende lag die Jagdhoheit bei Kurköln und in zunehmendem Maße bei den Grafen und späteren Herzögen von Berg. Ihre Vorliebe für Bensberg beruht nicht zuletzt darauf, dass ein wildreiches Revier unmittelbar vor der Haustüre lag. Der hohe Wildbestand führte aber auch zu Protesten und Übergriffen von geschädigten Bauern. Gleichwohl besaßen die angrenzenden Dörfer bis 1874 einige Nutzungsrechte innerhalb der ihnen zugeordneten Gemarkungen. Außerhalb der Jagdzeiten durften sie Rindvieh zum Wei-

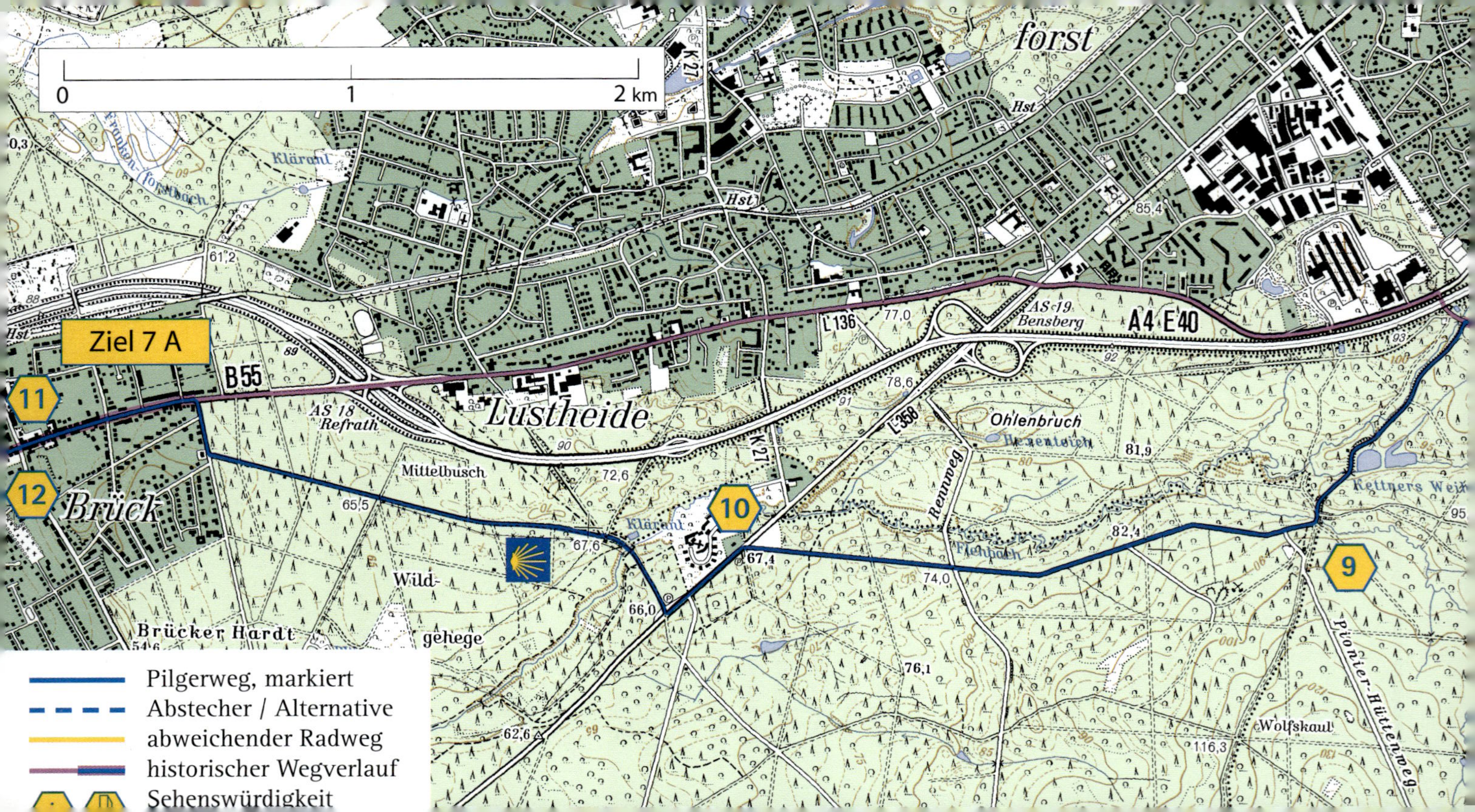

0
1
2 km
forst
Hst
K 27
Klärani
Franken-forstbach
Hst
85,4
61,2
88
Ziel 7 A
89
B 55
AS 18
Refrath
Lustheide
L 136
77,0
AS 19
Bensberg
A4 E40
93
92
78,6
91
L 358
Ohlenbruch
81,9
Rennweg
Rettners Weih
95
11
12
Brück
Mittelbusch
72,6
90
K 27
10
65,5
67,6
Wild-
gehege
66,0
67,4
74,0
82,4
9
Brücker Hardt
54,6
76,1
62,6
Wolfskaul
116,3
Pionier-Hüttenweg
Pilgerweg, markiert
Abstecher / Alternative
abweichender Radweg
historischer Wegverlauf
Sehenswürdigkeit

Preußische Kartenaufnahme 1: 25.000 (1836-1850), Uraufnahme, Blatt Overath tw

den und Schweine zur Bucheckernmast eintreiben, Holz schlagen und Waldfrüchte sammeln. Im 19. Jh. wurde der Königsforst preußischer Staatsforst. Seine Pflege erfolgte von Bensberg aus. Am Großen Steinberg, einer der höchsten Erhebungen im Waldgebiet, wurde Ende des 19. Jh. kurzzeitig Bergbau betrieben. Heute lassen sich Bestände an Rot-, Reh- und Schwarzwild antreffen. Im Jahre 2000 wurde der Königsforst zum Naturschutzgebiet erklärt.

10 *Kinderdorf Bethanien*

Eingebettet in den Königsforst, aber nahe dem Ortsrand von Refrath, liegt das Kinderdorf Bethanien. Es wurde in den Jahren 1965/66 gebaut, um Kindern aus zerrütteten Familien eine Heimat zu bieten. Der Architekt Gottfried Böhm nahm sich bei der Planung der Anlage ein „typisches Dorf" zum Vorbild: Um ein Zentrum mit Kirche und Gemeinschaftshaus herum gruppieren sich zwölf kleinere Gebäude, in welchen sich die Wohnungen für die Kinder befinden. Die Betonkirche, die auf dem zentralen Platz steht, erinnert in ihrer bizarren Struktur an das Bensberger Rathaus, doch wurde dessen Monumentalität bewusst vermieden. Das zweigeschossige Gemeinschaftshaus ist derart gestaltet, dass seine Nutzungsmöglichkeiten variabel sind. Die zwölf Wohnhäuser entsprechen dem charakteristischen Konzept des Kinderdorfgedankens, der die Bildung von familienähnlichen Gemeinschaften vorsieht. Durch

Luftaufnahme auf das Kinderdorf

verbindende Mauern soll aber auch ein Zusammengehörigkeitsgefühl betont werden, welches das gesamte Dorf umschließt. Es gehört zur Grundidee der Anlage, mit architektonischen Mitteln Gemeinschaft und Geborgenheit zu vermitteln.

11 *Mauspfad*

Ehemalige Gaststätte „Zur Erholung", Köln-Brück

Innerhalb der alten Ortslage von Brück kreuzte sich die Brüderstraße mit dem Mauspfad. Letzterer war ein Verkehrsweg, der auf der Kante der rheinischen Mittelterrasse entlangführte und vor allem dazu diente, das 1259 von der Stadt Köln eingeführte Stapelrecht zu unterlaufen. Dazu wurden die Rheinschiffe ober- und unterhalb der Stadt be- und entladen, um leer an Köln vorbeizufahren. Für die Benutzung der Umgehungsstraße verlangten die Grafen von Berg eine Mautgebühr, die bereits 1398 belegt ist, lange vor der allgemeinen Einführung der bergischen Landzölle. Eine der Zollstationen befand sich bei Brück im Bereich der Kreuzung mit der Brüderstraße, und der Name Mauspfad stammt von der hier erhobenen Maut.

Alter Mauspfad südlich von Brück

BRÜCK – KÖLN

Wegbeschreibung und Hinweise

10 km

Fuß- und Radweg sind identisch.
Schwierigkeitsgrad zu Fuß und per Rad: einfach, die Teiletappe führt ausschließlich über innerstädtische Straßen, es kann auch die Straßenbahn genommen werden (Linie 1, Einstieg Brücker Mauspfad, Ausstieg Heumarkt)
Ausgangspunkt St. Hubertus, Köln-Brück (12): Die Route folgt auf dem Bürgersteig der B 55 (Olpener Straße, Kalker Hauptstraße und Deutz-Kalker Straße) durch die Stadtteile Brück, Merheim, Vingst, Höhenberg **(13)** und Kalk **(14)** nach Deutz. Hinter der Kölnarena geradeaus in die Straße Deutzer Freiheit. Hinter der Pfarrkirche Neu St. Heribert **(15)** führt der Weg durch die Unterführung zum Verwaltungsgebäude der Firma Lufthansa, an dessen Nordseite sich St. Heribert **(16, 17, 18)** befindet. Am Rheinufer vor der Abteikirche nach links zur Deutzer Brücke **(19)**. Auf der anderen Rheinseite durch die Kölner Altstadt **(20)** über Heumarkt **(21)**, Unter Käster, Alter Markt und Unter Taschenmacher zum Dom **(22)**.

Die Abtei Deutz auf der Kölner Stadtansicht von Anton Woensam, 1531

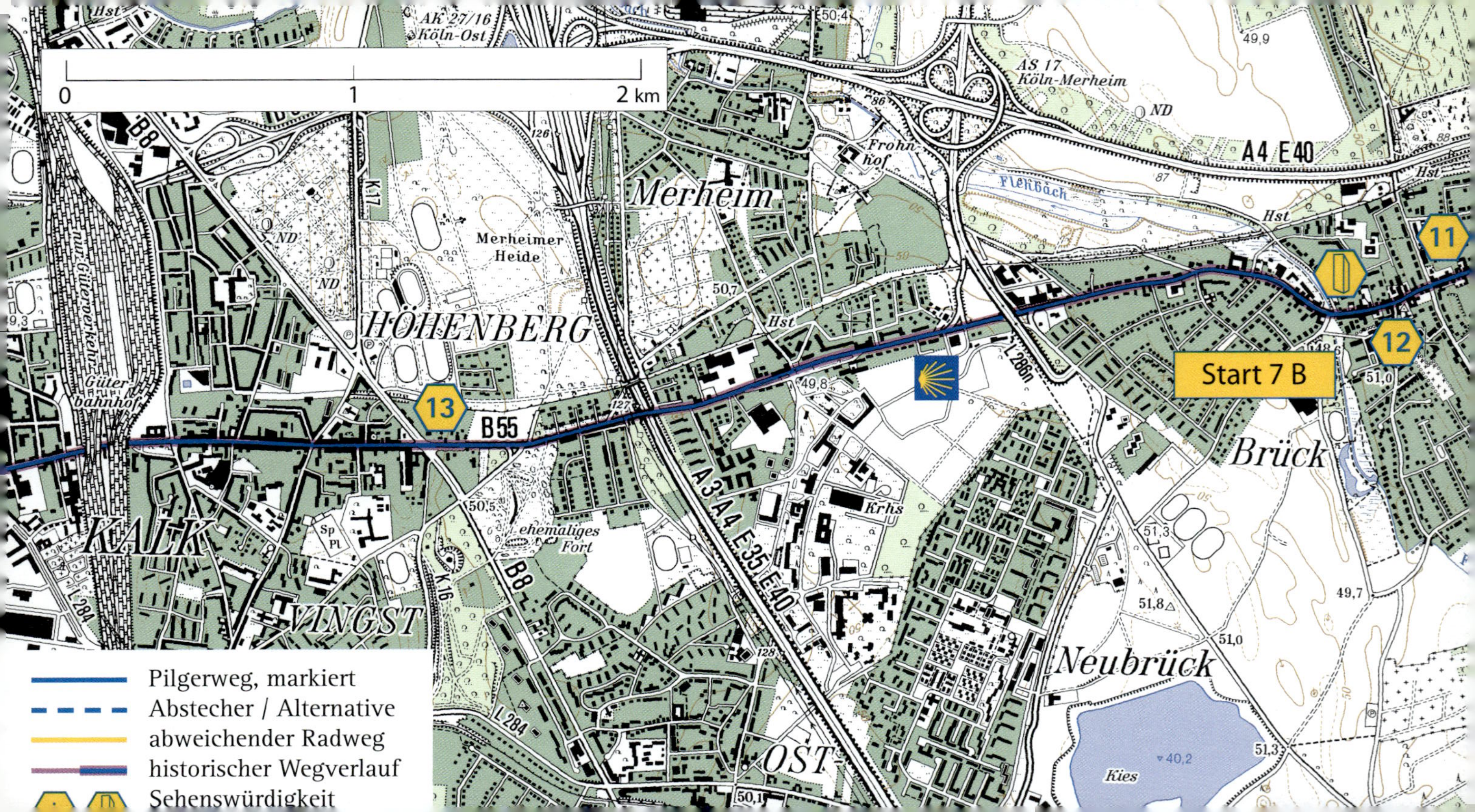

0
1
2 km
AK 27/16 Köln-Ost
AS 17 Köln-Merheim
A4 E40
Flehbach
Frohnhof
Merheim
Merheimer Heide
HÖHENBERG
B55
B8
K17
K16
L 286n
L 284
A3 A4 E35 E40
Güterbahnhof
nur Güterverkehr
KALK
VINGST
OST
ehemaliges Fort
Krhs
Brück
Neubrück
Kies
Start 7 B
11
12
13
Pilgerweg, markiert
Abstecher / Alternative
abweichender Radweg
historischer Wegverlauf
Sehenswürdigkeit

12 Brück

Der Kölner Stadtteil Brück entwickelte sich an der Verkehrskreuzung der Brüderstraße mit dem Mauspfad und dem Straßenübergang über den Flehbach. Der Ortsname dürfte auf diese Bachquerung zurückgehen. Die alte Ortslage ist ein lang gezogenes Straßendorf entlang der Brüderstraße, das in ein Unterdorf auf der Nieder- und ein Oberdorf auf der Mittelterrasse der Kölner Bucht untergliedert ist. Im 16. Jh. gelangte Brück zu Wohlstand, der einerseits aus der Lage an der Brüderstraße, andererseits aus den am Flehbach betriebenen Gerbereien und Webereien resultierte. Zwei Umspannstationen mit Gastwirtschaften gewährleisteten den Anstieg auf die nächste Höhenterrasse. Oben auf dem Brücker Berg, wo ausgespannt wurde, gab es dann wieder ein Lokal. Das heutige Restaurant „Em Hähnche", schräg gegenüber der Kirche an der Olpener Straße, ist aus einer dieser Stationen hervorgegangen. Es handelt sich um ein gut proportioniertes bergisches Fachwerkhaus mit Verschieferung, das mittig von einem Dreiecksgiebel betont wird. 1725 wurde hier die Gastwirtschaft „Zum weißen Pferdchen" eröffnet. Der heutige Name erinnert daran, dass der Wirt Anfang der 1930er-Jahre den Wetterhahn für die katholische Kirche finanziert hat.

Gasthof „Em Hähnche", Köln-Brück

Die Pfarrkirche St. Hubertus ist 1930/31 anstelle eines Gotteshauses aus dem 19. Jh. neu errichtet worden. Sie ging aus der Kapelle eines Hospitals hervor, von dem ein Visitationsprotokoll aus dem Jahre 1550 erstmals berichtet. Ein weiteres Protokoll von 1579 gibt nähere Auskunft: Demzufolge hat Herzog Gerhard von Jülich und Berg die Kapelle in Brück schon 1444 ausgestattet, damit jeden

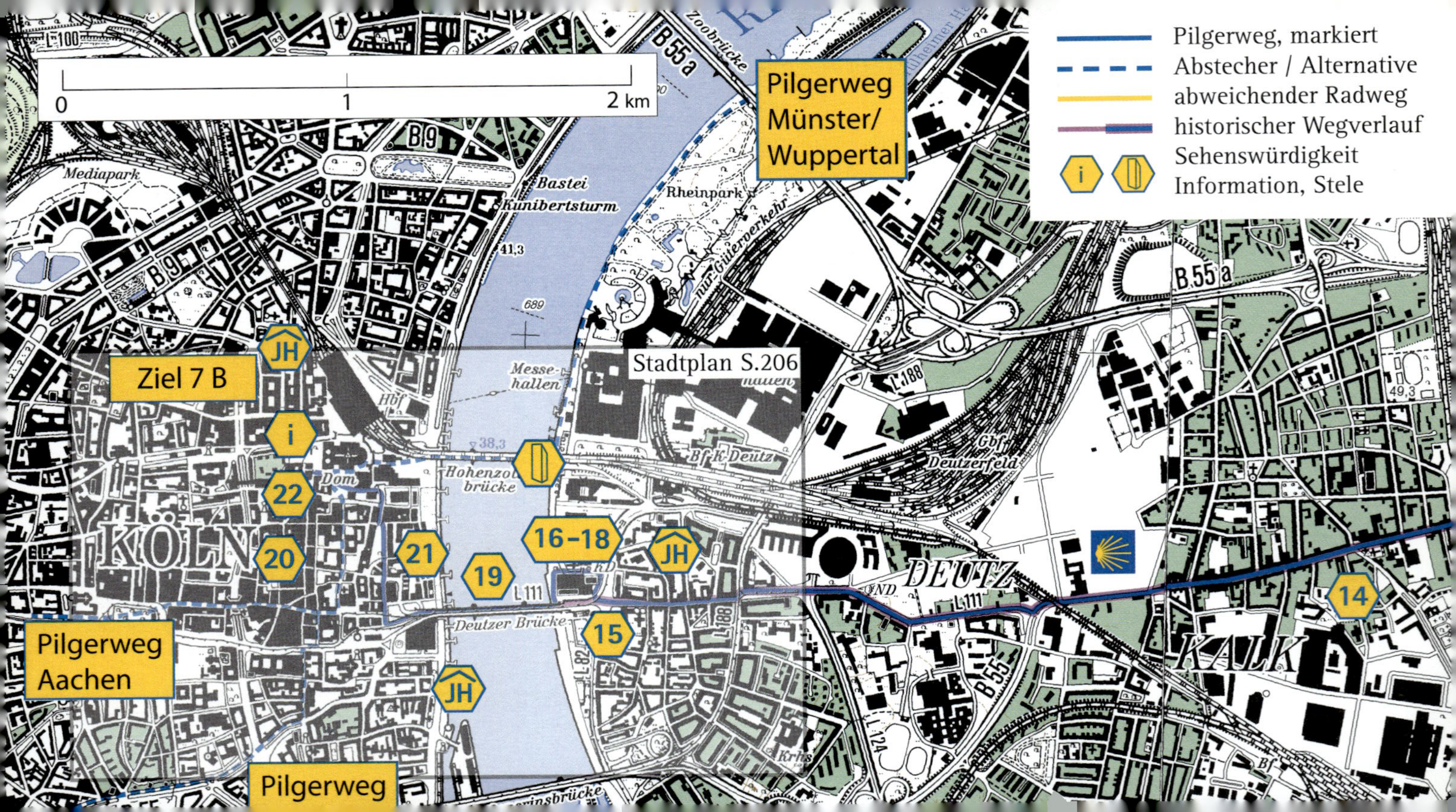
Pilgerweg, markiert
Abstecher / Alternative
abweichender Radweg
historischer Wegverlauf
Sehenswürdigkeit
Information, Stele
0
1
2 km
Pilgerweg Münster/ Wuppertal
Pilgerweg Aachen
Pilgerweg
Ziel 7 B
Stadtplan S.206
KÖLN
DEUTZ
KALK
Mediapark
Bastei
Kunibertsturm
Rheinpark
nur Güterverkehr
Zoobrücke
Messe-hallen
Hohenzollernbrücke
Deutzer Brücke
Dom
Hbf
Bf K-Deutz
Gbf Deutzerfeld
B 55 a
B 9
B 55
L 111
L 188
L 124
L 82
L 100
41,3
689
38,3
49,3
JH
i
14
15
16–18
19
20
21
22

Samstag die heilige Messe gelesen werden konnte. Nach späteren Aufzeichnungen des Merheimer Pfarrers Overrath hatte bereits 1439 eine Catharina Coenen das Hospital gestiftet, indem sie ihr Haus in Brück „zu Gunsten der Armen des Kirchspiels Merheim vorzüglich zur Pflege armer siecher Pilgrime" überließ.

13 *HöVi-Land*

HöVi-Land – das Kinderland

Zwischen Brück und Kalk führt der Pilgerweg durch die Stadtteile Höhenberg und Vingst. Die Arbeitslosenquote beträgt hier 25 Prozent und damit 10 Prozent mehr als der Kölner Durchschnitt. Rund 40 Prozent der Haushalte haben kein selbst erwirtschaftetes Einkommen, und viele Eltern und Alleinerziehende können sich keinen Urlaub leisten. Deshalb gründeten die katholischen und evangelischen Kirchengemeinden der beiden Stadtteile 1994 die ökumenische Ferienaktion „HöVi-Land". In einer Zeltstadt auf einer Wiese bei Vingst bieten alljährlich 80 Erwachsene und 120 Jugendliche ein kreatives Ferienprogramm für 500 Kinder an. Das Projekt wird aus vielfältigen Spenden finanziert und hat in den Medien weite Beachtung gefunden. Hinzu kamen weitere soziale Projekte und sichtbare Stadtteilverschönerungen durch die Anlage und Pflege von Blumenbeeten. Ein Zentrum der Aktivitäten ist die katholische Pfarrgemeinde St. Theodor in Vingst. Ihre Kirche zeichnet sich durch das spannungsvolle Verhältnis der einzelnen Baukörper zueinander aus. Sie wurde 1999-2001 nach Plänen des Kölner Architekten Paul Böhm errichtet und versinnbildlicht in drei Raumschichten drei wichtige Aufgabenbereiche der Pfarrei: Gemeindeleben, Diakonie und Liturgie. Sie steht ca. 800 m südlich des Pilgerweges.

14 *Kalker Kapelle*

Seit 1423 führt der Eigenkalender des Erzbistums Köln am 15. September das Fest „Gedächtnis der Schmerzen Mariens". In den Deutzer Schreinsbüchern wird das „Kalker hillgen huiß" 1473 erstmals er-

Vesperbild in der Kalker Kapelle

wähnt. Zwanzig Schritte davon entfernt stand ein Siechenhaus, welches somit wegen der Ansteckungsgefahr zwar außerhalb der Stadt lag, aber immer noch verkehrsgünstig an der Brüderstraße, damit die Leprakranken von den Reisenden ein Almosen erbitten konnten. Offenbar zum Trost dieser Kranken hatte die Abtei Deutz nach der Einführung des Festes das Heiligenhäuschen errichtet und mit einer spätgotischen Pieta ausgestattet. Nach der großen Pest von 1665/66 beschloss der Pfarrer von Deutz den Bau einer Kapelle und ließ von Deutz, Mülheim und Ensen drei Stationswege zu den Sieben Schmerzen Mariä einrichten. Als 1703 ein Orkan das kleine Gotteshaus verwüstete, blieb das Vesperbild auf wundersame Weise unversehrt. Die Kalker Wallfahrt erfuhr dadurch einen ungeahnten Aufschwung. Im Jahre 1710 wurde an dem Sonntag nach Mariä Geburt (8. September) eine jährliche Prozession von Köln und Deutz eingeführt, die drei Jahre später bereits 16.000 Teilnehmer hatte. Schließlich wurden aus dem Wallfahrtssonntag drei Festwochen in der Zeit zwischen dem 8. und dem 29. September. Als die Kapelle durch einen Bombentreffer 1941 zerstört wurde, konnte das Marienbild zum zweiten Mal fast unversehrt aus den Trümmern geborgen werden. Das katholische Männerwerk der Stadt, das bereits in den 30er-Jahren nächtliche, auch als Protest gegen das NS-Regime verstandene Männerwallfahrten nach Kalk organisiert hatte, übernahm in den Jahren 1946-50 den Wiederaufbau. Männer aus vielen Pfarreien Kölns halfen am Wochenende und abends bei der Trümmerräumung und den Bauarbeiten. Am 8. September 1950 konnte die neue Kapelle eingeweiht werden. Sie entstand nach den Plänen des Architekten Rudolf Schwarz (1897-1961), der einen eindrucksvollen schlichten Backsteinbau entwarf. Zum Garten hin öffnet sich der Bau in einer großen Glasfront, zur Straße hin machen die verwendeten Trümmerziegel die Kriegs- und Nachkriegszeit bewusst. Der Chorraum ist umgangartig gestaltet, um die Funktion der Kapelle als Wallfahrtsstätte zu versinnbildlichen. Im Zentrum des Umgangs steht das Gnadenbild auf einem hohen Unterbau.

Tonfiguren aus Kalk

In der zweiten Hälfte des 19. Jh. waren Tonfiguren der Gottesmutter und der Heiligen eine beliebte Devotionalie aus dem Wallfahrtsort Kalk. Sie kamen aus der Kalker Tonfigurenfabrik, die Heinrich Josef Scherf um 1850 eröffnet hatte. Kreuzwege für Kirchenräume wurden hier ebenso gefertigt wie weltliche und allegorische Darstellungen. Kaiserin Augusta, die Gemahlin Wilhelms I., hat die Fabrik mehrmals besucht, um Statuen für mittellose Kirchengemeinden einzukaufen. Die Fabrik musste 1891/92 ihre Tore schließen, als durch die Fertigung von Gipsfiguren billige Massenware den Devotionalienmarkt überschwemmte.

15 *Neu St. Heribert*

Infolge des Anwachsens von Deutz als Industrie- und Militärstandort wurde der Bau einer großen Pfarrkirche notwendig. Auf dem Gelände des Tempelhofs entstand in den Jahren 1892-96 die Pfarrkirche

Jakobus d. Ä. auf der Annaglocke aus Neiße/Schlesien in Neu St. Heribert

Der hl. Heribert – Ein Pilger auf dem Stuhl der Kölner Erzbischöfe

Zum Leben Heriberts sind in der Abtei Deutz zwei Viten geschrieben worden. Die ältere wurde um 1050 von Lantbert, dem Leiter der Klosterschule, verfasst, die zweite ca. 60 bis 70 Jahre später von Rupertus, dem Abt des Klosters. Beiden Autoren lag daran, den Erzbischof als einen Diener Gottes zu rühmen, der sich durch seine Tugenden auszeichnete.

Lantbert schildert Heribert als Pilger. Nachdem er im Sommer 999 in Ravenna seine Ernennung zum Erzbischof von Köln erfahren habe, sei er nach Rom gepilgert, um das erzbischöfliche Pallium in Empfang zu nehmen. Dann habe er sich nach Köln begeben, wo er am letzten Weihnachtsfest des alten Jahrtausends, dem 25. Dezember 999, barfuß eingezogen sei. Die fünfte Szene seiner Vita auf dem Heribertschrein zeigt diese Begebenheit, und es heißt in der Bildumschrift: „Der Berg übersteigt die Berge, breitet Licht aus über die Täler. Das Volk empfängt den ersehnten und ihm geneigten Bischof."

Man nimmt an, das Heribert um 970 zur Welt kam und aus der Familie der Konradiner stammte. Seine Ausbildung erhielt er an der Domschule in Worms und der Klosterschule in Gorze. Als Mitarbeiter des Wormser Bischofs Hildibald gelangte er an die königliche Hofkanzlei, wo er zum Kanzler und Vertrauten Ottos III. aufstieg. Otto, der 1002 in seinen Armen sterben sollte, machte ihn 999 auch zum Erzbischof von Köln. Nach dem Tod des Kaisers in Italien geleitete er den Leichenzug über die Alpen nach Köln und Aachen. Unterwegs ließ ihn der Bayernherzog Heinrich in Augsburg festsetzen, um die Reichsinsignien, die Heribert nach Köln vorausgesandt hatte, für seine Königswahl zu erpressen. Mit Heinrich, der vom Mainzer Erzbischof Williges zum neuen König gesalbt wurde, geriet Heribert in Konflikt und musste sein Amt als Kanzler abgeben. Die auf dem Heribertschrein dargestellte Versöhnung war nicht von Dauer, schon Lantbert hielt sie für heuchlerisch. Nach 1002 ging Heribert daher mehr in seiner Rolle als Oberhirte Kölns auf. Er brachte Köln städtebaulich voran, indem er im Westen der Stadt einen neuen Marktplatz, den Neumarkt, anlegen ließ.

Auf künstlerisch-geistigem Gebiet setzte Heribert zwar Akzente, ohne jedoch das Niveau seiner Zeitgenossen im Bischofsamt, Bernward von Hildesheim und Notker von Lüttich, zu erreichen. Er ließ für die Dombibliothek einen Gesamtkatalog anfertigen und unterstellte die Abtei St. Pantaleon der gorzischen Klosterreform nach dem Vorbild Clunys. Vor allem aber gründete er um 1002/03 die später nach ihm benannte Benediktinerabtei Deutz.

Am 16. März 1021 starb Heribert in Köln. Schon bald gelangte sein Grab in der Deutzer Abtei in den Ruf eines heiligen Ortes. Nicht nur aus Köln, sondern auch aus Worms, den Ardennen und Sachsen kamen Pilger herbei. 1026 besuchte der dänische König Knut der Große das Grab auf seiner Rompilgerfahrt. Aufgrund dieses Spontankultes bezeichnete Erzbischof Pilgrim seinen Vorgänger schon 1023 als „sanctus", als heilig. Eine förmliche Heiligsprechung hat allerdings nicht stattgefunden; die päpstliche Kanonisierungsbulle aus der Mitte des 12. Jh. ist eine Fälschung des Deutzer Klosters.

Stab des hl. Heribert

Neu St. Heribert nach Plänen des Düsseldorfer Baumeisters Caspar Clemens Pickel. Pickel errichtete eine dreischiffige Basilika mit Doppelturmfassade und einem – heute nicht mehr vorhandenen – Vierungsturm. Der Innenraum erhielt überaus steile Proportionen. In seinen Einzelformen knüpft der Bau entsprechend der Wettbewerbsvorgaben an rheinisch-staufische Kirchenbauten an, besonders an St. Aposteln in Köln. Nach Zerstörungen im Zweiten Weltkrieg erfolgte nach Plänen von Rudolf Schwarz ein vereinfachender Wiederaufbau, bei dem auf die Turmspitzen, den Vierungsturm und die Gewölbe verzichtet wurde.

Die größte der fünf Glocken von Alt St. Heribert in Köln-Deutz ist die Anna-Glocke von St. Jakobus aus Neiße (Oberschlesien, heute Polen). Während des Krieges hatte sie sich auf dem Hamburger Glockenfriedhof erhalten und war danach nicht mehr in ihre Heimat zurückgekehrt. Auch St. Heribert hatte sein Geläut an den Glockenfriedhof abgeben müssen.

Mit der Einweihung war der Kirchenschatz der ehemaligen Benediktinerabtei, darunter der Schrein des hl. Heribert, in die neue Pfarrkirche überführt worden. Schwarz stellte den Heribertschrein in der Vierung auf und bediente sich eines mittelalterlichen Anordnungsprinzips, nach dem der Schrein zum Zeichen der Verehrung unter-

KÖLN
Legende
Weg Marburg - Köln
Anschlussweg
Information
Hinweise im Text
Stele
Jugendherberge
Hauptbahnhof
Dom
Konrad-Adenauer-
Rhein
Pilgerweg Münster/Wuppertal
Komödienstr.
Hohenzollernbrücke
Otto-platz
Bahnhof Deutz
Opladener Str.
Am Hof
Unter Goldschmied
Hohe Str.
Tunisstr.
Breite Str.
St. Kolumba
Alter Markt
Groß St. Martin
Kennedy-Ufer
Mindener Str.
Siegesstr.
Alt St. Heribert
Walraf-Richartz-Museum
St. Aposteln
Schildergasse
Neumarkt
Heumarkt
Deutzer Freiheit
Pilgerweg Marburg
Deutzer Brücke
Augustinerstr.
Am Leystapel
Cäcilienstr.
Nord-Süd-Fahrt
Pilgerweg Aachen
St. Peter
Hohe Pforte
St. Maria im Kapitol
Am Malzbüchel
Neu St. Heribert
Siegburger Str.
Tempelstr.
Gotenring
Pilgerweg Trier
Blaubach
St. Georg
0 100 200 m

schritten werden kann. Der übrige Kirchenschatz ist im „Sacrarium" des südlichen Querhausarmes ausgestellt. Zu sehen sind hier neben einem byzantinischen Löwenstoff aus dem Heribertschrein und der sogenannten Heribertkasel, dem einzigen in Köln erhaltenen Messgewand des 11. Jh., der Stab des hl. Heribert, eine englische Elfenbeinarbeit der Zeit um 1000 und zahlreiche weitere Kostbarkeiten.

16 *Römisches Kastell Divitia*

Eine 1128 aufgefundene und in der Lebensbeschreibung des hl. Heribert von Abt Rupertus überlieferte Inschrift sagt aus, dass das römische Kastell Divitia nach Beendigung des Frankenkrieges auf Veranlassung Kaiser Konstantins I. (306-325) von Soldaten der 22. Legion errichtet wurde. Funde von gestempelten Ziegelplatten, die auf die Legio XXII Constantiniana victrix (die siegreiche konstantianische Legion Nr. 22) hinweisen, bestätigen diese Angabe. Das Kastell lag direkt gegenüber der Römerstadt am rechtsrheinischen Ufer. Es bestand aus einem Lagerquadrat von 141,35 m Seitenlänge, das von einer mächtigen Mauer mit 14 Rundtürmen umschlossen war. Ein breiter Mittelweg, die Via Praetoria, verband das an der Rheinseite gelegene Tor mit dem an der Landseite. Auf beiden Seiten dieser Achse waren 16 lang gestreckte Kasernen aufgestellt, in denen etwa 900 Soldaten einquartiert werden konnten. An den drei Landseiten umgab ein breiter Graben das Kastell. Östlich der Abteikirche sind die restaurierten Fundamente des landseitigen Tores zu sehen.

Fundamente des Osttores

Das Kastell war Bestandteil des niedergermanischen Limes und diente zudem zur Sicherung der Römerstadt und ihres Rheinhafens. Nach der endgültigen Einnahme Kölns durch die Franken 456 wurde das Kastell in einen Königshof umgewandelt. Kaiser Otto III. übertrug das Gelände aus Königsbesitz an den Erzbischof Heribert.

17 *Alt St. Heribert*

Ehemalige Abtei St. Heribert

Die Benediktinerabtei Deutz wurde um 1002/03 von Erzbischof Heribert gegründet. Er verfolgte damit die Absicht, dem verstorbenen Kaiser Otto III. in der Nachfolge Konstantins und Karls ein Denkmal zu setzen. Daher wählte er als Standort einen Bauplatz innerhalb des von Konstantin gegründeten Kastells, und als Bauform für den Innenraum ein Oktogon nach dem Vorbild der Pfalzkapelle Karls des Großen in Aachen. Heribert weihte die Abteikirche 1020 kurz vor seinem Tod zu Ehren von Christus, dem Erlöser der Welt, und von Maria, der Gottesgebärerin, und bestimmte sie zudem zu seiner eigenen Grablege. Mit der Errichtung eines Altares schufen die Mönche einen besonderen Ort für den Heribertkult. Eine zweite Lebensbeschreibung, die Abt Rupertus verfasste, gab der Verehrung neue Impulse, sodass am 30. April 1147 unter Abt Gerlach eine Erhebung der Gebeine erfolgte. Als die Abtei 1155 durch den Erzbischof mit einer systematischen Erforschung des römischen Gräberfeldes um die Stiftskirche St. Ursula betraut wurde, kam auch noch die Sammlung eines Teils der Reliquien der 11.000 Jungfrauen hinzu. Durch eine Aufnahme dieser Reliquien in die Abtei sollte schon auf Erden sichtbar gemacht werden, dass sich der Klostergründer Heribert inmitten der himmlischen Schar der Heiligen befinde. Der Reliquienschatz war so immens, dass die Abtei im Jahre 1260 vier heilige Leiber vom „ager ursulanus" an König Ludwig IX. von Frankreich und die Gräfin von Flandern abgeben konnte. Erweitert wurde der „Deutzer Himmel", als die Abtei nach der Heiligsprechung ihres Abtes Rupertus, dem Autor führender Sakraments- und Dreifaltigkeitstheologien des Hochmittelalters, ein weiteres Heiligengrab vorweisen konnte.

Von der romanischen Kirche ist nach wiederholten Zerstörungen durch die Kölner Bürger während ihrer andauernden Auseinandersetzungen mit dem Erzbischof lediglich die alte Heribertgruft zu sehen. Der heutige Kirchenbau entstand 1659-63 in Barockformen mit nachgotischen Elementen unter dem Einfluss der Jesuitenarchitektur. Durch die Ausbuchtung der Seitenschiffe nimmt er den Grundriss des ottonischen Zentralbaus, auf dessen Fundamenten er steht, auf. Heute nutzt die griechisch-orthodoxe Gemeinde das Gotteshaus.

Blick auf Alt St. Heribert

18 *Hospital St. Laurentius*

Das Hospital der Abtei, dessen Kapelle dem hl. Laurentius geweiht war, stand am Rhein. Es wurde 1127-29 von Abt Rupertus gegründet. Sein Patrozinium hatte zwei Ursachen: Einerseits war Laurentius als Diakon für die kirchliche Karitas im frühchristlichen Rom zuständig. Andererseits stand Rupertus zu diesem Heiligen in besonderer Beziehung, da er in jungen Jahren Oblate und Novizenmeister im Lütticher Laurentiuskloster war. Pilger, die das Grab des hl. Heribert besuchten oder abends nicht mehr nach Köln übersetzen konnten, fanden hier eine Möglichkeit zur Übernachtung. Die Hospitalgebäude wurden 1257 von Kölner Bürgern in einer Auseinandersetzung mit Erzbischof Konrad von Hochstaden zerstört. Erst 1313 baute der Laie Cuno de Blessem das Hospital mithilfe von Almosen etwas weiter nördlich wieder auf. Die Einrichtung ging in seine Hand über und bei seinem Tode sollten vier Einwohner von Deutz das Amt des Hospitalverwalters übernehmen, während die Abtei hingegen keine Pflichten und Rechte mehr besaß. Das Laurentiushospital hat bis kurz nach 1805 bestanden.

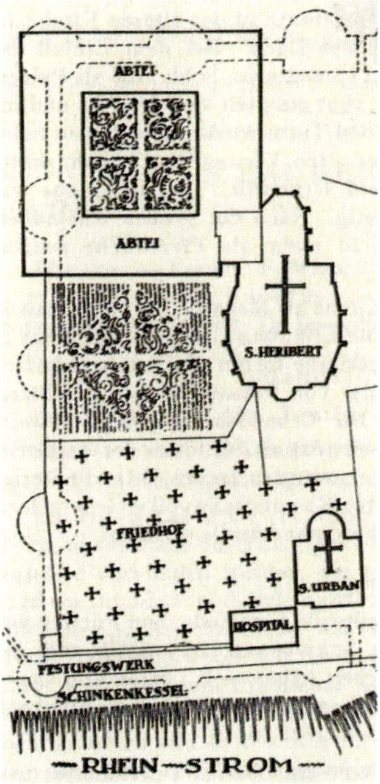

Lageplan der Abtei Deutz (nach Clemen)

19 *Historischer Rheinübergang*

Neubau der Deutzer Brücke von 1947/48

Am historischen Rheinübergang, dem Standort der Deutzer Brücke, bündelten sich die Pilgerrouten, die aus Nord-, Ost- und Süddeutschland nach Köln und Aachen führten. Bereits 310 n. Chr. hatte Kaiser Konstantin I. an dieser Stelle einen ca. 420 m langen und 10 m breiten Brückenbau zwischen Köln und dem Kastell in Deutz errichten lassen. Er wurde in der Völkerwanderungszeit zerstört, doch waren seine massiven Pfeiler noch bis zum 10. Jh. sichtbar. Später verkehrte an dieser Stelle eine Fähre, die im Spätmittelalter und der frühen Neuzeit zu den am meisten frequentierten in Europa zählte. Im Jahre 1674 konnte mit der Installation einer Gierplattform, die von einem Seil geführt von der Strömung über den Fluss getrieben wurde, der Verkehr über den Rhein intensiviert werden. 1822 wurde die Gierfähre von einer aus 40 Nachen zusammengesetzten Schiffsbrücke abgelöst. Ein fester Brückenbau entstand wieder 1913-15. Nach der Zerstörung im Zweiten Weltkrieg wurde die Deutzer Brücke 1947/48 in einer eleganten Linienführung erneut aufgebaut.

Die Kölner Ökumenischen Brückenwege, die seit 1998 stattfinden, führen immer auch über die Deutzer Brücke – beim 31. Deutschen Evangelischen Kirchentag 2007 unter dem Leitwort „**Auf***gebrochen: Brücken***bauen**".

20 Köln

Köln ist römischen Ursprungs. 38 v. Chr. bestimmte Kaiser Augustus den Ort zur „ara Ubiorum", einer zentralen Stätte zur Huldigung der Staatsgöttin Roma durch die Stämme Germaniens. Um den Opferaltar entwickelte sich eine Siedlung, die im Jahre 50 n. Chr. durch Kaiser Claudius zur Stadt erhoben wurde. Im Verlauf der heutigen Fußgängerzonen Hohe Straße und Schildergasse lassen sich die beiden Hauptachsen der römischen Stadtanlage ausmachen. 313 findet sich in einer Teilnehmerliste der Synode von Arles erstmals ein Bischof von Köln. Auf den Gräberfeldern um die Stadt entstanden Bethäuser zum Gedenken an die Toten, aus denen die Kirchen St. Gereon, St. Ursula und St. Severin hervorgingen.

Zur Mitte des 5. Jh. befand sich Köln in der Hand fränkischer Könige. Sie machten den römischen Statthalterpalast zu ihrer Residenz und das Dekagon der Grabkirche St. Gereon zu ihrer Hofkirche. Bischof Kunibert war um 645 Berater König Dagoberts. Plektrudis, die Gemahlin des fränkischen Hausmeiers Pippin von Heristal, gründete vor 717 anstelle des kapitolinischen Tempels eine Marienkirche. Erzbischof Hildebold war Vertrauter Karls des Großen; seit jener Zeit spielte Köln eine wichtige Rolle in der Reichspolitik. Dem Erzbistum wurden die Bistümer Lüttich, Utrecht, Maastricht, Minden und Osnabrück unterstellt. Im 11. Jh. setzten die Erzbischöfe gegen Mainz mit dauerhaftem Erfolg ihr Recht durch, in Aachen den deutschen König zu krönen. Sie förderten den Bau von Stiften und Klöstern und errichteten Ende des 12. Jh. eine 5,5 km lange Mauer, die Köln zur größten Stadt Deutschlands machte. Um 1320 lebten hier 37.000 Einwohner. Schon das Stadtsiegel von 1149 bezeichnete Köln als heilige Stadt. 1248 gründeten Albertus Magnus und sein Mitarbeiter Thomas von Aquin in Köln ein Studium generale des Dominikanerordens, die Keimzelle der späteren Universität. Seit

Weltjugendtag 2005

Kölner Rheinfront von Deutz aus

dieser Zeit verschärften sich jedoch die inneren Konflikte, zunächst zwischen den Bürgern und dem Erzbischof, der 1288 vertrieben wurde, und dann auch zwischen Patriziern und Handwerkern. Die in Gaffeln vereinigten Handwerker setzten sich durch und stellten 1396 eine der ersten Stadtverfassungen Europas auf. 1367 gründeten die Hansestädte im Rathaus ein Bündnis gegen Dänemark. Im Jahr 1475 gelang es der Stadt, von Kaiser Friedrich III. die Reichsunmittelbarkeit zu erlangen.

In der Reformation blieb Köln als einzige Reichsstadt katholisch. Nach wirtschaftlicher Stagnation im 18. Jh. wurde Köln 1794 französisch und 1814/15 preußisch. Die zur Festung ausgebaute Stadt entwickelte sich zur Industriemetropole und zum Verkehrsknoten Westdeutschlands. Doch konfessionelle Spannungen zwischen Staat und katholischer Kirche erschütterten das gesellschaftliche Leben. Unter Oberbürgermeister Konrad Adenauer öffnete 1924 eine Ordermesse. Der Zweite Weltkrieg hinterließ Köln als eine der meistzerstörten Städte, doch der Wiederaufbau wurde in raschem Tempo vollzogen. Städtebau und Architektur der 50er-Jahre prägen heute das Gesicht der Stadt.

Dreikönigsschrein Kölner Dom

21 Marktviertel an Heumarkt und Alter Markt

Vom Bootsanleger am linken Rheinufer gingen die Pilger zum Dom durch das alte Handelszentrum der Stadt. Hier konnten sie sich mit Lebensmitteln versorgen und an den Geldwechselbänken bei der

Einmündung der Straße Unter Käster fremde Währungen eintauschen. Archäologische Untersuchungen aus den Jahren 1992-94, bei denen unter dem Heumarkt nicht weniger als 17 Bodenschichten festgestellt werden konnten, belegen eine ununterbrochene Marktaktivität seit der Spätantike.

Zwischen dem 11. und 13. Jh. wurden das versumpfte Becken des römischen Hafens und Teile der vorgelagerten Rheininsel zugeschüttet. Dadurch entstanden große Flächen, die dem Umschlag von Gütern dienten. Das Marktviertel erfuhr eine Umstrukturierung zum Stapelplatz, auf dem die Händler der Stadt seit 1259 ihr Vorkaufsrecht über die Waren, die auf dem Rhein transportiert wurden, ausüben konnten. Gehandelt wurden Lebensmittel, Salz, Wein, Vieh, Pferde, Leder, Pelze, Roheisen sowie Rohstoffe für das Bau- und das Textilgewerbe.

„Zum St. Peter" am Heumarkt, Köln

Um 1075 entstanden durch eine stadträumliche Abtrennung die beiden Platzanlagen Heumarkt und Alter Markt. Der Heumarkt war Handelsplatz für Getreide, Futtermittel und Gemüse. Im Herbst fanden auf ihm große Viehmärkte statt. 1492 wurde hier das Waaghaus errichtet. Eine Brothalle ersetzte 1587 das ältere Brothaus auf dem Alter Markt. Auf diesem Platz standen auch die Fleischhalle, der Schöffenstuhl und das Haus der Münzgenossen. Der Heumarkt wurde im Laufe der Zeit zum bedeutendsten Platz Kölns und erhielt zwischen dem 16. und dem 18. Jh. eine Randbebauung mit vornehmen Kaufmannshäusern, darunter das prächtige Handelshaus „Zum St. Peter" von 1568 (Heumarkt 77). Der englische Tourist Thomas Coryate schrieb 1608: „Der Heumarkt ist der schönste Platz, den ich auf meiner Reise gesehen habe, außer dem Markusplatz in Venedig." 1727-30 entstand in der Platzmitte an der Stelle einer früheren Postkut-

Alter Markt, Köln

schenstation die Waren- und Produktenbörse im spätbarocken Stil. Nach der Zerstörung im Zweiten Weltkrieg wurde der Heumarkt nur im nördlichen Bereich maßstabgerecht wieder aufgebaut; zuweilen findet man an den Neubauten Reste des Rokoko. Zum Alter Markt setzt sich die Bebauung fort. Hier steht das schlanke Doppelhaus „Zur Brezel und Zum Dorn" von 1582 (Alter Markt 20-22). Im 15. Jh. war der Alter Markt Turnierplatz und Standort des Prangers. Hier wurde Obst und Butter verkauft. Die westliche Kulisse des Marktes bildet das erhöht liegende Rathaus. Das Denkmal auf der Platzmitte erinnert an einen Volkshelden Kölns: den Reitergeneral Jan von Werth, der im Dreißigjährigen Krieg in bayerischen Diensten kämpfte. Das Marktviertel setzte sich bis zum Rhein hin fort.

22 Kölner Dom

Es wird angenommen, dass bereits zu Beginn des 4. Jh. die erste Bischofskirche der Stadt an der Stelle des heutigen Domes gestanden hat. Die gotische Kathedrale entstand anstelle eines karolingischen Vorgängerbaus, der um 870 vollendet war. Erzbischof Konrad von Hochstaden legte am 15. August 1248 den Grundstein für eine fünfschiffige Basilika im gotischen Traveesystem mit Querhaus, Chorumgang, Kapellenkranz und Doppelturmfassade. Die Baupläne folgten der 28 Jahre zuvor begonnenen Kathedrale von Amiens, griffen aber auch Anregungen aus Paris, Saint-Denis und Beauvais auf.

Zunächst kamen die Bauarbeiten zügig voran. Um 1275 war der Chorumgang eingewölbt und 1322 konnte der Chor geweiht werden. Anschließend wurde die Arbeit im südlichen Abschnitt des Langhauses fortgesetzt und mit der Errichtung des Südturms begonnen. Als am Ende des 14. Jh. die Höhe des Arkadenansatzes erreicht war, wandte man sich dem Nordwestbereich zu. Die Bautätigkeit verlangsamte sich während des 15. und frühen 16. Jh. zunehmend, doch noch für 1559 sind Bauausgaben belegt. Unvermittelt wurde der Baubetrieb ein Jahr später eingestellt. Erst 1842 wurden im Zuge einer romantischen Begeisterung für das Mittelalter die Arbeiten wieder aufgenommen. Unter Leitung der Architekten Ernst Friedrich Zwirner und Richard Voigtel, mit finanzieller Unterstützung des preußischen Staates, den Geldspenden zahlreicher Dombauvereine und den Mitteln aus einer Lotterie konnte die Kathedrale am 15. Oktober 1880 vollendet werden.

Protestanten im reichsstädtischen Köln

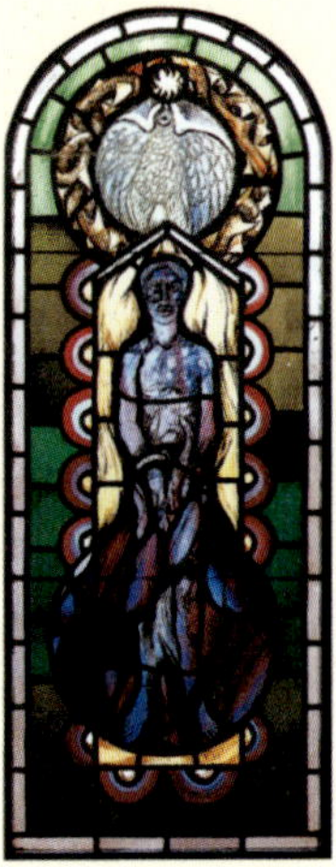

Clarenbachkirche, Köln

Köln ist als einzige große Reichsstadt nie evangelisch geworden. Bereits 1520 führte der Rat eine öffentliche Verbrennung der Schriften Martin Luthers durch. Zwei evangelische Prediger, Adolf Clarenbach und Peter Fliesteden, endeten 1529 auf dem Scheiterhaufen. Mit ihrer Hinrichtung setzte der Rat ein deutliches Zeichen der Abschreckung, um zu verhindern, dass reformatorisches Gedankengut in der Stadt Anklang fand. Für den Kirchenhistoriker Bernd Moeller ist die Haltung des Kölner Rates eine nur „schwer zu erklärende Ausnahme". Örtliche Mentalitäten, insbesondere ein auf den Traditionen des Heiligenkultes beruhendes Identitätsgefühl, aber auch wirtschaftliche Verflechtungen und eine nachklingende Treue dem Kaiser gegenüber für die Verleihung der Reichsunmittelbarkeit dürften die Ursache gebildet haben. Dennoch hat es in Köln immer auch eine gewisse Anzahl evangelischer Bewohner gegeben. Im Verborgenen existierten eine lutherische Gemeinschaft sowie drei reformierte Gemeinden für deutsch, französisch und niederländisch sprechende Angehörige. Lediglich während der beiden Erbfolgekriege um die Pfalz und um Spanien (1688-1714), als in Köln hessische und brandenburgische Reichskontingente stationiert waren, ist eine evangelische Garnisonskirche offiziell zugelassen gewesen. Erst 1802 erhielten die Protestanten mit der früheren Klosterkirche der Antoniter ein festes Kirchengebäude in der Stadt.

Mit weniger als einem Prozent der Gesamtbevölkerung, nämlich 300 von 40.000 Einwohnern, war die Zahl der Kölner Protestanten noch 1784 denkbar gering. Steuerlisten belegen jedoch, dass die Protestanten im selben Jahr ein Drittel der Kölner Oberschicht stellten. Da sie von den traditionellen, in Zünften und Gaffeln organisierten Gewerbezweigen ausgeschlossen waren, konzentrierte sich ihr Berufsleben auf den Großhandel. Um darin tätig sein zu dürfen, musste ein evangelischer Kaufmann eine Geschäftspartnerschaft mit einem katholischen Kaufmann der Stadt eingehen.

Antoniterkirche, Köln

Kölner Dom, Innenansicht

Innerhalb der großen Entwicklungslinie, welche die französische Kathedralbaukunst von der Frühgotik über die klassischen Kathedralen von Chartres, Reims und Amiens genommen hat, wird dem Kölner Dom gerne das Attribut der „vollkommenen Kathedrale" zugestanden. Gemeint ist hiermit, dass die Vereinheitlichung des Baugedankens und die Harmonisierung der Architektur am Kölner Dom zur höchsten Reife entwickelt worden ist. Der frühere Dombaumeister Arnold Wolff hat dies an mehreren Aspekten verdeutlicht. Bereits in Amiens konnte die Architektur durch die Verwendung von langen, ununterbrochenen Gliedern schlanker werden und einen Höhendrang erhalten, der in dieser Konsequenz in Chartres und Reims noch nicht sichtbar ist. In Köln ist dieser Zug nach oben noch gesteigert worden. An den Pfeilern wurde durch die Einführung zusätzlicher Zwischendienste das Prinzip des Ableitens aller Kräfte vom Gewölbe bis zum Boden plausibler verdeutlicht, als dies in Amiens geschehen ist. Die Verwendung eines einzigen Pfeilertyps trug zu einer Vereinheitlichung bei. In Amiens waren die Wandpfeiler noch kantig gearbeitet worden, hier sind sie nun wie die frei stehenden Stützen aus einem runden Pfeilerkern entwickelt. Das Triforium und der Obergaden wurden konsequent aufeinander bezogen, sodass beide Geschosszonen eine Einheit bilden. Auf eine offene Vierung wurde verzichtet, um eine Unterbrechung der Gewölbefolge zu vermeiden und das Raumkontinuum fließender zu gestalten. Für das Chorhaupt wurde der „sanfte Chorschluss" (Wolff) gewählt, indem durch eine optisch kaum wahrnehmbare Verengung der Fensterbahnen im ersten Joch des Polygons ein harmonischer Übergang geschaffen wurde. Der Chorgrundriss, der in Amiens einigermaßen zurechtgestutzt erscheint, folgt in Köln nun einer einwandfreien Geometrie. Und schließlich zeigen sich Details wie Gewölberippen und bauplastischer Dekor im einzelnen verfeinert.

Zur Ausstattung und den Zeugnissen der Jakobsverehrung im Kölner Dom finden sich ausführliche Angaben in den Pilgerführern nach Aachen (Band 1) und nach Trier (Band 2).

THESAURUS SS.RELIQUIARUM TEMPLI METROPOLI.ni COLON.sis 1671
S.MATHIAS
S.IACOBUS
S.SIMON
S.IACOBUS
S.ANDREAS
S.PETRUS
S.PAULUS
S.IOANNES
S.THOMAS
S.PHILIPUS

Reliquienverehrung am Kölner Dom

Schon um 645 ist für den Dom das Petruspatrozinium belegt. Unter Erzbischof Bruno, dem Bruder Ottos des Großen, erhielt der Dom im 10. Jh. wichtige Reliquien des Apostels: Den Bischofsstab des hl. Petrus besorgte Bruno in Metz, drei Glieder der Petrusketten erhielt er in Rom. 1164 gelangten weitere Heiligtümer in den Dom: Erzbischof Reinald von Dassel hatte die Dreikönigsreliquien bei der Einnahme Mailands durch Kaiser Friedrich I. Barbarossa erworben und nach Köln bringen lassen. Schon bald setzten Pilgerfahrten zu den Heiligen Drei Königen ein. Die frühesten bekannten Pilgerzeichen stammen noch aus dem 12. Jh.. Eine Liste der Kustoden am Grab reicht bis in das Jahr 1197 zurück. Die um 1200 entstandene „relatio de tribus magis" berichtet von Schotten, Bretonen, Engländern, Franzosen, Italienern, Sizilianern und Spaniern, die nach Köln strömten. Um 1181 beauftragte das Domkapitel den Goldschmied Nikolaus von Verdun mit der Anfertigung des gegen 1230 vollendeten Dreikönigenschreins. Auch der Neubau des Domes ab 1248 geht nicht zuletzt auf den Wunsch zurück, den Gebeinen eine würdige Heimstatt zu verschaffen. Nach der Chorweihe im Jahre 1322 erlebte die Pilgerfahrt ihren Höhepunkt. Doch bereits zur Mitte des 14. Jh. war der Zustrom abgeebbt. Andererseits hielten sich nun alle sieben Jahre zahlreiche Aachenpilger in Köln auf. Denn in Aachen waren 1349 zur Krönung Karls IV. die Hauptreliquien der Pfalzkapelle gezeigt worden. Anschließend hatte man die Heiltumsweisung in siebenjährigem Turnus zwischen dem 10. und dem 24. Juli wiederholt. Da ein Großteil der Aachenpilger über Köln kam, reagierte das Domkapitel, indem es 1398 eine eigene Heiltumsweisung einführte. Sie nahm terminlich auf Aachen Bezug und fand in den entsprechenden Jahren jeweils am 29. Juni, dem Fest Peter und Paul, statt.

Der Weisungsordo von 1580 schildert die Vorgehensweise. Demnach war das Haus zum Blauen Stein, der Sitz des Erzbischöflichen Hochgerichts an der Südseite des Domes, der Ort der Zeigung. Man hatte dort ein Gerüst aufgebaut, das mit goldenen Teppichen sowie mit Bildnissen des hl. Petrus und des Kaisers geschmückt wurde. Der Ritus begann um 12 Uhr mit Glockengeläut, dann wurde dreimal das Ave Maria geläutet. Um ein Uhr wurden die 21 Reliquien von den Domherren herausgetragen. Sie waren in

Links: Schatzverzeichnis des Kölner Domes von Petrus Schonemann, 1671

drei Gruppen aufgeteilt: Sieben Domherren trugen die Reliquiare und zwischen ihnen hielten vier Scholare acht Kerzen. Die sechs wichtigsten Heiligtümer wurden als Höhepunkt in der letzten Gruppe mitgeführt: die Büstenreliquiare der Heiligen Felix, Nabor, Gregor von Spoleto und Sylvester, die Kettenglieder Petri sowie der Stab des Apostels. Den Abschluss einer jeden Gruppe bildete eine Herrenreliquie als Hinweis darauf, dass Christus der eigentliche Mittler sei: das Ende der ersten Gruppe ein Heilig-Blut-Korporale, das Ende der zweiten Zeugnisse der Passion Christi, das Ende der dritten ein großes Kreuzreliquiar.

Als 1703 die dem Blauen Stein benachbarte Johanniskirche umgebaut wurde, entstand für die Weisungen dort ein Erker. Die Heiltumsweisungen fanden ein Ende, als im Aachenjahr 1776 die Hofkanzlei in Wien die Pilgerfahrt der österreichischen und ungarischen Untertanen Habsburgs untersagte. 1794 musste das Domkapitel den Domschatz vor den französischen Revolutionstruppen nach Westfalen in Sicherheit bringen.

Nach dem Zweiten Weltkrieg war der Dom vornehmlich zu kirchlichen Großereignissen Pilgerstätte: Den 700. Jahrestag der Grundsteinlegung 1948 und den 100. Jahrestag der Fertigstellung 1980 beging die Erzdiözese mit großen Reliquienprozessionen, bei denen der Dreikönigenschrein auf einem Wagen durch die Stadt gefahren wurde. Die 750-Jahrfeier 1998 fand unter dem Leitwort „Wir haben seinen Stern gesehen" als zweiwöchige Domwallfahrt statt. Die Weisen aus dem Morgenland wurden als diejenigen hervorgehoben, die sich auf den Weg zu Christus gemacht haben. Ein ähnliches Konzept lag dem Weltjugendtag 2005 zugrunde, der unter dem Leitthema „Wir sind gekommen, um IHN anzubeten" (Mt 2,2) stand. Zwischen dem 11. und 21. August sind 600.000 jugendliche Pilger am Dreikönigenschrein vorbeigezogen. Aufgrund der dabei gewonnenen Erfahrungen wurde 2006 eine alljährliche Wallfahrt zu den Heiligen Drei Königen in der Oktav um das Fest der Domweihe (27. September) eingeführt, an der im ersten Jahr 30.000 Gläubige teilgenommen haben.

Pilgerstrecke von Köln nach Marburg

Wegbeschreibungen und Hinweise

ETAPPE 1
Köln – Overath *28,5 km*

1 A Teilstrecke Köln – Brück *10 km*

Schwierigkeitsgrad: Einfach. Die Teiletappe führt ausschließlich über innerstädtische Straßen. Es kann auch die Straßenbahn genommen werden (Linie 1, Einstieg Heumarkt, Ausstieg Brücker Mauspfad).

Ausgangspunkt: Köln, Dom. Die Route verläuft vom Dom **(22)** in zunächst südlicher Richtung durch die Altstadt **(20)** über Roncalliplatz, Unter Taschenmacher, Alter Markt **(21)**, Unter Käster und Heumarkt zur Deutzer Brücke **(19)**. Auf gegenüberliegender Rheinseite nach Abstecher zu Alt St. Heribert **(16-18)** durch die Unterführung am Verwaltungsgebäude der Lufthansa in die Straße Deutzer Freiheit **(15)**. Weiter geradeaus im Verlauf der B 55 (Deutz-Kalker-Straße, Kalker Hauptstraße und Olpener Straße) durch die Stadtteile Deutz, Kalk **(14)**, Höhenberg, Vingst **(13)** und Merheim nach Brück **(12)**.

Für Fahrräder: Fuß- und Radweg sind identisch.

1 B Teilstrecke Brück – Overath *18,5 km*

Schwierigkeitsgrad: Einfach bis mittel. Zu Beginn ebene Wegführung auf ausgebauten Wanderwegen durch den Königsforst. Dann zwei Anstiege aus den Flusstälern von Sülz und Agger.

Ausgangspunkt: St. Hubertus in Brück. Weiter auf der Olpener Straße, den Mauspfad **(11)** überqueren, rechts in die Straße Am Wildwechsel und links über Flehbachmühlenweg (Markierung **N**) zum Königsforst. Am Kinderdorf Bethanien **(10)** links entlang der L 358 und bei der nächsten Gelegenheit nach rechts weiter dem Weg (Markierung **N**) durch den Königsforst **(9)** folgen. Dann links in den Wanderweg (Markierung **›6**) vorbei an Kettners Weiher. Kurz vor der Autobahnunterführung rechts in die Brüderstraße **(7)**, der bis Untereschbach gefolgt wird. An der Kirche in Untereschbach **(6)** zuerst links und an der Straßenkreuzung rechts auf den Fußweg entlang der B 55 **(5)**. An der Straßenkreuzung in Steinenbrück **(4)** links, nach Unterquerung der Autobahn rechts und über die Neuhausener Straße bergan nach Heiligenhaus **(3)**. An der Straßenkreuzung hinter der Rochuskapelle links über Linde und Halfensbüchel (Markierung **A 3**) abwärts ins Aggertal zum Schulzentrum Cyriax auf der gegenüberliegenden Flussseite; Abstecher nach rechts bergan zur ehemaligen Propstei St. Cyriacus **(1)** (Variante: Von Heiligenhaus über den Wanderweg (Markierung **›12**) **(2)** direkt nach Overath). Vom Schulzentrum Cyriax dem Fluss aufwärts folgen bis zur St.-Walburga-Kirche in Overath.

Für Fahrräder: Fuß- und Radweg sind identisch.

14 km

ETAPPE 2

OVERATH – DRABENDERHÖHE

Schwierigkeitsgrad: Einfach. Zunächst ruhige Fahrstraße, dann Waldwege. Ein kritischer Abschnitt ist die L 360 kurz hinter Lorkenhöhe.

Ausgangspunkt: Kath. Kirche St. Walburga in Overath. (7-9). Von der Kirche durch die Hauptstraße, hinter dem Bahnhof rechts zur Fußgängerbrücke über die Agger. Nach der Flussüberquerung links zur L 312 und an der Fußfallstele links in den Prozessionsweg **(5, 6)** nach Marialinden **(4)**. Auf dem straßenbegleitenden Fußweg der L 360 über Großoderscheid und Landwehr **(3)** bis Lorkenhöhe folgen, unmittelbar hinter dem Ort weiter geradeaus bis Federath **(2)**. Ab Federath folgt die Route dem „Kurkölner Weg" (Markierung **X 22**) über Heckhaus **(1)** nach Drabenderhöhe.

Für Fahrräder: Fuß- und Radweg sind identisch.

29 km

ETAPPE 3

DRABENDERHÖHE – CROTTORF

17 km

3 A TEILSTRECKE

DRABENDERHÖHE – DENKLINGEN

Schwierigkeitsgrad: Einfach. Nur geringe Steigungen. Am Ende ein kurzer Abstieg nach Denklingen. Zunächst unbefestigte Wanderwege, ab Oberbierenbach wenig befahrene Landstraßen.

Ausgangspunkt: Ev. Kirche Drabenderhöhe (14). Die Route führt geradeaus durch die Hauptstraße bis zum Ortsrand, dort links und am Getränkemarkt rechts in den Feldweg. Nach kurzer Zeit mündet die Route wieder in den **X 22 (13-10)**, dem bis zur Anhöhe hinter Oberbierenbach gefolgt wird. Dann biegt der Weg halbrechts ab und führt über die Orte Auf der Hardt **(9)** und Rölefeld **(8)** der K 17 folgend nach Eiershagen **(6, 7)**. Am Ortsausgang Eiershagen die K 17 auf dem Wanderweg (Markierung **A 6**), der nach Denklingen **(5)** hinunterführt, halbrechts verlassen.

Für Fahrräder: Fuß- und Radweg sind bis Eiershagen identisch, dann folgt die Fahrradroute der Fahrstraße.

3 B Teilstrecke Denklingen – Crottorf
12 km

Schwierigkeitsgrad: Mittel: Heftiger Abstieg nach Schloss Crottorf. Zumeist unbefestigte Waldwege.

Ausgangspunkt: Denklingen, Wasserburg: Von der Ortsmitte die am Denklinger Hof einmündende Straße nehmen. Der Weg führt unterhalb des Burgbergs nach Dreslingen und mündet in dem Waldstück hinter dem Ort in den „Wanderweg der Deutschen Einheit" (Markierung **X 12**), dem über Erdingen **(4, 3)** bis zum Forsthaus Mohrenbach **(2)** gefolgt wird. Am Forsthaus rechts in den Wanderweg (**◊1**), von dem im nächsten Waldstück nach links in einen weiteren Wanderweg (**‹ 3**) abgebogen wird. Über einen bewaldeten Höhenrücken **(1)** führt der **‹ 3** steil hinab nach Schloss Crottorf.

Für Fahrräder: Bis zum Forsthaus Mohrenbach sind Fuß- und Radweg identisch. Dann führt die Fahrradstrecke nach links zur K 53 und ab Langenbach nach rechts über die L 278 bis Crottorf.

Etappe 4 Crottorf – Siegen
23,5 km

4 A Teilstrecke Crottorf – Freudenberg
7 km

Schwierigkeitsgrad: Leicht bis mittel. Leichter Anstieg ab Crottorf, steilerer von Friesenhagen zur St.-Anna-Kapelle. Ab Hohenhain führt der Weg stetig bergab nach Freudenberg. Zwischen dem Blumenberg und Hohenhain Fußweg entlang der Landstraße, dann unbefestigter Waldweg.

Ausgangspunkt: Schloss Crottorf (13): Gegenüber der Gaststätte Wildenburger Hof führt ein Wanderweg (**◊1**) aus dem Crottorfer Tal über den Höhenzug nach Friesenhagen (Am Friedhof besteht die Möglichkeit zu einem Abstecher den Berg aufwärts zur Heilig-Kreuz-Kapelle **(12)**). In Friesenhagen **(11)** am ehemaligen Franziskanerkloster nach links auf den Hügel, zu den Kapellen St. Anna **(10)** und Zur Schmerzhafen Mutter **(8, 9)**, wo der Pilgerweg auf dem Hauptwanderweg **X 19** verläuft. Dem **X 19** folgt die Route über Hammerhöhe und Hohenhain **(7, 6)** nach Freudenberg **(5)**.

Für Fahrräder: Von Crottorf über die L 280 nach Friesenhagen, dort links über die K 84 bis zur Kapelle Zur Schmerzhaften Mutter. Ab dort sind Fuß- und Fahrradroute identisch.

16,5 km 4 B Teilstrecke Freudenberg – Siegen

Schwierigkeitsgrad: Leicht bis mittel. Aus dem Freudenberger Tal ein kräftiger Anstieg. Der Abstieg ins Siegtal wird durch die Windungen des Wanderweges **X19** entschärft. Bis Oberfischbach und ab der Autobahnraststätte unbefestigter Waldweg, dazwischen eine asphaltierte Strecke.

Ausgangspunkt: Freudenberg (5). Von Freudenberg folgt die Route weiter dem Hauptwanderweg **X19** bis Siegen. Nach Überquerung der L 512 führt der Weg durch die Kuhlenbergstraße bergan in den Wald **(4, 3)**. In Oberfischbach **(2)** links abbiegen in Richtung Heisberg, außerhalb der Ortslage nach rechts zur L 907, dort wieder rechts und bei der nächsten Gelegenheit links zur Autobahnraststätte Siegerland. Im weiteren Verlauf folgt der **X 19** den Windungen der Hangwege **(1)** des Siegtals. An den Bahngleisen nach links zur Eisenbahnüberführung, dann rechts zum Hauptbahnhof Siegen, dort wieder links durch die Bahnhofstraße zur Altstadt.

Für Fahrräder: Bis zur Autobahnraststätte sind Fuß- und Radweg identisch, hier biegt die Fahrradroute links ab nach Seelbach und führt von dort nach rechts durch das Alchetal nach Siegen.

17 km Etappe 5 Siegen – Irmgarteichen

7 km 5 A Teilstrecke Siegen – Niederdielfen

Schwierigkeitsgrad: Leicht bis mittel. Zu Beginn ein lang gezogener Anstieg zur Eremitage, dann steilerer Abstieg nach Niederdielfen. Außerhalb des Stadtgebietes von Siegen unbefestigte Waldwege.

Ausgangspunkt: Nikolaikirche in Siegen (8-11). Durch die Burgstraße führt der Weg zum Oberen Schloss, wo nach rechts in den Wanderweg zum Lindenberg ▲ eingebogen wird. Vom Lindenberg nach Querung der B 54 parallel zur Bundesstraße über den Prozessionsweg **(7)** zur Eremitage **(6)**. Von dort führt ein Wanderweg ( ) hinunter nach Niederdielfen **(5, 4)**.

Für Fahrräder: Die Fahrradroute folgt der B 54 bis zum Lindenberg, und ab der Eremitage der K 18 nach Niederdielfen.

5 B Teilstrecke — 10 km
Niederdielfen – Irmgarteichen

Schwierigkeitsgrad: Leicht bis mittel. Ein Anstieg von Niederdielfen und Anzhausen, Abstieg am Pfarrbergskopf in Irmgarteichen. Bis Flammersbach und ab Anzhausen Waldwege, zwischen beiden Orten ein asphaltierter Weg.

Ausgangspunkt: Niederdielfen in Ortsmitte. Von Niederdielfen folgt die Route dem Sieghöhenweg (Markierung **XS**) in nordöstlicher Richtung und verlässt an der historischen Wassermühle **(4)** den Ort. Am Sportplatz Flammersbach **(3, 2)** wird der Sieghöhenweg nach rechts in Richtung Anzhausen verlassen. An der Kapelle von Anzhausen **(1)** in den halblinks ansteigenden Weg zum Sportplatz, dort rechts abbiegen in den Waldweg bis zum Sportplatz Salchendorf, wo die Route in den Wanderweg nach Irmgarteichen (◊4) mündet. (Als Variante zweigt nach rechts ein Wanderweg (**A7**) ab, der oberhalb von Irmgarteichen und Hainchen dem Höhenzug (Etappe 6 **(15)**) entlang zur Haincher Höhe führt.)

Für Fahrräder: Die Fahrradroute folgt den Landesstraßen L 723, 719 und 729 bis Irmgarteichen.

Etappe 6 — 25 km
Irmgarteichen – Niedereisenhausen

6 A Teilstrecke — 12,5 km
Irmgarteichen – Ewersbach

Schwierigkeitsgrad: Mittel bis schwer. Heftiger Anstieg zur Haincher Höhe. In den Ortsbereichen von Irmgarteichen und Hainchen Bürgersteige. Auf der Haincher Höhe breite Waldwege. Ab Rittershausen straßenbegleitender Fußweg.

Ausgangspunkt: St. Caecilia in Irmgarteichen (18). Vom Kirchhügel hinunter zur Ortsmitte, dort links entlang der Fahrstraße nach Hainchen **(17)** folgen. Hinter der Kirche rechts bergan zur Wasserburg **(16)**. An der Wasserburg rechts und dem Zugangsweg zum Rothaarsteig (gelbes Wegzeichen: ▭) über den Wanderparkplatz zur Haincher Höhe **(14)** und zur Dillquelle folgen. Kurz bevor der Weg zur L 1517 abfällt, nach rechts in den breiten Waldweg abbiegen. An einer größeren Wegekreuzung zuerst rechts und am Wanderparkplatz halblinks in den unbefestigten Weg, der zwischen L 1517 und Herzogsweg nach Rittershausen **(11-13)** führt, einbiegen. Ab Rittershausen auf dem Bürgersteig der Siegener Straße (später Hauptstraße/L 1517) bis Ewersbach **(8-10)** folgen.

Für Fahrräder: Fahrrad- und Fußroute sind zwischen Hainchen und Irmgarteichen sowie zwischen Rittershausen und Ewersbach identisch. Ab Hainchen folgt die Fahrradroute der L 1511 bis Rittershausen.

12,5 km **6 B Teilstrecke**
Ewersbach – Niedereisenhausen

Schwierigkeitsgrad: Mittel, größtenteils ausgebaute Wander- und Radwege. Ein stärkerer Anstieg am Staffelböll, ein leichterer am Galgenberg.

Ausgangspunkt: Johanneskapelle in Ewersbach. Die Route führt weiter geradeaus über Hauptstraße und Gerberstraße nach Steinenbrücken **(7)**. Nach Erreichen der Bebauungsgrenze links in den Nord-West-Weg, am Sportplatz rechts hinunter zur Dietzhölze. Nach der Bachüberquerung weiter geradeaus über Talstraße und Am Ziegenberg zum Staffelböll **(6)**, wo die Route in den „Philippsweg" **(5, 4)** mündet. Im Tal hinter dem Staffelböll quert der Weg auf der Straßenbrücke der K 6 die B 253 und führt zum Forsthaus Streitwasser, wo der „Philippsweg" nach Süden abbiegt. Der Pilgerweg führt hingegen halblinks über den Hang des Galgenbergs nach Oberhörlen **(3)** und weiter über den südlich der Hörle verlaufenden Radweg **(2)** an Niederhörlen **(1)** und dem Steffenberg vorbei nach Niedereisenhausen.

Für Fahrräder: Fahrrad- und Fußweg sind bis zum Forsthaus Streitwasser und ab Oberhörlen identisch. Dazwischen folgt die Fahrradroute der K 63.

29 km **Etappe 7**
Niedereisenhausen – Marburg

14 km **7 A Teilstrecke**
Niedereisenhausen – Diedenshausen

Schwierigkeitsgrad: Leicht bis mittel. Breite, z. T. asphaltierte Wege.

Ausgangspunkt: Ortsmitte von Niedereisenhausen (19). An der Straßenkreuzung in Niedereisenhausen zunächst rechts und bei der nächsten Einmündung links vorbei am Schulzentrum nach Obereisenhausen **(18)**. Am Dorfplatz links durch die Brunnenstraße zunächst bergan, an der Wegekreuzung weiter geradeaus an dem dem Bolzebachtal folgenden Weg vorbei am Pfadfinderlager Camp Lachenwald. An der Wegekreuzung rechts in den Wanderweg „Strumpfweg" (Markierung ■), in Höhe des Bolzeberges links in den zur K 74 hinabführenden Weg (geradeaus Variante über Holzhausen **(17)**). Nach Querung der K 74 geradeaus und am Wegende links zur Unterführung unter der B 453 abbiegen. Nach der Unterführung halblinks zum Sportplatz von Herzhausen, dort rechts und bei der nächsten Gelegenheit links in den Radweg durch den Großen Wald **(16)** nach Diedenshausen **(15)**.

Für Fahrräder: Fahrrad- und Fußweg sind identisch.

7 B Teilstrecke 15 km
Diedenshausen – Marburg

Schwierigkeitsgrad: Mittel. Unbefestigte, z.T. auch asphaltierte Wege. Stetige An- und Abstiege. Am Ende der Etappe heftiger Abstieg ins Lahntal.

Ausgangspunkt: Ev. Kirche in Diedenshausen. Den Ort in südöstlicher Richtung auf der K 101 verlassen. Bei der ersten Gelegenheit rechts in den ansteigenden Weg zum Höhensattel **(14)** zwischen Alter Kirch und Bernhardt, dem bis Dilschhausen gefolgt wird. Nach Dilschhausen **(12, 13)** geradeaus bis zum Waldrand, dort halblinks den ansteigenden Weg zum Stackelberg **(11)**. Nach Erreichen des Höhensattels rechts in den Wanderweg „Weinpfad" (blaues Wegzeichen: ▬), dem über Elnhausen **(10)**, entlang des Peterswaldes und über die Dammmühle **(9)** bis zur K 70 gefolgt wird. Nach Querung der K 70 links über die Straße, dann rechts über die Straßen Zum Pfaffengrund, Am Strauch und Fohlengarten zur Kirche von Wehrshausen **(8)**, dort nach rechts zur Kreuzung „Weinstraße" **(7)** und dann links den Markierungen **L** und **P** auf dem ins Lahntal hinabführenden Weg folgen. Am Friedhof links und nach Überqueren der K72 links über Sandweg, Lutherstraße und Ritterstraße zur Kugelkirche **(6)**. Rechts durch die Kugelgasse zur Stadtkirche St. Marien **(5)** und weiter über Lutherkirchhof, Schneidersberg und Nikolaigasse zum Markt **(4)**. Von dort führt der Weg durch die Wettergasse und nach links über Neustadt und Steinweg zur Elisabethkirche **(1, 2, 3)**.

Für Fahrräder: Ab Dilschhausen folgt die Fahrradstrecke der K 72. Davor und danach sind Fahrrad- und Fußweg identisch.

Informationen und Unterkünfte

Die Angaben zu den Unterkünften beziehen sich bei größeren Orten und Städten mit gutem Angebot nur auf Pilger- und Jugendherbergen und eine Auswahl günstiger Übernachtungsmöglichkeiten, sodass weitere Unterkünfte über die Touristeninformation – telefonisch oder per Internet – eingeholt werden können. Bei Pilgerherbergen ist meist eine telefonische Voranmeldung erwünscht bzw. notwendig.
Änderungen, die uns mitgeteilt werden, übernehmen wir laufend in die Adressenlisten auf unserer Internetseite www.jakobspilger.lvr.de.

Wege der Jakobspilger im Rheinland und in Westfalen:

Landschaftsverband Rheinland / Umweltamt - Kulturlandschaftspflege
50663 Köln / Tel.: 0221-809-3780 / www.jakobspilger.lvr.de

Landschaftsverband Westfalen-Lippe / Altertumskommission für Westfalen
Rothenburg 30 / 48143 Münster / Tel.: 0251-5907-270 / www.jakobspilger.lwl.org

Jakobusgesellschaften und Pilgerinitiativen

Deutsche St. Jakobus-Gesellschaft e.V. / Tempelhofer Str. 21 / 52068 Aachen
Tel.: 0241-4790-127 (Mo-Fr 10-12 Uhr) / www.deutsche-jakobus-gesellschaft.de
(Pilgerpass)

Ökumenischer Pilgerweg e.V. / Goetheplatz 9b / 99423 Weimar
www.oekumenischerpilgerweg.de / Pilgerführer: Der ökumenische Pilgerweg durch Sachsen, Sachsen-Anhalt (Weg Görlitz-Eisenach), 10 Euro + 2 Euro Versand

Region Mitteldeutschland / www.pilgern-in-mitteldeutschland.de / Elisabethpfad e.V. / Schützenstr. 39 / 35039 Marburg / Tel.: 06421-65683 (Pfr. Dietrich)
www.elisabethpfad.de / Pilgerführer: Elisabethpfad 2 und Jakobusweg Eisenach-Marburg, 8,50 Euro + 2 Euro Versand

Initiative Ökumenischer Pilgerweg Hessen / Dietrich Schewe / Richard-Hamann-Weg 1
35039 Marburg / Tel.: 06421-65362 / Fax: 06421-690231 / dietrich.schewe@gmx.de

Santiago-Freunde Köln / Robert Recht / Wilensteinweg 11 / 50739 Köln
Tel.: 0221-1701423 (Pilgerpass) Siehe auch: www.jakobspilger.lvr.de/links

Weitere Adressen und Auskünfte

Informationen im Internet:
Deutsche Seiten zum Jakobsweg im Internet: www.jakobus-info.de
Internationale Seite zum Jakobsweg im Internet: www.xacobeo.es
Informationen zum Weg (spanisch): www.mundicamino.com
Umfangreiche Link-Sammlung: www.ultreia.ch/links.html,
www.rencevals.com/xacowebs.asp

Kirchen: www.oekumene-ack.de / Tel.: Das Örtliche unter Kirchen

Spezialist für Jakobusliteratur: Manfred Zentgraf / In den Böden 38
97332 Volkach / Tel.: 09381-4492 / Mo - Fr 8-12 Uhr / Fax: 09381-6260
www.jakobuspilger-zentgraf.de

Fahrplanauskünfte: bundesweit: www.db.de / Tel.: 11861 (1,80 Euro/Min.)
ServiceTelefon Rheinbahn / VRR 01803-504030 (24 Std., 0,09 Euro./Min.) / efa.vrr.de

Etappe 1: Marburg - Diedenshausen – Untereisenhausen

Anfahrt 1B: von Marburg Busbf. MR 45 bis Diedenshausen Dorfmitte (30 Min.)

Touristeninformation:
Marburg Tourismus und Marketing GmbH / Pilgrimstein 26 / Mo-Fr 9-18 Uhr, Sa 10-14 Uhr / Tel.: 06421-99120 / www.marburg.de
Information Nahverkehr / Tel.: 06421-205228 (Mo-Fr 9-18 Uhr)
TOuR GmbH Marburg-Biedenkopf / Im Lichtenholz 60 / 35043 Marburg
Tel.: 06421-405-1345 / www.marburg-biedenkopf-tourismus.de / Mo-Fr 8-14 Uhr
Region Lahn-Dill-Bergland e.V. / Herborner Str. 1 / 35080 Bad Endbach
Tel.: 02776-801-42 / www.lahn-dill-bergland.de

Unterkünfte in Marburg, Wehrshausen, Elnhausen, Diedenshausen, Holzhausen und Niedereisenhausen:

- Pilgerwohnung an der Ortenbergkapelle (max. 2 Pers.), Reservierung per Mail oder Tel.: 06421-65683 / Fax: 06421-681877 / www.elisabethkirche.de/pilgerwohnung
- Jugendherberge Marburg / Jahnstr. 1 / Tel.: 06421-23461 www.djh-hessen.de/jh/marburg
- Gästehaus am Alten Botanischen Garten / Biegenstr. 10 / Marburg Tel.: 06421-2826110 (Frau Fischer) / FischerS@verwaltung.uni-marburg.de www.uni-marburg.de/service/unterbringung/gast
- Campingplatz Lahnaue / Trojedamm 47 / Marburg / Tel.: 06421-2133
- Gästehaus Müller / Deutschhausstr. 29 / Marburg / Tel.: 06421-65659
- Pension Klappert / Andrestr. 32 / Marburg / Tel.: 06421-681947
- Dorothea Bernick / Lenaustr. 10 / Marburg / Tel.: 06421-617968
- Pension Orthwein / Gladenbacher Weg 60 / Marburg-Ockershausen Tel.: 06421-33716
- Wolfgang und Doris Hirche, Zum Pfaffengrund 13 / Marburg-Wehrshausen Tel.: 06421-66256 / E-Mail: w.hirche@gmx.de (Privatzimmer)
- Gasthof-Pension „Zum alten Schneider" / Elnhäuser Str. 13 / Marburg-Elnhausen Tel.: 06420-7440 / E-Mail: zum-alten-schneider@t-online.de
- Gasthof-Pension „Zum Leo" / Ortsstr. 1 / Gladenbach-Diedenshausen Tel.: 06462-8258
- Freizeit- und Bildungsstätte des Ev. Dekanats Gladenbach / Stegerstr. 46 Dautphetal-Holzhausen / Tel.: 06468-91070 / www.freizeit-und-bildungsstaette.de (Pilgerherberge)
- Gasthof und Camping Hinterland (1,5 km nördlich von Obereisenhausen) Quotshäuser Str. 32 / Steffenberg-Niedereisenhausen / Tel.: 06464-7564

Hinweise / Öffnungszeiten zu Besonderheiten:
Pilgerspuren:

- Marburger Pilgerweg: www.elisabethjahr.de/pilgerstationen.html Auf den Spuren der Elisabeth- und der Jakobuspilger in Marburg 3,50 + 2 Euro bei Versand durch Verkehrsamt, Elisabethkirche oder www.elisabethpfad.de

- **St. Peter und Paul (kath.)** / Biegenstr. 18, außer Di 8-18 Uhr / Hl. Messe Mi u. Fr 8 Uhr, Di, Do u. Sa 18.30 Uhr, Hochamt So 10 Uhr / Tel.: 06421-169570 E-Mail: peterundpaulmr@web.de
- **Kapelle St. Jost** / Gottesdienst Sa 17 Uhr / Hospital St. Jakob Weidenhäuser Str. 13 / Marburg
- **Universitätsmuseum für Kulturgeschichte** / Landgrafenschloss / Di-So Apr.-Okt. 10-18 Uhr, Nov.-März 10-16 Uhr / Führungen: Tel.: 06421-28223355 web.uni-marburg.de/uni-museum

1 **Marburg: Universitätskirche, Ehemalige Dominikanerkirche** / Alte Universität Tel.: 06421-23745, 23387 / www.universitaetskirche.de und www.ekmr.de Di-So 9-17 Uhr / Gottesdienst So 10 Uhr, Do 19 Uhr, Orgelvesper Do 18.45 Uhr
Religionskundliche Sammlung / Landgraf-Philipp-Str. 4 / Mo, Di 10-13 Uhr u. 14-17 Uhr, Mi, Fr 10-13 Uhr, Do 14-17 Uhr / Tel.: 06421-99120
Stichwort Jakob Grimm / Haus der Romantik / Markt 16 / Marburg / Tel.: 06421-917160 / Di-So 10-13 Uhr, 14-17 Uhr / www.romantikmuseum-marburg.de

2 **Elisabethkirche (ev.)** / Apr.-Sep. 9-18 Uhr, Okt. 9-17 Uhr, Nov. 10-17 Uhr Sa/So 18 Uhr Gottesdienste: Sa 18 Uhr, So 10 und 18 Uhr / Führungen tägl. 15 Uhr, im Sommer So auch 11.15 Uhr, für Gruppen n. V.: Kirchenkiosk der Elisabethkirche / Elisabethstr. 6 / Tel.: 06421-65573 / www.elisabethkirche.de oder Marburg Tourismus und Marketing GmbH / Tel.: 06421-99120 / www.marburg.de

3 **Gebäude des Deutschen Ordens** / Mineralogisches Museum / Firmaneiplatz Tel.: 06421-2822244 / Mi 10-13 u. 15-18 Uhr, Do/Fr 10-13 Uhr, Sa/So 11-15 Uhr web.uni-marburg.de/geowissenschaften//mineral.htm

4 **Alter Botanischer Garten** / Führungen n. V.: Tel.: 06421-15679 (Irmgard Bott) www.akdk.de

5 **St. Marien (luth.)** / Lutherischer Kirchhof 1 / Tel.: 06421-164446 / 9-17 Uhr / Gottesdienst So 10 Uhr, Do 20 Uhr Christus-Treff, Sa 18.30 Uhr Stunde der Orgel./ Führung n. V.. Tel.: 06421-25243 / ekmr.de/r6/pfarr/kirche.htm

6 **Kugelkirche St. Johannes Evangelist (kath.)** / Ritterstr. 12 / 8-17 Uhr Hl. Messe So 10.30 u. 18 Uhr, Di. 8.30 Uhr, Fr 18.30 Uhr / Tel.: 06421-9139-0 www.st-johannes-marburg.de
Kugelhaus / Völkerkundliche Sammlung / Tel.: 06421-2823749 / Mo-Do 9-12 Uhr, Mi 14-16 Uhr / www.uni-marburg.de/fb03/ivk/sammlungen/voelkerkunde

7 **Sellhof** / Oberer Rotenberg 47 / Marburg Tel.: 06421-35290 / Mi-So 10-24 Uhr

8 **Ev. Kirche Wehrshausen** / tägl. geöffnet / Tel.: 06420-7420 (Pfr. Koller)

9 **Hotel-Restaurant Dammühle** / Dammühlenstr. 1 / Wehrshausen Tel.: 06421-93560 / www.hotel-dammuehle.de

10 **Ev. Kirche Elnhausen** / tägl. geöffnet / Tel.: 06420-7420 (Pfr. Koller)

13 **Ev. Kirche Dilschhausen** / Besichtigung n. V.: Tel.: 06420-838357 (Pfrin. Kunkel)

15 **Ev. Kirche Diedenshausen** / Besichtigung n. V.: Tel.: 06462-1342 oder 3765

18 **Ev. Kirchengemeinde Obereisenhausen** / Tel.: 06464-237 (Pfr. Ludwig)
Heimatmuseum Obereisenhausen / Besichtigung n. V.: Eheleute Weitzel, Tel.: 06464-8397

Etappe 2: Niedereisenhausen - Ewersbach – Irmgarteichen

Anfahrt 2A: ab Marburg Bf DB AG 43 bis Erntebrück, Bus MR 52 bis Niedereisenhausen Kreuzung (1 Std.)
Anfahrt 2B: DB bis Dillenburg, RKH-Bus 5355 bis Ewersbach (1 Std.)

Touristeninformation:
Region Lahn-Dill-Bergland: s. Etappe 1
Tourismusverband Siegerland-Wittgenstein e.V. / Koblenzer Str. 73 / 57069 Siegen
Tel.: 0271-3331020 / www.siegerland-wittgenstein-tourismus.de / Mo-Fr 8.30-17 Uhr

Unterkünfte in Steinbrücken, Ewersbach, Rittershausen, Hainchen und Irmgarteichen :

- Pension Müller / Am Ziegenberg 14 / Steinbrücken / Tel.: 02774-2832
- Rubner / Am Stein 18 / Steinbrücken / Tel 02774-2608
- Dietermann / Birkenweg 10 / Steinbrücken / Tel.: 02774-4626
- Knöbel / Sonnenstr. 1 / Ewersbach / Tel.: 02774-3242
- Spaltenberger / Hauptstr. 144 / Ewersbach / Tel.: 02774-5961 oder 2845
- Leuckel / Lindenstr. 21 / Steinbrücken / Tel.: 02774-2282
- Schmitt / Siegener Str. 12 / Rittershausen / Tel.: 02774-2795
- Wasserburg Hainchen, Lebenshilfe e.V./ Schlossstr. 19 / Hainchen / Tel.: 02737-986250/93431 (Kölsch)/93112 (Wertebach) / www.lebenshilfe-bildungswerk-nrw.de
- Pension/Bettenlager Neuser / Dillweg 27 / Hainchen / Tel.: 02737-93458 www.gneuser.de
- Schöler / Südstr. 22 / Hainchen / Tel.: 02737-2185643 www.ferienwohnung-schoeler.info
- Ferienwohnung Krämer / Fasanenweg 5 / Hainchen / Tel.: 02737-93309 www.fewo-kraemer.de
- Diehl / Giessener Str. 87 / Hainchen / Tel.: 02737-93597
- Büdenbender / Am Sportplatz 3 / Hainchen / Tel.: 02737-97850
- Pension Jokebes / Glockenstr. 11 / Irmgarteichen / Tel.: 02737-9583 www.gasthof-jokebes.de
- Drei Eichen / Drei Eichen-Str. 10 / Gernsdorf / Tel.: 02737-9576 www.landgasthof-drei-eichen.de

Hinweise / Öffnungszeiten zu Besonderheiten:

3 Ev. Kirche Oberhörlen / Gottesdienst So 10.30 u. 9 Uhr im Wechsel Tel.: 06464-238 (Pfr. Föste) / E-Mail: stefan.foeste@hoeveler.org / Besichtigung n. V.: Tel.: 06464-7258 (Luise Gimbel), Tel.: 06464-328 (Marianne Schmitt)

7-9 Ev. Kirche Ewersbach / Tel.: 02774/2879 / www.ev-dill.de/Gemeinden/Ewersbach/ewersbach.html

11 Johanneskapelle Ewersbach / Besichtigung: Di 14-17 Uhr oder n. V. mit Frau Nowacki: Tel.: 02774-4695

12 Ev. Kirche Rittershausen / Tel.: 02774-2879

15 Gernsdorfer Weidekämpe / Information und Führungen: Biologische Station Rothaargebirge / Hauptmühle 5 / Erndtebrück / Tel.: 02753- 598330 www.biostationrothaargebirge.de

16. **Wasserburg Hainchen** / www.lebenshilfe-bildungswerk-nrw.de / Burgremise
Mi-So 12-22 Uhr / Tel.: 02737-97137 / www.siwikultur.de/khb/8/4/2730.htm

17 **St. Cäcilia Irmgarteichen** / tägl. geöffnet / Hl. Messe Sa 17 Uhr, So 10 Uhr
Tel.: 02737-91095 / www.st-caecilia-irmgarteichen.de
Heimatstube Oberes Johannland in der Alten Schule Irmgarteichen / Glockenstr. 19 / Ansprechpartner: Karl-Heinz Ley / Glockenstr. 20 / Irmgarteichen
1. So im Monat 14-17 Uhr und n. V. Tel.: 02737-9513
www.siwikultur.de/khb/8/2/497.htm

Etappe 3: Irmgarteichen - Niederdielfen – Siegen

Anfahrt 3A: ab Siegen Hbf R-Bahn RB91 nach Siegen-Weidenau, Bus R16 über Hainchen nach Irmgarteichen (40 Min.)
Anfahrt 3B: ab Siegen ZOB Bus R13 bis Niederdielfen (20 Min.)

Touristeninformation:
Touristikverband Siegerland-Wittgenstein: s. Etappe 2
Gesellschaft für Stadtmarketing Siegen e.V. / Markt 2 / 57072 Siegen
Tel.: 0271-404-1316/1317 / www.tourismus.gss-siegen.de

Unterkünfte in Siegen:
- Gasthof Meier / St.-Johann-Str. 3 / Siegen / Tel.: 0271-335066
- Gasthof Röhrig / Eintrachtstr. 9 / Siegen / Tel.: 0271-331533
- Haus Patmos / Patmosweg 10 / 57078 Siegen-Geisweid / (R10 bis Geisweid) Tel.: 0271-8800-180 / www.dzm-patmos.de
- Naturfreundehaus Eisenwaldhütte Siegen (am X19 1,5 km südlich der Strecke) nur für Gruppen (bis 15 Pers.) / Am Hamerich 5 / Siegen / Tel.: 0271-331939 (Herr Killet) / www.naturfreunde-nrw.de/haeuser/eisenwaldhuette.html

Hinweise / Öffnungszeiten zu Besonderheiten:

1 **Ev. Antoniuskapelle Anzhausen** / Tel.: 02739-8020
Kath. Kapelle St. Antonius / Tel.: 02737-4604 (Willi Görg)

2 **Bürgerhaus Flammersbach** / Netphener Str. 6 / Kontakt: Gemeinde Wilnsdorf
Tel.: 02739-802-203
Kapellenschule Rinsdorf / Alte Dorfstr. 14 / Wilnsdorf-Rinsdorf
Besichtigung n. V.: Tel.: 02739-802-103
Kapellenschule Eisern / Rinsdorfer Str. 16 / Siegen-Eisern / Sep.-Mai 2. So im Monat 14-17 Uhr u. n. V.: Tel.: 0271-39546 (Herr Waschto)

4 **Wassermühle Niederdielfen** / Tel.: 02739-802-211 / www.siwikultur.de/khb/8/4/876.htm

5 **Kath. Kirche Herz Jesu Niederdielfen** / Tel.: 0271-399298 (Pfarramt)
www.kath-kirche-dielfen.de

6 **Gnadenkapelle Eremitage (kath.)** / tägl. geöffnet / Hl. Messe Do 15 Uhr / Tel.: 0271-41977

8 **Siegerlandmuseum** / Oberes Schloss zu Siegen / Di-So 10-17 Uhr
Tel.: 0271-23041-0 / www.siegerlandmuseum.de

9 **Nikolaikirche (ev.)** / Mo-Fr 10-18 Uhr, Sa 10-12 Uhr / Gottesdienst So 10 Uhr
Tel.: 0271-51530 (Pfr. König) / www.kirchenkreis-siegen.de

10 **St. Marien (kath.)** / tägl. geöffnet / Hl. Messe Sa 17.15 Uhr, So 9.30 Uhr, Mi 9 Uhr
Tel.: 0271-41977 / www.sankt-michael-siegen.de

11 **Martinikirche (ev.)** / Gottesdienst So 10.30 Uhr / Besichtigung n. V.:
Tel.: 0271-331265 (Pfr. Leng) / www.martini-net.de

Etappe 6: Drabenderhöhe – Overath

Anfahrt: Köln Hbf. bis Ründeroth-Engelskirchen, Bus 319 bis Wiehl-Drabenderhöhe (2 Std.)

Touristeninformation:
Stadt Overath / Verkehrsamt / Hauptstr. 25 / 51491 Overath / Tel.: 02206-602101
www.overath.de

Unterkünfte in Marialinden und Overath:
- Bergischer Hof / Pilgerstr. 64 / Marialinden / Tel.: 02206-4454 u. 95340
  www.hotel-bergischer-hof.de
- Schmidt / Bernsauer Jagdweg 26 / Marialinden / Tel.: 02206-7007 u. 0160-94965630
- Hotel „Alte Poststation" / Klef 105 / Overath / Tel.: 02206-8633990
  www.hotel-alte-poststation.de
- Baldus / Dr.-Wester-Str. 3 / Overath / Tel.: 02206-912876
- Zinzius / Glatzer Str. 5 / Overath / Tel.: 02206-8892

Hinweise / Öffnungszeiten zu Besonderheiten:

2 **St. Michael Federath** / tägl. geöffnet / Hl. Messe So 9 Uhr / Tel.: 02206-2233
www.st-mariae-heimsuchung.de

4 **St. Mariä Heimsuchung Marialinden** (kath.) / tägl. geöffnet / Hl. Messe Sa 18.30 Uhr, So 10.30 Uhr, Mo, Di u. Fr 8 Uhr, Mi 18.30 Uhr / Tel.: 02206-2233
www.st-mariae-heimsuchung.de

8 **St. Walburga Overath** / Vorhalle tägl. geöffnet / Besichtigung n. V.: Tel.: 02206-2262
Hl. Messe Sa 18.30 Uhr, So 11 Uhr, Mi 8.15 Uhr, Do 19 Uhr / www.st-walburga.de

Etappe 7: Overath – Köln

Touristeninformation:
KölnTourismus / Unter Fettenhennen 13 / 50667 Köln / Tel.: 0221/22133345 /
www.koeln.de
Domforum / Domkloster 3 / Köln / Tel.: 0221-925847-30 / www.domforum.de
Ev. Informationsstelle Köln / Antonitercitykirche / Schildergasse 57 / Köln
Tel.: 0221-6605720 / www.evangelische-informationsstelle-koeln.de

Unterkünfte in Steinenbrück, Kalk und Köln:
- Haarbrücker / Römerstr. 1 / Steinenbrück / Tel.: 02204-72310
- Volker Stahl / Katzemicher Str. 43 / Steinenbrück / Tel.: 02204-75101
- Naturfreundehaus Köln-Kalk / Kapellenstr. 9a / Köln / Tel.: 0221-8701058
  www.naturfreunde-koeln.de/haus kalk/start.htm
- JH Köln-Deutz / Siegesstr. 5a / Köln / Tel.: 0221-814711 / www.jugendherberge.de
- Kolpinghaus International / St.-Apern-Str. 32 / Köln / Tel.: 0221-20930
- Maternushaus / Kardinal-Frings-Str. 1-3 / Köln / Tel.: 0221-16310
- Station-Hostel for Backpackers / Marzellenstr. 44-46 / Köln / Tel.: 0221-9125301
  www.hostel-cologne.de
- Hostel „Am Rheinauhafen" / Rheingasse 34-36 / Köln / Tel.: 0221-230247
  www.am-rheinauhafen.de
- JH Köln-Riehl / An der Schanz 14 / Köln / Tel.: 0221-767081 / www.jugendherberge.de

Hinweise / Öffnungszeiten zu Besonderheiten:

3 **St. Rochus Heiligenhaus (kath.)** / Hl. Messe Sa 17 u. 18.30 Uhr im Wechsel, So 9.45 Uhr, Mi 9 Uhr, Fr 8 Uhr / Tel.: 02206-2248

4 **St. Barbara Steinenbrück** / Hl. Messe So 8 u. 11 Uhr, Mo 9 Uhr, Mi 8 Uhr (in der Schulzeit), Do 19 Uhr / Tel.: 02204-7750 / www.st-barbara.org

5 **Restaurant Altes Zollhaus** / Olper Str. 60 / Altenbrück / Tel.: 02204-970613

6 **St. Mariä Himmelfahrt Untereschbach (kath.)** / Hl. Messe Sa 17 Uhr, Fr 9 Uhr Tel.: 02204-73502

8 **St. Nikolaus Bensberg (kath.)** / Nikolausstr. 4 / Tel.: 02204-52424
Bergisches Museum Bensberg / Burggraben 9-21 / Tel.: 02204-55559
Di-Fr 10-14 Uhr, So 11-18 Uhr / www.lust-auf-bensberg.de

10 **Bethanien Kinder- und Jugenddorf** / Neufeldweg 26 / Refrath
Tel.: 02204-2002-0 / www.bethanien-kinderdoerfer.de

12 **St. Hubertus Brück (kath.)** / Hl. Messe Sa 18.30 Uhr, So 9.30 u. 11.15 Uhr, Mo/Di 8.15 Uhr, Fr 9 Uhr / Tel.: 0221-843077 / www.st-hubertus-koeln-brueck.de

13 **St. Theodor Vingst (kath.)** / Hl. Messe So 11 Uhr, Di 8.30 Uhr, Fr 19 Uhr
Tel.: 0221-872176
Hoevi-Land / Tel.: 0221-879440 / www.hoevi-land.de

14 **Kalker Kapelle (kath.)** / tägl. geöffnet / Rosenkranzgebet werktags 17.30 Uhr
St. Marien und St. Joseph / Kalker Hauptstr. 244 / Tel.: 0221- 8702061

15 **Neu St. Heribert Deutz (kath.)** / tägl. geöffnet / Hl. Messe Sa 17 Uhr, So 9.45 Uhr, Mo u. Fr 18 Uhr, Mi. 8.30 Uhr / Tel.: 0221-8019500
www.pfarrgemeinde-deutz.de

17 **Kirche der Entschlafung der Gottesmutter Köln-Deutz** / ehem. Abteikirche St. Heribert (griech.-orth.) / Urbanstr. 1 / Göttliche Liturgie So 9.30-12.30 Uhr
Tel.: 0221-811274 u. 7393119
www.orthodoxie.net/de/Gemeinden/Gemeinden_De.htm

22 **Hohe Domkirche St. Petrus zu Köln (kath.)** / Mo-So 6-19.30 Uhr / Hl. Messe Sa 18.30 Uhr, So 7, 8, 9, 10, 12, 17, 18.30 Uhr, werktags 6.30, 7.15, 8, 9, 18.30 Uhr, Mittagsgebet Mo-Sa 12 Uhr, Vesper tägl. 18 Uhr / Tel.: 0221-17940200 (Dompfarramt) / www.koelner-dom.de
Domschatzkammer (Nordseite des Domes) / tägl. 10-18 Uhr
Tel.: 0221-17940-530 / www.koelner-dom.de/schatzkammer.html
Wallraf-Richartz-Museum / Martinstr. 39 / Di 10-20 Uhr, Mi-Fr 10-18 Uhr, Sa/So 11-18 Uhr / Tel.: 0221-22122373 / www.wallraf-richartz-museum.de
Museum Schnütgen, Cäcilienstr. 29 / Di-Fr 10-17 Uhr, Sa/So 11-17 Uhr
Führungen: Mi 14.30 Uhr, So 11 Uhr / Tel.: 0221-22123620
www.museum-schnuetgen.de
Kolumba-Kunstmuseum des Erzbistums Köln (ab 15.09.2007)
Kolumbastr. 2-4 / Fr-Mi 11-18 Uhr / Tel.: 0221-2577672 / www.kolumba.de

Bildnachweis

Altertumskommission für Westfalen Münster: 135 u.
Bildarchiv Foto Marburg: 12, 18, 20, 28 o.
Boecker, Robert: 212
Dietrich, Bernhard, Marburg: 22, 31 u., 33 u., 34, 35
Erzbistum Köln, Generalvikariat (Denkmalarchiv) (Helmut Stahl, Köln): 16, 204
Fasel, Peter (Biologische Station Rothaargebirge): 123 u.
Flinspach, Karlheinz, Köln (Landschaftsverband Rheinland): 98 o., 116, 128, 134, 137 u., 161, 167 o., 193, 196 u., 208
Freese: 123
Freiwillige Feuerwehr Dietzhölztal-Steinbrücken: 84 o.
Freundeskreises Alter Botanischer Garten e.V., Marburg (Repro: Irmgard Bott): 36 m.
George, Ingrid, Köln: 124 o. li.
George, Werner, Köln: 124 o. re.
Hatzfeldt-Wildenburg'sche Verwaltung (Björn Stelter): 148, 149
Herrmann, Thomas E., Sulzbach/Main: 65
Georg-Ludwig-Hartig-Stiftung, Wiesbaden: 54 o.
Gertz, Michael, Kreis Siegen-Wittgenstein: 86
Ionesco, Robert (Wikipedia Datenbank): 101 o.
Helicolor Luftbild St. Augustin (Werner Peters): 195 u.
Hessisches Hauptstaatsarchiv Wiesbaden: 71
Heusch-Altenstein, Annette, Köln (Landschaftsverband Rheinland): Titelfotos, 10, 21, 24, 25, 26, 28 u., 29 u., 30, 32, 33 o., 36 o., 36 u., 37, 38, 39, 41, 43, 45, 47, 48 o., 49, 50, 52, 56, 58, 59, 60, 61, 62 u., 66, 67, 68, 69, 73, 75, 79, 81, 87, 91 u., 92, 96, 98 u., 99, 100, 104, 105, 106 o., 107, 108, 109, 110, 114, 121, 124, 126, 130, 131, 132, 135 o., 137 o., 138, 139, 141, 142, 143, 144, 145, 146, 150 o., 154 u., 156, 167 u., 168, 169, 170 o., 173, 175 o., 176, 177, 178, 179, 180, 184, 186 u., 187, 188 o., 189, 191, 196 o., 199, 202, 203, 209, 211, 213, 214 o., 220, 227
Historisches Archiv der Stadt Köln: 182 o., 218
HöVi-Land Köln (Waltraud Paetzold): 201
Körber-Leupold, Celia: 216 o. + u.
Kühn, Christoph, Leipzig: 13, 29 o., 40, 46, 48 u., 51, 57, 62 o., 76, 78, 80, 82, 84 u., 85, 90 o., 94, 101 o., 102, 122, 127, 129, 136, 140, 154 o., 158, 166, 175 u., 183, 186 o., 188 u., 192, 207, 214 u., 217, 219
Kölnisches Stadtmuseum: 197, 210
Kunst-Station Sankt Peter, Köln (Guido Schlimbach): 113
Landesamt für Denkmalpflege Hessen (Christine Krienke): 70 u.
Landesarchiv NRW, Staatsarchiv Münster: 163 (Kartensammlung A 22019)
Landesvermessungsamt NRW, Bad Godesberg: 195 o.
Niemand, Jochen, Netphen: 90 u., 91 o.
Oberbergischer Kreis, Katasteramt: 8, 152, 155, 165
Rheinisches Bildarchiv Köln: 14 o., 17, 112, 153,
Rossner, Roland, Bonn: 31 o. re.
Schäfer, Lenore, Bergisch Gladbach: 150 u., 159, 170 u.
Secker, Vera (Landschaftsverband Rheinland): 15 u.
Siegerlandmuseum Siegen: 74
Stadtmuseum Freudenberg: 116, 117
Stadtarchiv Siegen: 119
Wartburg-Stiftung, Eisenach: 70 o.
Westfälisches Landesmuseum für Kunst- und Kulturgeschichte Münster: 106 u.
Wolff, Gerd, Frankfurt: 164

Die Abbildung auf S. 209 u. wurde entnommen:
Clemen, Paul: Die Kunstdenkmäler der Stadt Köln, 1934;
die Abbildung auf S. 19: Völker, Staaten und Kulturen, Karte S. 55 II. Westermann Braunschweig; die Abbildung auf S. 14 u. : Cochlaeus, Johannes: Brevis Gemaniae Descriptio (1512). Wissenschaftliche Verlagsgesellschaft Darmstadt 1960.

Jakobswege

Wegenetz der Jakobspilger

Jakobswege

Wege der Jakobspilger im Rheinland

Band 1

Von Wuppertal-Beyenburg
über Köln nach Aachen/Belgien
176 Seiten, zahlreiche Abbildungen und 25 Rad- und Wanderkarten
3. aktualisierte Auflage

ISBN 978-3-7616-1465-9

Band 2

Von Köln nach Trier
256 Seiten, mit zahlreichen Abbildungen und
28 Rad- und Wanderkarten
3. aktualisierte Auflage

ISBN 978-3-7616-1600-7

Band 3

Vom Niederrhein und Aachen
über Maastricht nach Belgien
240 Seiten, mit zahlreichen Abbildungen und 40 Rad- und Wanderkarten

ISBN 978-3-7616-1673-2

Aurelia Plieschke
Annette Heusch-Altenstein
Karlheinz Flinspach

Mitgepilgert!

Köln / Marienfeld / Kerpen
48 Seiten, mit zahlreichen Abbildungen

ISBN 978-3-7616-1949-9

Jakobswege

Wege der Jakobspilger – eine interaktive Reise

Pilgerweg

„multimedial für PC"

„barrierefrei"

„Filme, Links, Fotos, Texte, Musik und vieles mehr"

Jakobswege DVD
Wege der Jakobspilger im Rheinland
Eine interaktive Reise

ISBN 978-3-7616-1976-6